사도 베드로의 발자취를 찾아서
(In Search of St. Peter's Footsteps)

권주혁 지음

PUREWAY PICTURES

또 내가 네게 이르노니 너는 베드로라

내가 이 반석 위에 내 교회를 세우리니

음부의 권세가 이기지 못하리라

(마태복음 16장 18절)

목차

머리말 …… 08

제1장 출생과 성장　16

1. 벳새다　16

2. 가버나움　20

3. 어부　32
　(1) 갈릴리 호수의 어업　32
　(2) 어업허가권　38
　(3) 베드로 고기　44
　　1) 어부 베드로　44
　　2) 베드로 고기 맛　45
　(4) 어부의 부두　48

제2장 제자　50

1. 예수님과 만남　50
2. 사람을 낚는 어부　55

제3장 예수님과 동행　58

1. 신앙고백　58
2. 책망받은 베드로　60

3. 겟세마네 기도　61
　(1) 제자들과 기도　61
　(2) 예수님의 기도　64

4. 베드로가 체험한 기적　66
　(1) 백부장 종　66
　(2) 베드로 장모　68
　(3) 물 위를 걷다　69
　(4) 변화산　72
　(5) 대제사장 종의 귀　73
　(6) 닭 3번 울다　74
　(7) 부활목격　77
　　1) 부활하신 예수　77
　　2) 예수님 부활을 믿지 않는 제자들　80
　　3) 예수님 부활승천　83
　(8) 많은 물고기 잡음　86

제4장 예수님 부활후　90

1. 새로운 제자 맛디아　90

2. 예루살렘 전도　91
　(1) 오순절 성령 임하심과 방언　91
　(2) 3천명 회개　94
　(3) 앉은뱅이 고침　96

3. 아니니아 부부 징계	99		1) 통곡의 벽	135
4. 베드로의 병고침	100		2) 윌슨 아치문	138
5. 감옥문이 열림	100		3) 성전산	140
6. 전도와 능욕	102		4) 성묘교회	142
7. 사마리아 전도	102		5) 시온산	146
8. 중풍병자 고침	104		(6) 두 개의 예루살렘	152
9. 다비다 살림	106	2. 사마리아		
10. 고넬료에 환상	106		(1) 베드로 당시	156
11. 고넬료의 초청	107		1) 사마리아인에 대한 부정적 인식	156
12. 고넬료 집에서 설교	108		2) 선한 사마리아인	158
13. 유대인의 비난을 이기다	112		(2) 현재	159
14. 야고보 순교와 베드로 탈옥	113	3. 욥바		162
15. 공회에서 설교	116		(1) 텔아비브와 통합	162
16. 안디옥에서 바울 만남	117		(2) 요나의 항구	165
17. 고린도 방문	119		(3) 베드로와 욥바	167
18. 로마 방문	120		(4) 피장 시몬의 집	167
			(5) 욥바 언덕	173
제5장 베드로 전도여행지	**126**		(6) 나폴레옹부터 제1차 세계대전까지	176
		4. 가이사랴		178
1. 예루살렘	126		(1) 사론 들판과 무궁화	178
(1) 예루살렘의 역사	126		(2) 가이사랴 항구와 성채	183
(2) 세 종교의 성지	128		(3) 가이사랴 모래 해안	190
(3) 이스라엘 수도	130		(4) 가이사랴 성채 복원	191
(4) 예루살렘 가는 길	132		(5) 사도 베드로와 가이사랴	193
(5) 주요 장소	135	5. 시돈		193

(1) 시돈 항구	193
(2) 시돈 가는 길	195
(3) 기독교와 시돈의 역사	197
(4) 베드로와 바울이 만난 곳	201
6. 두로	203
(1) 역사의 도시	203
(2) 오늘날 두로	206
(3) 중동전쟁 전운이 감도는 곳	208
7. 안디옥	209
(1) 크리스천의 도시	209
(2) 지진의 도시	212
(3) 베드로 동굴교회	213
(4) 안디옥 가는 길	216
8. 고린도	219
(1) 고린도 가는 길	219
(2) 고린도 운하	222
(3) 고린도의 방어	225
(4) 고대 고린도	225
(5) 고린도성	228
(6) 바울기념교회와 베드로	229
9. 로마	233
(1) 기독교와 로마	234
(2) 마메르틴 감옥과 주변	236
1) 콜로세움	236
2) 포로 로마노	237
3) 마메르틴 감옥	238
(3) 베드로 쇠사슬 성당	241
10. 바티칸	243
(1) 바티칸의 유래	243
(2) 교황이 천주교 수장이 된 이유	246
(3) 가장 작은 나라	248
(4) 바티칸의 스위스 위병	249
1) 스위스 위병	249
2) 중세전쟁과 용병	252
(5) 주요 건물	253
1) 성베드로 성당	253
2) 바티칸 궁	256
3) 바티칸 박물관	257
(6) 교황과 십자군 전쟁	258
1) 원정배경	258
2) 원정시작	260
3) 원정실패	262

제6장 베드로전서   264

1. 베드로의 실력과 인간풍조	264
2. 영원히 영광된 구원	267
(1) 기본구원과 건설구원	267
1) 기본구원	267
3) 건설구원(성화구원, 행위구원)	268

3. 우리가 구원받는 방편	269	◆ 방문처	306
4. 베드로가 강조하는 건설구원	270	◆ 찾아보기	307
5. 지극히 큰 영광된 구원	273		
6. 사람의 구성요소와 구원	274		
7. 세상에서도 성공하는 기독교인	277		

제7장 베드로후서   **282**

제8장 순교   **284**

1. 아피아 가도   284
2. 쿼바디스 도미네   287

제9장 베드로 이름 가진 명소   **292**

1. 괴테와 베드로의 야자수   292
2. 상트페테르부르크   296

◆ 저자후기   300

◆ 참고자료
- 단행본   304
- 잡지·저널   305
- 신문   305

머리말

　기독교 역사상 많은 사도들이 복음을 전하는 사역을 하였다. 이 사도들 가운데 가장 큰 사역을 하였던 두 명의 사도를 꼽으라면 바울과 베드로일 것이다(물론 하나님 앞에 가봐야 알겠지만). 베드로와 바울은 각각 하나님으로부터 다른 사역을 받아 충성되게 주님을 섬겼다. 바울은 지중해 지역에서 4번에 걸친 전도여행을 통하여 유대인과 이방인에게 복음을 전하였고 베드로는 이스라엘을 중심으로 복음을 전하였다. 그러므로 필자는 1993년부터 2021년까지 사도 바울의 전도여행지를 탐방한 결과를 바탕으로 3년 전에 '사도 바울의 발자취를 찾아서(465페이지)'라는 졸저를 우선 발간하였다. 원래 이 책은 800페이지가 넘는 내용이므로 처음에는 800페이지의 책을 만들려고 하였으나 너무 책이 두꺼우면 사람들이 쉽게 구하려는 마음이 생기지 않을 것 같아 절반 분량만 책으로 내었고 원래 800페이지 분량은 크리스천투데이 신문에 현재(2024년 8월)까지 2년 이상 매주 1회 연재하고 있다. 아마 앞으로도 1년 이상 연재를 해야 끝날 것 같다. 그러나 사도 베드로에 관해 저술한 본서는 사도 바울에 대해 쓴 책과 비교하여 분량이 훨씬 적다. 베드로는 바울처럼 많은 곳을 다니지 않았으므로 베드로가 방문한 곳이나 사건이 바울에 비해 많지 않기 때문이다. 이것이 베드로의 사역이 바울보다 부족하다는 의미는 전혀 아니다.

이와 관련하여 주께서 이르시되 가라 이 사람은 내 이름을 이방인과 임금들과 이스라엘 자손들에게 전하기 위하여 택한 나의 그릇이라 (사도행전 9장 15절) 라고 주님께서 친히 말씀하신대로 주님은 하나님의 살아있는 말씀을 온 세상에 널리 알리기 위해 바울을 큰 그릇으로 사용하였다. 영생을 주시는 하나님의 말씀을 온 세계에 전하는 사역에 있어서 물론 사도 바울의 위대한 역사(役事)를 부인할 수 없다. 그러나 하나님의 말씀을 온 세상에 전하는 일에 있어서 바울 이외에도 수많은 사도들의 사역이 있었다. 그 가운데 한 명이 베드로이다. 베드로는 예수님의 12제자 가운데 수(首)제자로서 주님이 세상에 계시는 동안 주님의 오른팔 역할을 하였다고 해도 과언이 아니다. 비록 성질이 급하고 실수는 여러 번 하였지만 그는 예수님 부활 이후, 있는 힘과 충성을 다해 주님의 일을 하며 기독교 초대 교회 역사에 굵은 획을 그었다.

바울은 오늘날의 국경을 기준으로 할 때 10개국(이스라엘, 시리아, 요르단, 튀르키예, 그리스, 몰타, 이탈리아, 바티칸, 남사이프러스, 북사이프러스)을 방문하였으나 예수님을 직접 만나 교훈을 배운 적이 없음에 비해 베드로는 이탈리아와 바티칸을 포함할 경우 6개국(이스라엘, 레바논, 튀르키예, 그리스, 이탈리아, 바티칸)을 방문하였다. 성경에는 베드로가 이탈리아, 바티칸 그리고 그리스를 방문하였다는 기록이 없으나 본서는 베드로가 이 지역들도 방문하였다는 것을 전제로 하여 썼다. 베드로는 예수님 공생애(公生涯) 3년 동안 늘 함께 동행하였던 사도이다. 그리고 주님이 부활하신 이후에도 베드로는 주님께서 맡기신 그의 역할을 주님께서 그에게 주신 그릇이 넘치도록 수행하다가 생을 끝낸 인물이다. 특히 베드로는 주의 복음을 유대인 이외 이방인(로마 제국 군대의 백부장 고넬료)에게 처음 전도하고 세례를 줌으로써 기독교가 유대인을 포함하여 모든 나라 사람들, 인류전체에 열려있다는 사실을 처음으로 일깨워준 인물이다. 사도 바울은 직접 만나본 적이 없는 주님을 핍박하는 중에 예수 믿는 사람들을 붙잡아 예루살렘으로 끌고 오려고 다메섹(시리아의 다마스쿠스)을 향하여 가다가 도중에 예수님을 만나(빛줄기를 보며 예수님의 음성을 들으며) 회개하고 그 후부터는 주님과 복음을 위해 일심전력하며 살다가 순교한 사도이다.

바울은 부유한 가정에 태어나 어렸을 때부터 세상 학문도 많이 배운 사람이다. 하나님께서 당신의 일을 하시려고 바울을 이렇게 준비하신 것이다. 여기에 비해 베드로는 세상적으로는 학문을 배우는 교육을 제대로 받지 못하고 (사도행전 4장 13절) 갈릴리 바다(호수)에서 어부 일을 하던 사람이다. 바울이 처음에는 예수 믿는 사람들을 박해하던 행동을 했던 것에 비해 베드로는 예수님을 만나고 나서부터 세상 떠날 때까지 예수 믿는 사람들을 박해하는 일을 한 번도 하지 않았고 오직 주님만을 공경하고 충성한 사도이다. 이렇게 하나님께서는 당신의 일을 여러 종들에게 각자의 역할을 맡기신 것이다. 베드로는 예수님이 행하신 수많은 기적을 직접 옆에서 보았고 스스로도 상상할 수 없었던 기적을 체험한 인물이다. 즉, 베드로는 인간으로서 물 위를 유일하게 걸어 본 인물이다. 예수님을 향하여 물 위를 걸어가다가 순간 불어오는 바람이 무서워 시선을 돌리다가 물속에 빠진 적이 있으나 여하 간에 잠시지만 물 위를 걸어 본 놀라운 기적을 몸소 체험하였다. 예수님은 베드로가 이런 기적을 체험하도록 함으로써 베드로 자신에게 뿐 아니라 오늘을 살아가고 있는 모든 기독자에게도 이 교훈을 주시고 있다. 그리고 오늘을 사는 우리 예수 믿는 성도 각자에게 하나님께서 필요한 일을 각각 다르게 맡기셨다.

사도 바울의 생애, 전도여행 그리고 신앙에 대해서는 이미 많은 책이 국내외에서 발간되었다. 여기에 비해 베드로를 비롯한 다른 사도들의 행적에 대해서 별도의 서적들이 나온 것은 극히 소수이다. 수년 전부터 필자가 서울 시내에 있는 기독교(개신교) 서점들에 가서 관련 도서를 찾아보니 바울에 대한 책(설교, 신앙사상, 전도여행 등)은 그 종류가 40여 권에 이르는 것을 확인할 수 있었다. 외국인이 지은 디도, 실라, 디모데 등에 대한 소설식 서적의 번역 책도 보았으나 이상하게도 베드로에 대한 책은 거의 발견 할 수 없었다. 필자는 목회자나 신학자는 아니지만 민간 기업에서 일하던 30대에 장로(대한 예수교 장로회 통합측)가 된 후로 부족하지만 성경 연구에 힘써오고 있다. 그러므로 필자는 베드로의 생애와 그의 신앙 사상에 대한 책을 저술하기로 결심하고 펜을 들었다.

바울은 4차(로마에 죄수로서 붙잡혀 간 여정까지 포함)에 걸친 전도 여행을 하면서 앞서 언급한대로 오늘날 국경으로 10개국을 방문하며 복음을 전하였음에 비해 베드로는 이보다 덜 방문하였으므로 전도 여정은 바울이 시간과 공간적으로 훨씬 길고 더 넓은 지역에서 복음을 전하였다. 그러나 베드로는 예수님의 공생애 3년 기간 중 예수님과 함께 동행하면서 예수님의 말씀을 직접 가까이서 배웠고 또 예수님의 손과 발이 되어 예수님의 사역을 도우며 살았다. 이면에서는 바울은 예수님과 직접 대면하면서 함께 하는 기회를 얻지 못하였고 성령의 감동으로 예수님의 말씀을 깨달아 평생 주님을 섬기며 주님이 주신 전도자의 사명을 감당하였다. 성경(마태복음 25장)에 다섯 달란트 받은 자나 두 달란트 받은 자나 나중에 주님은 두 명 모두에게 "작은 일에 충성된 자"라고 동일한 칭찬을 하셨다. 이는 우리도 하나님께서 우리가 땅에서 잠시 사는 동안 기독자 각자에게 주신 현실에서 힘써 하나님 말씀에 순종하는 생활을 한다면 동일한 칭찬을 받을 수 있다는 깨달음을 성경을 통해 보여주시는 것이다.

필자는 사도 바울이 남긴 발자취를 찾아보려고 동부 지중해의 넓은 지역을

28년 동안 여러 차례에 걸쳐서 방문하였다. 여기에 비해 사도 베드로의 행적을 찾아서 특별히 일부러 다닌 경우는 많지 않다. 바울의 행적과 베드로의 행적이 겹치는 부분도 있기 때문이다. 예를 들자면 로마에서 바울과 베드로가 투옥되었다는 감옥, 두 사도가 만났던 튀르키예의 안디옥, 그리고 두 사도가 만났다는 전설을 가지고 있는 남부 레바논에 있는 성니콜라스 교회 등이다. 물론 바울과는 관련 없고 베드로만 관련된 장소를 방문하기도 하였다. 예를 들자면 갈릴리 호수에서 예수님이 보리떡 다섯 개와 물고기 두 마리로써 남자만 5천명을 먹이신 기적을 보이신 장소, 베드로가 오래 살았던 가버나움 마을, 베드로가 잠시 머물렀던 욥바의 피장 시몬의 집, 베드로가 말한 쿼바디스 도미네(주여 어디로 가시나이까?)의 이름을 붙인 교회, 로마 시내에 베드로에 관련된 자료를 모아놓은 '베드로 쇠사슬 교회' 등이다.

바울은 신약성경 27권 가운데 최소 13권을 썼으나(히브리서를 바울의 저서로 본다면 14권임) 베드로는 2권(베드로전·후서) 만을 썼다. 어부 출신으로서 세상 학문이 부족한 베드로가 깊은 영감의 말씀인 베드로전·후서를 쓴 것은 성경말씀대로 하나님이 주신 감동을 받았기에 가능하였다. 성령 하나님께서 베드로의 손을 빌려서 쓰신 것이다.

성경에서 베드로에 관한 내용 가운데 베드로가 예수님의 제자가 되어 예수님이 십자가에 못 박히실 때까지 동행한 내용은 마태복음, 마가복음, 누가복음, 요한복음에 기록되어 있으며 예수님 부활후 베드로가 예수님의 부활을 증거하며 전도하는 내용은 사도행전, 갈라디아서, 베드로전서, 베드로후서 등에 기록되어 있다. 그러므로 본서의 첫 부분(제1~3장)은 베드로의 출생부터 예수님 제자로서 예수님과 동행하는 것에 대해 기술하였고 뒷부분(제4~9장)은 예수님 부활승천 이후 베드로의 전도여행을 포함하여 베드로의 인생후반부에 대해 기술하였다. 베드로와 바울은 전도여행 하면서 서로 겹치며 방문한 곳들이 있다. 가이사랴, 안디옥, 시돈, 두로 등이다. 이 장소들에 대해서는 이미 발간한 졸저 "사도 바울의 발자취를 찾아서"에 설명하였으므로 본서에서는 반복하여 설명하지 않으려고 하였으나 사도 바울 책을 읽지 않은 독자들을 위해서 이 장소들에 대해 사도 바울 책 내용을 근간으로 보충설명을 하여 실었다. 이미 필자가 쓴 사도 바울 책을 읽어 본 독자가 이 책을 읽게 된다면 이해를 구하고 싶다.

베드로전·후서는 베드로가 예수를 믿지 않는 사람들에게 썼다기 보다는 이미 예수 믿는 성도들에게 예수 믿어 이미 받은 구원(천국 가게 된 기본구원)으로만 만족하지 말고 기본구원 위에 더욱 힘써 건설구원(성화구원 또는 행위구원)을 온전히 이루어 가도록 쓴 성경이다. 이러한 기독교의 영광된 구원에 대해서는 필자의 부친 권오준 목사가 저술한 '영원한 영광된 구원'(553페이지)을 참조하였다. 필자의 부친은 서울고등학교를 졸업하고 서울대학교 의과대학에 입학하여 의학을 공부하던 중 예수를 처음 알게 되어 인간의 육신의 병을 고치는 의사가 되는 것보다 인간의 영혼을 고치는 목사가 되겠다고 결심하여 의학공부를 중지하고 신학을 공부하여 목사가 되었다. (대한예수교장로회 통합측) 목사가 된 후 하루도 빠짐없이 매일 새벽 3시 이전에 일어나 새벽예배를 인도하신 뒤 비가 오나 눈이 오나 상관없이 서울의 남산에 올라가 기도하시다가 아침이 되어서야 집에 들어오시는 아버님을 필자는 학교 가는 길에 자주 마주쳤다. 덕분에 필자는 이런 아버님 밑에서 어릴 때부터 엄격한 기독교 교육을 받으며 자라게 되었다. 10년 전에 소천하신 아버님이 필자가 이 책을 쓰고 있는 것을 하늘나라에서 보시며 기뻐하시리라 믿는다.

이 책이 집필되는 동안 기도로 지원해 주신 청량리 교회(예수교 장로회 한

국총공회) 구민완 목사님, 울산 신정교회의 이병철 목사님, 의정부 교회의 양희선 목사님, 귀한 설교 내용을 제공해 주신 부산 전포동교회의 송유상 목사님, 50여 년 전 강원도 양구 군대시절 필자의 사수(射手)였던 이승우 장로님(울산 성광교회) 그리고 주(駐)바티칸 대사 시절에 수집한 베드로 관련 자료를 제공해 주신 가톨릭 신자 서현섭 대사님에게 감사하다. 본서를 통해서 독자들이 예수님의 수제자인 베드로의 반석 같은 신앙에 대해 더 깊이 알고, 하나님께서 베드로를 통해 주시는 영감의 도리를 조금이라도 더 알게 되어 믿음 생활에 작은 도움이 된다면 필자로서는 이 책을 쓰는 기쁨이고 보람이다.

2024년 8월 10일
경상남도 거창
예수교 장로회 한국총공회 기도원에서
권주혁 씀

이스라엘 전도

● 제1장
출생과 성장 전도여행

1. 벳새다

신약성경(요한복음 1장 42~44절)에는 요한의 아들인 베드로는 갈릴리 호수 북쪽 호반에 있는 벳새다(Bethsaida) 마을 출신이라고 기록되어 있다. 서기 1년경 출생하였으며 그의 부친 요한은 그에게 시몬이라는 이름을 주었다.[1] '어부의 집(The Fisherman House)'이라는 뜻을 가진 벳새다는 베드로 당시 많은 어부들이 모여서 살고 있던 갈릴리 호숫가 도시였다. 예수님께서 부르신 12명 제자 가운데 3명인 베드로, 안드레, 빌립은 벳새다 출신이다. 약 2만5천 평 크기의 넓이를 가진 벳새다는 갈릴리 호수 북쪽에 있는 요단강 동쪽에 위치하고 있었으며 주변 평야지대보다 30m 높은 곳에 자리 잡고 있었으므로 갈릴리 바다 전체를 조망할 수 있는 곳이다. 그러므로 예수님께서는 벳새다 들녘에서 오병이어(五餠二魚) 기적을 행하시고 무리를 떠나 기도하고 산으로 가신 것이다(마가 6장 46절). 예수님께서는 벳새다 근처에서 떡 5개와 물고기 2마리로 남자만 5천명을 먹인 오병이어의 기적(마가 6장 38~44절, 누가 9장 10~17절)을 행하시고 소경의 눈을 뜨게 해주셨다(마가

---

1) Tim Dowley 『The History of Christianity』 p.60, Lion Publishing, Elgin, Illinois, USA, 1994.

팔복교회 언덕에서 본 갈릴리 호수

8장 22~26절). 그리고 벳새다 앞 갈릴리 호수 물 위에서 밤중에 걷는 기적을 보여 주신 곳이다(마가 6장 47~51절). 예수님은 벳새다와 인근 지역인 가버나움, 고라신 등에서 가장 많은 권능과 기적을[2] 행하셨음에도 부유한 세상 물질생활에 빠진 벳새다와 인근 고라신 주민의 대부분은 회개하지 않고 예수님을 메시야, 그리스도라고 인정하지 않았다.

'그리스도'는 '기름 부음 받았다'라는 의미의 그리스어로서 그 뜻은 히브리어와 아람어의 '메시야'로부터 연유되었다. 유대인들 가운데 제사장, 왕, 선

---

2) 마태복음 11장 21~24절

베드로 수위권 교회에서 본 갈릴리 호수

지자는 직책을 받을 때 기름부음을 받았다. 즉, 왕의 경우도 왕이 즉위할 때 기름부음을 받았는바 이 점에서 왕의 의미가 들어간 구세주(救世主)인 예수님에게도 그리스도(메시야)의 이름이 붙은 것이다. 그리스어로 그리스도(Christos)는 chrio(붓다)라는 동사의 수동태(부음 받은 자)이므로 메시야의 직역이다.

해상무역으로 경제적으로 크게 번영하였던 고린도와 에베소 주민들이 쾌락을 즐기며 타락하였던 것처럼 벳새다도 풍요한 물질생활로 인해 예수님의 전도를 받아들이지 못한 것 같다. 그러므로 예수님은 벳새다와 인근 지역 주민을 다음과 같이 책망하셨다.

가버나움에서 본 갈릴리 호수

　화가 있을찐저 고라신아 화가 있을 찐저 벳새다야 너희에게서 행한 모든 권능을 (레바논의)두로와 시돈에서 행하였더면 저희가 벌써 베옷을 입고 재에 앉아 회개하였으리라. 내가 너희에게 이르노니 심판날에 두로와 시돈이 너희보다 견디기 쉬우리라. 가버나움아 네가 하늘에까지 높아지겠느냐 음부에까지 낮아지리라. 네게서 행한 모든 권능을 소돔에서 행하였더면 그 성이 오늘날까지 있었으리라. 내가 너희에게 이르노니 심판 날에 소돔 땅이 너보다 견디기 쉬우리라 하시니라 (마태복음 11장 21~24절)

　갈릴리 호수 지역은 기후가 온화하고 농사짓기에 좋은 땅이다(비록 호수 남단은 농사가 어려운 늪지대였지만). 여기에 더해 예수님 당시 벳새다와 주변지역은 갈릴리 호수에서 어획량이 많았으므로 경제적으로 풍족한 생활을 하였다. 이곳에서 발굴된 2세기경의 금화는 당시 부유한 생활의 단면을 보여 준다. 그러므로 세상 물질생활에 빠진 벳새다는 예수님이 권능과 기적을 보여 주시면서 천국 말씀을 전파하셨지만 이를 듣고 회개하는 것을 거부하였다. 부유하였던 벳새다는 결국 서기 67년에 전쟁으로 폐허가 되었다. 그 후 오랫동안 역사에서 사라졌다가 1987년에야 발굴된 벳새다 고대 유적지 중앙에는 어부들이 살던 집이 있는바 아마 베드로, 안드레, 빌립은 이곳에 거주하였을 가능성이 있다. 그러나 이것은 어디까지나 추측일 뿐 어떤 관련 증거도 아직 발견된 것이 없다. 역사학자들에 의해 발견된 벳새다는 고대에는 호숫가에 있었지만 오늘날은 호숫가에서 1.5km 북쪽 내륙에 있다. 골란고원에서 요단강을 통해 내려온 토사(土砂) 때문에 고대의 호숫가가 단단한 육지로 되어 버렸기 때문이다. 이러한 현상은 에베소와 드로아(트로이)에서도 발생하였으므로 사도 바울이 배를 타고 방문하거나 출발하였던 에베소와 드로아는 그 후 오랜 세월이 흘러 토사가 항구를 덮어 오늘날은 내륙 깊숙이 자리 잡고 있다.

하여간 성경은 베드로가 부유한 벳새다 출신이란 것을 보여주고 있는바 벳새다의 당시 환경을 고려해 볼 때 베드로는 가난한 어부는 아닌 것 같다. 이 점에 대해서는 다음 항에서 구체적으로 이야기한다.

2. 가버나움

베드로는 벳새다에서 서쪽에 있는 가버나움(Capernaum)으로 거처를 옮기고 가버나움에서 계속 어업을 하였다. 베드로가 벳새다에서 가버나움으로 거처를 이전한 이유에 대해서는 성경에 기록된 것이 없으므로 알 수가 없다.

갈릴리 호수 북부 호반에 있는 가버나움은 신약성경에 나오는 지명 가운데 예루살렘 다음으로 많이 언급된 곳으로서 예수님은 이곳에서 베드로 등 여러 사람을 제자로 삼으셨다. 가버나움은 오늘날 갈릴리 호수 서쪽 호반에 있는 티베랴에서 북쪽으로 16km에 위치하고 있으며 타브가(Tabgha) 들판에서는 동쪽으로 약 3km 떨어져 있다. 타브가 주민들은 타브가 들판에서 예수님이 오병이어 기적을 일으켰다고 주장하여 이곳에 오병이어 기념석을 세워놓았다. 예수님은 베들레헴에서 탄생하셨지만 나사렛에서 성장하셨고 가버나움에서는 여러 제자를 선발하셨을 뿐만 아니라 어느 곳에서보다 많은 이적을 행하시고 설교를 하셨다. 그러므로 가버나움은 예수님께서 나사렛에 이어 마

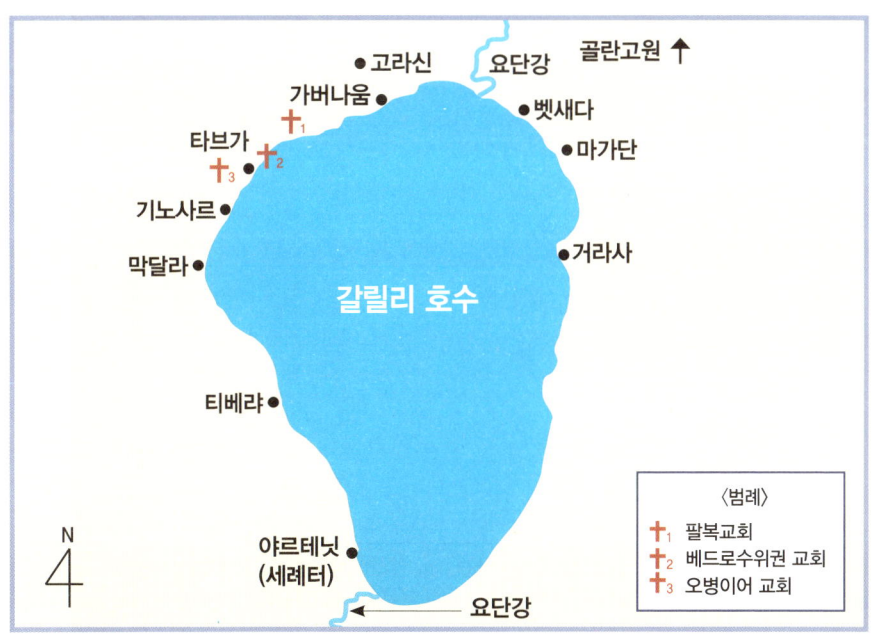

갈릴리 호수와 인근지역

치 제2의 고향 같은 곳이라고 할 수 있겠다. 신약성경에는 예수님이 가버나움에서 행하신 주요한 일들이 기록되어 있다.[3]

오늘날 가버나움에 도착하면 유적지 입구에서 입장권을 구입하고 입장해야 한다. 가버나움 지역의 고대유적 발굴 작업을 통하여 기원전 5세기의 유대인 회당, 교회 그리고 많은 주민 거주 가옥들이 발견되었다. 이들 가운데에는 청동기 시대의 유물도 있고, 2천 년 전 베드로가 살았던 집도 포함되어 있어 1991년에 이 지역을 유적지 보호지역으로 만들어 당시의 유적을 보호하고 있다. 유적지 안에는 베드로가 살던 집과 그 위에 세워진 베드로 기념교회, 비잔틴 시대(동로마 제국)의 교회, 베드로 당시 가버나움 주민의 집, 그리고 기원전 4~5 세기경에 만든 유대인 회당, 세례를 주었던 곳으로 추정되는 곳 등이 있다.

유대인 회당(교회)은 석회암 석재(石材)를 사용하여 처음 건축된 이후에 수백 년 동안 여러 번의 개수(改修)작업을 하여 회당 건물 안에는 2개의 기도실과 안마당, 현관이 있는데 직사각형의 기도실은 예루살렘 방향을 향하고 있다. 예수님도 여러 번에 걸쳐서 이 회당을 방문하여 하나님 나라를 전파하셨는데 내가 곧 생명의 떡이로라(요한복음 6장 48절)고 말씀하시며 하나님 나라를 강론하셨다. 예수님은 가버나움이 있는 갈릴리 지역에서 공생애의 많은 시간을 보내시는 동안, 유대인과 이방인에게 여러 이적을 보이시며 하나님 나라를 전파하셨으므로 오늘날 이 지역 주민들은 가버나움을 '예수님의 도시(The Town of Jesus)'라고 부르고 있다.[4] 천년 이상 땅속에 묻혀있던 이 회당은 1969년부터 1981년까지 발굴작업을 하여 그 모습이 드러나게 되었

---

3) 마가복음 2장 1~11절, 요한복음 6장 22~23절
4) 권주혁 『여기가 이스라엘이다』 p.472, 퓨어웨이픽쳐스, 서울, 2019

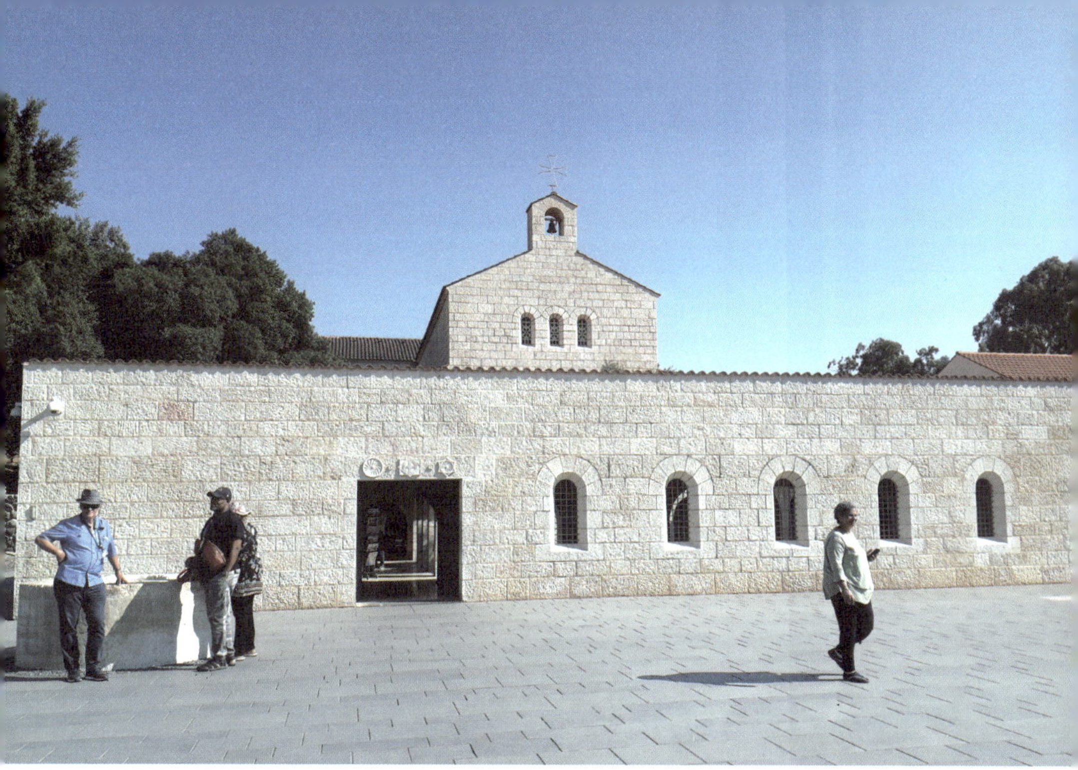

1
2

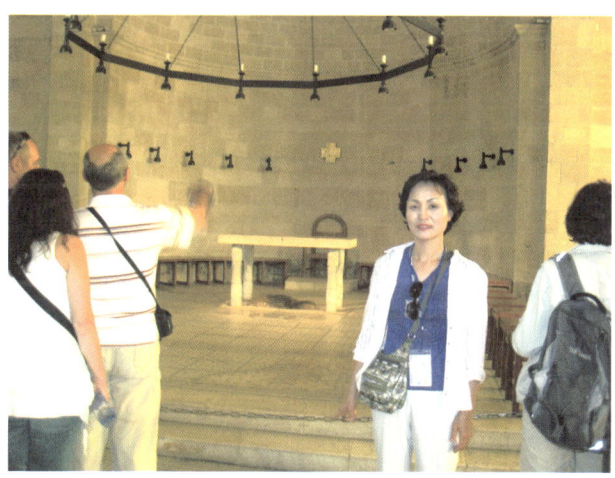

1. 타브가의 오병이어 교회
2. 오병이어 교회 내부

교회 제단 앞부분 밑에 모자이크 타일 오병이어

다. 회당에서 예수님이 하나님 나라를 전파하는 설교를 할 때 베드로를 포함한 제자들이 예수님 옆에서 예수님을 보좌하면서 예수님 설교를 듣는 모습이 상상된다.

참고로 유대교 회당은 유대인들이 거주하는 곳마다 세워져 있다. 필자는 여행을 하면서 유대인들이 거주하는 곳에서 유대인 회당을 예루살렘과 나사렛(이스라엘), 브라쇼부(루마니아), 프라하(체코), 뉴욕(미국), 브라티슬라바(슬로바키아), 티빌리시(조지아), 민스크(벨라루스) 등 여러 곳에서 방문한 적이 있다. 이 가운데 민스크에 있는 회당은 회당 건물이 아주 크고 내부가 전통적인 것과 빌딩 속에 자리 잡고 내부가 현대적인 곳이 있어 확실하게 비교되

타브가 평원

는 모습을 볼 수 있었다.

다시 가버나움으로 돌아가자. 유적지 인근 호숫가에는 베드로의 동상이 서 있어 이곳에서 베드로가 사람을 낚는 어부가 되기 위해서 배와 그물을 버리고 예수님을 따라 제자가 된 사실을 상기시키고 있다. 베드로 동상 밑에는 또 내가 네게 이르노니 너는 베드로라 내가 이 반석 위에 내 교회를 세우리니 음부의 권세가 이기지 못하리라 (마태복음 16장 18절)라는 말씀이 중간 부분에 새겨져 있다.

예수님은 공생애를 시작하시고 가버나움을 비롯하여 갈릴리 지역에서 하나님 나라를 전파하는 데 많은 시간을 할애하셨다. 특히 가버나움과 인근 갈릴리 호숫가에서는 베드로를 비롯하여 안드레, 요한, 야고보 등 여러 명을 제자로 삼으셨다. 또한 갈릴리 호반에 면한 들판과 산에서 산상보훈을 통해 많은 사람을 깨우쳤다. 산에서 내려오시는 도중에 문둥병자를 고치시고 가버나움에서는 로마 군인 백부장의 하인을 고치시고 베드로의 집에서 베드로 장모의 열병을 고치시고 귀신들린 자들을 고치셨다. 갈릴리 호수의 거친 바람과 파도를 잠재우셨고 중풍병자, 혈루증 걸린 여자, 소경, 벙어리, 귀신 들린 자를 고치시고 회당장의 죽은 딸도 살리는 기적을 행하셨다. 또한 갈릴리 호수 물 위를 걸으시는 능력도 보이셨다.

가버나움 정문 입구. '예수님의 도시'라는 표식이 보인다

1. 가버나움의 고대 거주지역
2. 가버나움의 고대 거주지역

이렇게 예수님이 갈릴리 지역에서 많은 권능과 기적을 행하셨음에도 갈릴리 호수 인근의 고라신, 벳새다 등 고을들이 회개치 않는 것을 보시고 이 고을들을 책망하시고 가버나움에 대해서는 가버나움아 네가 하늘에까지 높아지겠

예수님 시대의 가버나움 유대인 회당

가버나움 유대인 회당의 복원도

사도 베드로의 발자취를 찾아서

1. 베드로의 집터 위에 세워진 현대식 회당
2. 베드로 회당 내부
3. 베드로 회당 벽에 걸린 베드로 나무부조상. 베드로가 손에 열쇠를 쥐고 있다
4. 베드로 회당의 아래부분에 보이는 베드로의 집터

1. 가버나움 유적지의 베드로 동상
2. 동상 밑의 성경말씀.
 "너는 베드로라. 내가 이 반석 위에 내 교회를 세우리니"(마태 16:18)

느냐 음부에까지 낮아지리라. 네게서 행한 모든 권능을 소돔에서 행하였더라면 그 성이 오늘날까지 있었으리라 (마태복음 11장 23절)라는 말씀으로 가버나움을 책망하셨다. 이것을 보면 예수님의 가르침에도 불구하고 당시 가버나움

주민들은 자기들의 작은 지식과 경험을 앞세워 예수님의 말씀을 믿거나 순종하지 않았던 것으로 짐작된다.

1. 팔복 교회
2. 팔복 교회 내부

3. 어부

(1) 갈릴리 호수의 어업

　성경에 갈릴리 바다, 디베랴(티베랴, Tiberias) 바다, 게네사렛 호수(누가복음 5장 1절), 긴네렛 바다(여호수아 13장 27절) 등으로도 불리는 갈릴리 호수는 이스라엘 북부지역에 있으며 해수면 아래 215m에 위치하고 있다. 평균수심 26m, 최대수심 43m, 둘레 53km, 남북길이 21km, 동서길이 13km, 수면면적 167km²에 이른다. 중앙아시아의 카스피 해, 시베리아의 바이칼 호, 미국의 오대호(五大湖) 등에 비하면 비교할 수 없을 정도로 작은 크기이지만 국토가 작은 이스라엘에서는 가장 큰 호수이다. 갈릴리 바다 또는 게네사렛 호수 등으로 바다와 호수 의 명칭으로 성경에 등장하고 있으나 어디까지나 호수이므로 본서에서는 편의상 호수라고 표기하였다. 갈릴리 호수 북쪽의 골란고원에서 발원한 요단강은 갈릴리 호수 북쪽에 흘러들어와 갈릴리 호수에 물을 채우는 한편 갈릴리 호수 남쪽으로 다시 요단강을 만들어 남쪽으로 흐르면서 이스라엘 전역에 식수와 농업용수를 공급하는 젖줄 역할을 하고 있다.

　이스라엘을 방문하는 기독교인들이 거의 방문하는 곳이 갈릴리 호수이다. 갈릴리 호반에는 예수님이 산상보훈을 설교하시던 들판, 떡 5개와 물고기 2마리로 오천 명을 먹이신 들판, 그리고 '예수님의 마을' 이라는 별명을 갖고 있는 가버나움이 있는 곳이다. 그 외에도 갈릴리 호수와 인근에서 예수님은 12명의 제자를 택하셨다. 예수님의 제자들 가운데에는 수제자인 베드로를 비롯하여 어부 출신이 제법 된다. 이들이 타고서 고기를 잡던 어선은 어떤 모양이었을까? 많은 기독교인들이 실물을 볼 수 없어 궁금하였는데 1986년에 예수님 시대에 사용되었다고 추정되는 어선이 드디어 발견되었다. 기노사르(Ginosar) 키부츠에서 일하던 어부 두 명이 2년간 계속된 가뭄 때문에 얕아진 갈릴리 호수의 진흙 바닥에서 이 어선을 발견한 것이다. 이 보트의 목재는 오랜 세월에 부패되었으나 보트의 형태는 유지하고 있었다. 길이 8.2m, 폭 2.3m 크기로서 사용된 나무 수종은 참나무, 오얏나무, 소나무, 버드나무 등이었고 목재의 연결 부위에는 쇠못과 나무못이 사용되었다. 연대측정 결과 기원전 180년과 서기 80년 사이로서 이 기간에는 예수님이 갈릴리 지역에서 전도 활동을 하시던 시기도 들어 있으므로 보트가 발견되자 세계의 많은 기독교인들로부터 관심을 받았다. 이 보트는 현재 갈릴리 호수 인근 베스알론(Beth Alon)에 있는 기노사르 키부츠의 박물관에 보관, 전시되고 있다.

갈릴리 호수의 어선들

만선하고 들어오는 어선

　오늘날 갈릴리 호수에서 물고기를 잡는 어선의 크기는 베드로 당시 어선의 크기와 같다. 단지 어선을 움직이는 동력이 다를 뿐이다. 베드로 당시에는 노를 젓거나 돛을 이용하여 운행하였으나 오늘날은 아웃보드 엔진을 어선 뒤에 장착하여 운항하는 것이 다를 뿐이다. 만약 현대적인 크기의 대형 어선 사용을 이스라엘 정부가 허가한다면 갈릴리 호수 속에 있는 어종(魚種)이 씨가 마를 것이다. 그러므로 이스라엘 정부는 갈릴리 호수의 어족 자원을 보호하기 위하여 어선 크기와 척수에 제한을 두고 있는 것이다. 동력이 다른 점 이외 또 다른 점이 있다면 어부가 신고 있는 긴 고무장화이다. 물론 베드로 시대에는 없었던 것이지만 오늘날 갈릴리 호수에서 고기를 잡는 어선의 어부들은 대부분이 긴 고무장화를 신고 있다. 필자는 어선 선장 자격증을 갖고 있으므로 갈

갈릴리 호수 북쪽의 요단강

릴리 호수에 가서 어선을 보면서 아무래도 일반인이 보는 눈보다 다른 눈을 가지고 어부들의 작업을 살펴볼 수 있었다. 필자는 34년 동안 목재회사에서 일하고 퇴직한 뒤 본의 아니게 한국뿐 아니라 세계에서 가장 큰 수산회사(세계최대의 대형 원양어선단을 갖고 있음)에서 5년 동안 상임고문 일을 한 적이 있다. 그때 남태평양 파푸아뉴기니의 국립수산전문대학에서 선장교육을 받고 자격시험에 합격하여 62세에 어선 선장자격증을 취득하였다. 필자 이전에 그 학교에서 어선 선장이 된 가장 연장자는 42세였으나 필자는 이 기록을 20년 차이로 깨트렸다. 최종 시험에 합격하여 자격증을 받는 날, 호주인 학장은 "앞으로 당신 기록은 깨어지지 않을 것이다"라고 격려해 주었다. 그러므로 예수님 제자 12명 가운데 베드로를 포함한 제자 7명이 어부 출신이라는 점이

나사렛의 요셉 교회. 요셉의 집터 위에 12세기에 세워진 교회를 1914년에 개축하였다

필자에게는 상당히 친근하게 다가온다. 말이 났으니 하나 더 말하자면 예수님 육신의 부친 요셉은 목수(木手)이었으므로 예수님도 공생애를 시작하시기 전에는 부친을 도와 목수 일을 하였다. 이에 관련된 성경말씀은 다음과 같다.

이는 그 목수의 아들이 아니냐. 그 모친은 마리아, 그 형제들은 야고보, 요셉, 시몬, 유다라 하지 않느냐 (마태복음 13장 55절)

이 사람이 마리아의 아들 목수가 아니냐. 야고보와 요셉과 유다와 시몬의 형제가 아니냐. 그 누이들이 우리와 함께 여기 있지 아니하냐 하고 예수를 배척한지라 (마가복음 6장 3절)

필자는 대학에서 목재관련 임산가공학(林産加工學)을 전공하였고 목재회사에 신입사원으로 입사하여 34년 근무하고 사장으로 퇴직하였다. 그러므로 예수님이 공생애 이전에 목수로서 부친을 도와 목재에 관련된 목공(木工)일을 하셨고 예수님 제자들은 절반 이상이 어부 일을 한 것에 필자는 모두 관련되어, 예수님과 제자들과 동일한 세상 직업 일을 하였다는 (누가 알아주지 않지만) 뿌듯한 마음을 가지고 있다.

요셉 교회 내부

요셉 교회에 있는 그림. 예수님이 요셉과 함께 목수일을 하고 있다

(2) 어업허가권

베드로 시절에 갈릴리 호수에서는 아무나 어업에 종사할 수 없었다. 성경에 갈릴리 바다라고 언급되지만 사실 갈릴리 바다라는 것은 앞서 언급한 바와 같이 육지 안에 있는 크지 않은 호수에 지나지 않는다. 갈릴리 호수에서는 민물고기가 비교적 많이 잡혔으므로 호반에 거주하는 주민들은 호수에서 잡은 고기를 가공(건조, 염적)하고 이를 먼 곳까지 판매하였다. 베드로 시대에 갈릴리 어업은 아무나 마음대로 하는 사업이 아니고 국가가 관여하여 관리하고 비교적 이익이 큰 사업이었다. 로마 제국에서 임명받은 헤롯 안티파스(Herod Antipas) 분봉왕은 당시 팔레스타인 지역의 도로, 항구, 농업, 어

업, 광업, 임업 등 천연자원을 이용하는 산업을 관리하고 규제하였다. 특히 천연자원을 이용한 산업은 헤롯왕에 필요한 세수(稅收)를 채워주는 중요한 방편이었다. 천연자원을 이용한 산업에서 나오는 이러한 세수는 헤롯 이전의 그리스와 로마의 통치자들이 사용해오던 방법이었으므로 당연히 헤롯도 이러한 세수를 중요하게 여기고 있었다. 갈릴리 지역에서는 갈릴리 호수가 있으므로 헤롯은 어업에서도 세수를 얻을 수 있었다. 헤롯은 사치스런 생활, 왕궁건설, 항구, 반원형 극장 등 야심적인 건설사업에 필요한 자금을 모으려고 백성들에게 무거운 세금을 부과하였다. 갈릴리 호수의 어업에 대해 헤롯은 왕궁에서 독점권을 갖고 있었으므로 갈릴리 호수에서 어업을 하고 싶어 하는 주민은 어업권을 얻기 위해 세무서를 통해 왕궁과 계약을 맺어야 하였다. 어업에 대한 과세는 높아 어떤 어부는 어획량의 25~40%에 해당하는 금액이나 생선을 어업권 취득을 위해 지불해야 하였다. 튀르키예의 비시디아(Pisidia) 지방에서는 어부는 잡은 고기를 아무에게나 팔 수 없고 반드시 국가가 인정한 중개인이나 도매상에 판매하여야 했을 정도로 국가의 통제를 받았다. 그러므로 비시디아와 비슷한 방법이 갈릴리 지역에서도 적용되었을 가능성이 높다. 워낙 세금이 높았으므로 생선을 잡아 가장 큰 이익을 보는 것은 어부가 아니고 왕과 지역의 (왕이 하사한) 큰 토지를 가진 왕의 친척 또는 지인들이었다. 이외에 어부를 포함한 일반 백성이 내는 세금을 받아 왕궁에 납부하는 중간관리들도 재산을 모았다. 중간관리들은 나름대로 도중에 부정직한 방법으로 세금을 횡령하여 개인적인 부를 쌓았기 때문이다. 당시 관리들이 세금을 포탈하는 것과 군인들이 백성에게 강포하는 것에 대해서는 신약성경 누기복음에도 다음과 같이 기록되어 있다.

세리들도 세례를 받고자하여 와서 가로되 선생이여 우리는 무엇을 하리이까 하매 가로되 정한 세 외에는 늑징치 말라하고 군병들도 물어 가로되 우리는 무엇을 하리이까 하매 가로되 사람에게 강포하지 말며 무소하지 말고 받는 요를 족한 줄로 알라 하니라 (누가복음 3장 12~14절)

삭개오라 이름하는 자가 있으니 세리장이요 또한 부자라 (누가복음 19장 2절)

삭개오가 서서 주께 여짜오되 주여 보시옵소서. 내 소유의 절반을 가난한 자들에게 주겠사오며 만일 뉘 것을 토색한 일이 있으면 사배나 갚겠나이다 (누가복음 19장 8절)

베드로 시대에 갈릴리 호수에서 어업에 종사하는 사람들은 개인 또는 여러 명이 모여 공동으로 동업을 하여 어업권을 취득할 수 있었던 것 같다. 누가복음 5장 3~7절에는 베드로가 내린 그물에 그물이 찢어질 정도로 고기가 너무 많이 잡혀 다른 배에 있는 동무에게 손짓하여 도와달라고 하는 장면이 나온다. 우리 말 성경에는 '동무'라고 되어 있지만 영어성경에는 Partners(동업자들)라고 기록되어 있다. 즉, So they motioned to their partners in the other boat to come and help them (누가복음 5장 7절)이라고 기록되어 있는 것이다. 오늘날도 세계 곳곳에서 자기 배가 없으므로 근로계약을 맺고 다른 사람이 소유한 어선을 타고 조업을 하는 어부들이 많다. 베드로 시대에도 마찬가지로 자기가 소유한 배가 없이 다른 사람의 배에 올라 일을 하는 어부가 많았다. 이 점에서 베드로는 자기 소유의 배를 가지고 있었다. 누가복음 5장 3절에는 베드로가 자신의 배를 소유하고 있다는 것을 다음과 같이 보여주고 있다.

예수께서 한 배에 오르시니 그 배는 시몬(베드로)의 배라 (누가복음 5장 3절 상반절)

유대인 장군으로서 로마군에 포로가 된 역사학자 요세푸스(Flavius Josephus)에 의하면 베드로 당시 갈릴리 호수에서는 약 230척의 어선이 어업에 사용되고 있었다고 한다. 그 가운데 한척을 베드로가 소유하고 있었다. 역사학자들은 베드로의 어선은 길이가 약 7~8m, 폭 2.1m 크기로 추정하고 있으며 승선 어부는 5명으로서 4명은 노를 젓거나 고기를 잡고 한 명은 방향을 잡아주거나 고기 잡는 것을 지휘, 감독하는 일 그리고 날씨를 살피는 일을 하였다고 추측하고 있다. 이 조그만 어선에는 생선 0.5톤을 실을 수 있거나 승객 11~13명을 태울 수 있었다. 당시 어선이 사용하던 그물은 아마(亞麻: Flax, Linen)를 사용하였다. 베드로 당시 갈릴리 호수에서는 낮에 그물을 내리면 고기들이 피하므로 고기들이 물속에 그물이 내려오는 것을 볼 수 없도록 밤에 내렸다. 이에 관련되어 누가복음에는 다음과 같은 말씀이 있다.

시몬(베드로)이 대답하여 가로되 선생이여 우리들이 밤이 맞도록 수고를 하였으되 얻은 것이 없지마는 말씀에 의지하여 내가 그물을 내리리이다 하고 (누가복음 5장 5절)

갈릴리 호수의 면적은 167km²로서 서울시 면적의 $\frac{1}{4}$에 지나지 않는다. 그러므로 과도한 어획을 하게 되면 어족자원이 씨가 마르게 된다. 갈릴리 호수에 서식하는 27개 어종 가운데 약 10종을 먹을 수 있는바 대표적인 주요 어종은 다음과 같다.

어종(일반명)	학명(속,종)	비고
Musht	*Tilapia galilea*	베드로 고기
Biny(Barbels)	*Barbus longiceps, B.Canis*	유대인이 안식일, 축제일에 먹음 크기가 크다(6~7kg)
Kinneret Sardine	*Mirogrex terraesanctae*	베드로 당시 염적용으로 사용

마태복음 15장 39절에는 예수님이 오병이어의 기적을 행하신 후에 제자들을 데리고 마가단(Magadan)이란 곳으로 가신 내용이 있다(예수께서 무리를 흩어 보내시고 배에 오르사 마가단 지경에 가시니라). 유대교의 4대 성도(聖都) 가운데 하나인 티베랴 북쪽 5km에 위치한 마가단은 막달라(Magdala)라는 이름도 가지고 있어, 예수님을 따르며 섬기던 막달라 마리아의 고향이기도 하다. 고대에는 이 지역에 그리스인들이 많이 살고 있었으므로 이 마을의 그리스식 이름은 '생선가공마을(Processed Fishville)'이라는 뜻으로서 당시 이곳에서는 갈릴리 호수에서 잡은 생선을 훈제하거나 소금에 절이는 산업이 왕성하였다. 특히 마가단에서는 정어리를 염적(鹽積)하는 곳으로 유명하였다. 고대에 갈릴리 호수에서 잡힌 생선은 훈제된 상태로 또는 소금에 절여 예루살렘을 포함하여 이스라엘 전역과 인근 나라에도 육로나 해상으로 보내졌다. 생선 액젓은 암포라(Amphoras)라고 부르는 진흙으로 만든 항아리에 넣어져 배에 실려 거래되기도 하였다. 구약성경 느헤미야에는 느헤미야가 포로 생활에서 예루살렘에 돌아와 예루살렘 성벽을 다시 쌓는 장면이 나온다. 느헤미야 3장 3절(어문은 하스나아의 자손들이 건축하여 그 들보를 얹고 문짝을 달고 자물쇠와 빗장을 갖추었고)에는 어문(魚門)을 비교적 자세히 묘사하였는바 영어성경에는 어문을 Fish Gate 라고 표시되어 있다. 즉, 예루살렘 북쪽성벽에 있었던 어문 근처에서는 갈릴리 지역과 오늘날 레바논 남부의 시돈과 두로 지역에서 가져온 훈제되었거나 소금에 절인 생선시장이 열렸던 것이다. 이스라엘은 지중해에 면한 나라인데 왜 어종이 풍부한 지중해에서 생선을 잡지 않고 갈릴리 호수에서 생선을 잡았을까? 그것은 고대에 이스라엘이 면해있는 지중해상에서 가끔 외적의 배가 나타나 이스라엘인의 어선을 공격했기 때문이다.

　　2024년 6월 22일, 미국의 CNN방송은 이스라엘 해안에서 90km 떨어진

1. 암포라와 필자
   (튀니지, 카르타고 박물관)
2. 각종 암포라 (튀니지, 국립박물관)

지중해 수심 1,800m 깊이에서 3,300년 전에 제작된 것으로 보이는 역사상 가장 오래된 난파선을 영국 천연가스 회사인 에너지안(Energean)이 해저환경 조사 중에 발견하였다고 보도하였다. 난파선의 선상에서는 기름(올리브?),

포도주, 과일 등이 담겨 있을 암포라 수백 개가 발견되었다고 한다.[5] 고대에는 생선 액젓도 암포라에 넣어 바다를 건너 무역을 하였으므로 이들 암포라 안에는 생선 액젓도 있을 것이라고 짐작된다.

(3) 베드로 고기

1) 어부 베드로

갈릴리 호수에서 오랫동안 어부였던 베드로의 고기 잡는 일에 관련된 주요 성경구절은 다음과 같다.

말씀을 마치시고 시몬(베드로)에게 이르시되 깊은데로 가서 그물을 내려 고기를 잡으라. 시몬이 대답하여 가로되 선생이여 우리들이 밤이 맞도록 수고를 하였으되 얻은 것이 없지마는 말씀에 의지하여 내가 그물을 내리리이다 하고 그리한즉 고기를 에운 것이 심히 많아 그물이 찢어지는지라. 이에 다른 배에 있는 동무를 손짓하여 와서 도와달라 하니 저희가 와서 두 배에 채우매 잠기게 되었더라 (누가복음 5장 4~7절)

그러나 우리가 저희로 오해케 하지 않기 위하여 네가 바다에 가서 낚시를 던져 먼저 오르는 고기를 가져 입을 열면 돈 한 세겔을 얻을 것이니 가져다가 나와 너를 위하여 주라 하시니라 (마태복음 18장 27절)

---

[5] 「지중해서 3,300년 전 난파선 발견」, 매일경제신문. 2024년 6월 24일

시몬 베드로가 올라가서 그물을 육지에 끌어 올리니 가득히 찬 큰 고기가 일백 쉰 세 마리라. 이같이 많으나 그물이 찢어지지 아니하였더라 (요한복음 21장 11절)

2) 베드로 고기맛

베드로 고기

갈릴릴 호수 서쪽 호반에 있는 도시 티베랴는 앞서 나온 대로 이스라엘에 있어 유대교의 4대 거룩한 도시(Holy City) 가운데 하나이다. 나머지 3개의 도시는 예루살렘, 헤브론 그리고 갈릴리 호수 서북쪽에 있는 사펫이다. 티베랴 등 갈릴리 호숫가에 있는 식당은 관광객으로 붐비는데 외국 관광객이 갈릴리 호수에 와서 먹는 메뉴 가운에 아마도 가장 선호되는 것은 '성(聖)베드로 고기(Saint Peter's Fish)'라는 별명을 가진 물고기를 기름에 튀겨서 내놓은 메뉴 같다. 필자는 몇 년 전에 목사님 부부들과 함께 갈릴리 호수를 방문한 적이 있다. 이 때 전세 낸 소형버스 운전기사에게 점심식사로 베드로 고기를 먹고 싶다고 하였더니 우리 일행을 큰 식당으로 데려갔다. 그런데 그 큰 식당은 몰려온 관광객 때문에 자리가 없다. 그래서 우리는 호숫가에 있는 다른 식당에 가서 베드로 고기를 주문하였다. 도미처럼 생긴 베드로 고기는 양념이 제대로 되어있지 않고 그냥 기름에 튀겨서 그런지 맛이 밋밋하다. 그런데 우리 식으로 소금을 좀 뿌려서 구워 먹으면 맛이 있다고 한다. 식당에서는 비싼 가격 메뉴이지만 단지 베드로라는 이름 때문에 갈릴리 호수를 방문하는 사람들은 식당에서 이 고기를 맛보려고 하는 것 같다.

베드로 고기 점심식사

    오늘날 갈릴리 호수에 서식하고 있는 물고기는 10개 과(科)에 속한 27종(種)이고 이 가운데 베드로 고기는 틸라피아(Tilapia)라는 어종으로서 크기는 30~40cm 정도이고 무게는 1kg 내외이다. 뼈가 크고 생선 위의 지느러미가 강하다. 오늘날 갈릴리 호수에서 가장 흔하게 잡히는 민물고기이므로 2천 년 전에 베드로가 갈릴리 호수에서 고기를 잡았을 때도 아마 이 고기를 잡았을 것이라고 추측하면서 틸라피아 물고기에 붙여준 별명이다. 이 물고기는 우리나라에도 수입되어 양식하여 '역돔'이라는 이름으로 팔렸다. 베드로가 어부였을 때 갈릴리 호수에서 가장 많이 잡히던 물고기는 정어리(Sardine)와 청어(Herring)였다. 이 두 가지 수종 이외에 베드로 고기도 잡혔으므로 예수님이 오병이어의 기적을 행하실 때 사용한 물고기 2마리는 베드로 고기였다는 소문만 현지에서 있을 뿐 확실하지는 않다. 그리고 예수님이 부활하신 뒤 갈릴리 호수에 다시 나타나셔서 제자들이 잡은 생선을 잡수셨을 때 그 고기도 베드로 고기였을 가능성이 높다고 하나 정확한 어종은 현재로서는 아무도 알 수 없다.

1. 티베랴 부둣가
2. 티베랴 시내
3. 티베랴 부둣가 물속의 고기들

1. 닻을 올려라! 만선을 기대하며 중부태평양의 포나페(폰페이) 항구를 출항하는 참치잡이 선망선. 선교 지붕 위에 헬리콥터를 싣고 있다(2011년)
2. 남태평양에서 조업중인 선망선 위에서 필자

(4) 어부의 부두

　바다에서 고기를 잡는 어부 일은 육체적으로 힘이 많이 들고 강풍이 불고 파도가 높을 때는 생명에 위험이 따르기도 한다. 그러나 장소와 시기에 따라서는 제법 이익이 많이 발생하는 사업이기도 하다. 베드로 시대나 과학문명이 발달된 오늘날이나 갈릴리 호수에서 고기를 잡는 어선의 크기는 비슷하다. 앞서 언급한대로 어선 한 척에 고기를 0.5톤 정도 밖에 싣지 못하는 크기이다. 필자가 5년 동안 상임고문으로 근무하던 수산회사는 세계에서 가장 큰 원양

어선 선단을 보유한 회사로서 주로 남태평양과 중부 태평양에서 참치를 잡는다. 이들 참치 잡이 어선들은 크기가 1천 톤 이상 되는 것이 있어 배에 헬리콥터까지 싣고 다니면서 어군을 찾아 드넓은 태평양을 누빈다(최근에는 헬리콥터 대신 드론을 사용한다). 이런 어선은 하루에 최대 수백 톤의 참치를 잡기도 하는데 만약 이런 현대적인 대형어선이 갈릴리 호수에 가서 이틀만 작업하면 갈릴리 호수 안에 살고 있는 어종이 완전히 씨가 마를 것이다. 그러므로 이스라엘 정부는 갈릴리 호수의 어족 자원을 보존하려고 어선의 크기와 척수를 제한하고 있으므로 갈릴리 호수에서 고기를 잡는 어선 크기는 2천 년 전과 같고 척수는 오히려 크게 줄었다. 일부 어종은 연간 어획량이 100톤 정도이다. 같은 크기의 어선이라도 베드로 시대에는 노를 젓거나 돛을 달고 천천히 다녔는데 현대적인 어선은 크기는 2천 년 전과 같아도 모터를 장착하여 빠르게 운행하므로 당연히 척수를 2천 년 전보다 줄여야 하는 것이다. 배에 참치 어군 탐색용 헬기까지 싣고 다니는 1천톤급 참치 선망선(旋網船, Purseiner)을 타고 태평양을 다녀본 필자의 상업적인 어업 조업(Commercial Fishing Operation)의 시각에서 본 갈릴리 호수의 어업은 마치 어린아이들이 장난하는 것처럼 보인다. 그러나 방향을 돌려 순수한 자연적인 시각에서 보면 어선이라고 부르기도 뭐한 조그만 보트에 베드로의 후예인 어부 두세 명이 이날 잡은 물고기 소량을 통에 싣고 거울같이 조용한 호수 위를 스치듯이 조용히 부두에 다가오는 모습은 한편의 서양화 그림을 보는 기분이 든다. 세계 각국의 주요 항구에는 나름대로 규모가 있고 사람들로 붐비는 '어부의 부두(Fisherman's Wharf)'가 있다. 미국 샌프란시스코의 Fisherman's Wharf나 노르웨이 베르겐 등의 어시장은 관광지로서도 유명하다. 그러나 갈릴리 호수에는 그런 붐비는 '어부의 부두'나 어시장이 없다. 단지 평화롭고 한가롭고 조용하고 낭만적인 작은 부두가 호수에서 불어오는 미풍(微風)을 향하고 있을 뿐이다. 여기가 갈릴리 호수이다.

• 제2장

제자

1. 예수님과 만남

　마태복음 4장 18~22절에는 예수님이 갈릴리 호수 해변에 다니시다가 어부인 베드로(Peter)와 그 형제 안드레(Andre)가 호수에 그물 던지는 것을 보시고 '나를 따라 오너라. 내가 너희로 사람을 낚는 어부가 되게 하리라"고 하셨다. 그러자 이들은 곧 그물을 버리고 예수님을 좇았다. 그리고 거기서 더 가시다가 세베대(Zebedee)의 아들 야고보(James)와 그 형제 요한(John)이 부친과 함께 어선에서 그물 깁는 것을 보시고 이 두 명을 부르자 야고보와 요한은 곧 어선과 부친을 버리고 예수님을 따라갔다. 이와 같이 마태복음 4장에는 예수님이 갈릴리 호수 호반에서 어부인 베드로와 그 형제 안드레를 동시에 만나 제자를 삼으시고 이어서 같은 갈릴리 호반에서 어부인 야고보와 요한 형제를 제자로 삼으신 행적이 기록되어 있다.

　마가복음 1장 16~20절에는 마태복음 4장과 같은 내용이 기록되어 있다. 즉, 세례요한이 헤롯왕에게 잡혀서 감옥에 들어간 이후에 예수님이 갈릴리 지방에 오셔서 복음을 전파하셨다. 이때 갈릴리 호수 해변으로 지나가시다가 어부인 시몬(베드로)과 그 형제 안드레가 바다에 그물 던지는 것을 보시고 그들

1. 베드로 수위권 교회
2. 베드로 수위권 교회와 고대 유적

에게 "나를 따라 오너라. 내가 너희로 사람을 낚는 어부가 되게 하리라"고 말씀하시자 두 명은 곧 그물을 버려두고 예수님을 좇았다. 그리고 조금 더 가시다가 어선에서 그물을 깁고 있는 세베대의 아들 야고보와 그 형제 요한을 보시고 곧 부르시니 두 명은 부친 세베대와 삯군들을 함께 버리고 예수님을 따라갔다. 마태복음 4장에는 예수님이 베드로를 제자로 삼으신 시점을 언급하지 않았으나 마가복음 1장에서는 세례요한이 감옥에 들어간 이후라고 기록되어 있다.

누가복음 3~5장에는 예수님이 요단강에서 세례요한으로부터 세례를 받은 후에 광야에 나가 40일 동안 거하시면서 마귀에게 시험을 받았으나 넉넉하게 이기시고 갈릴리 지방에 돌아오셔서 많은 사람들에게 회당과 들판에서 하나님 나라를 증거하시며 전도하셨다. 예수님이 게네사렛(갈릴리) 호숫가에 서서 모인 무리에게 하나님의 말씀을 전하시면서 호숫가에 두 척의 배(어선)가 있는 것을 보셨다. 두 배의 어부들은 배에서 내려서 그물을 씻고 있었다. 두 척의 어선 가운데 예수님은 시몬(베드로)의 배를 타고 육지에서 조금 떨어지게 한 뒤 배 위에서 호숫가에 있는 무리에게 하나님 말씀을 가르치셨다. 가르치기를 마치시고 시몬에게 깊은 데로 배를 움직여 그물을 내려 고기를 잡으라고 명하셨다. 이에 시몬은 "선생이여, 우리들이 밤새워 작업을 하였으나 고기를 잡지 못하였으나 예수님 말씀을 믿고 내가 그물을 내리겠습니다"라고 대답하고 예수님의 말씀에 순종하였다. 그러자 고기가 그물에 너무 많이 잡혀서 그물이 찢어지려고 하였다. 이에 시몬이 다른 어선에 있는 동료 어부들에게 손짓하여 도와달라고 하자 동료 어부들이 탄 배가 와서 함께 그물을 끌어 올렸다. 잡힌 고기가 너무 많아 두 어선에 쏟아 넣으니 잡힌 고기의 무게로 말미암아 두 어선이 물에 잠기게 될 정도가 되었다. 베드로는 이것을 보고 놀라 예수님의 무릎 아래 엎드려 "주여, 나를 떠나소서. 나는 죄인입니다"라고 말하였다. 베드로뿐만 아니고 베드로와 함께 있던 모든 사람이 많은 고기가 잡힌 것을 보고 놀랐다. 베드로의 동업자인 야고보와 요한도 엄청난 양의 고기가 잡힌 것을 보고 놀랐다. 예수님께서는 베드로에게 "무서워 말라. 이후로는 네가 사람을 취하리라(사로잡으리라)"고 하시니 베드로, 안드레, 야고보, 요한은 어선들을 육지에 대고 모든 것(잡은 고기도 포함되었다고 짐작된다)을 버려두고 예수님을 좇았다. 누가복음 5장에는 베드로, 안드레, 야고보, 요한이 예수님이 명령하신 것을 순종하니 엄청난 양의 고기가 잡힌 것을 보고 놀라 예수님이 어부 직업을 중지하고 예수님을 따라오라고 하자 이들 4명의 어부는 이것저것 생각하거나 계산하지 않고 즉시 예수님의 제자가 되는 길을 택한 것이 기록되어 있다.

베드로는 예수님이 시키시는 대로 하였기에 당장에 많은 고기를 잡을 수 있었다(당장에 돈을 많이 벌게 되었다). 순간적으로 큰 돈을 벌게 되자 베드로는 재빨리 얼른 예수님의 발 앞에 엎드려 "아이고, 이것만 가지고 안되겠습니다. 말씀대로 순종하니 이 세상 것 잘되는 것 보니까 말씀대로 하면 영원 무궁한 세계의 측량 못할 그 소망이 다 이루어질 터인데 나는 참 삐뚤어진 일만 했습니다"하면서 꺼꾸려져 죽은 자와 같이 되어지니 주님이 위로를 하시면서 "두려워하지 말아라. 이제부터는 네가 사람을 낚는 어부가 되리라"고 말씀하셨다. 그러자 베드로는 배와 모든 것(잡은 고기, 그물 등)을 다 집어 던져 버리고 주님을 따라갔다.[6] 베드로의 강한 결심과 판단이 보이는 대목이다.

한편, 요한복음 1장 29~42절에는 베드로가 처음으로 예수님을 만나는 장면이 마태복음 4장, 마가복음 1장, 누가복음 5장 말씀과 다르게 기록되어 있다. 즉, 세례요한이 요단강 건너편 베다니 마을 인근에서 자기 제자 두 명을 데리고 다니다가 예수님이 지나시는 것을 보게 된다. 그때 세례요한이 두 제자에게 "보라! 하나님의 어린 양이로다"라고 말하자 두 제자는 세례요한을 떠나 예수님을 좇았다. 세례요한의 말을 듣고 예수님을 따르게 된 두 명의 제자

---

[6] 『목회설교록(1986년 8월 거창집회)』 p. 365. 백영희 목회연구소. 부산. 2007.

가운데 한 명이 베드로의 형제 안드레였다. 안드레는 자기 형제인 시몬(베드로)을 찾아 만나서 "우리가 메시야(그리스도)를 만났다"며 베드로를 예수님께 데리고 왔다. 베드로를 본 예수님은 "네가 요한의 아들 시몬이니 장차 '게바'라고 하라"고 하셨다. '게바(Cephas)'는 번역하면 '베드로(Peter)'이다. 요한복음을 보면 베드로의 형제 안드레가 베드로보다 먼저 예수님 제자가 된 것을 알 수 있다. 그리고 마태복음 4장과 비교해 볼 때 예수님은 베드로와 안드레를 베다니 마을에서 처음 만났고 그 후 베드로와 안드레가 갈릴리 호수에서 고기를 잡으려고 그물 던지는 것을 보시고 베드로와 안드레를 본격적으로 제자로 삼으신 것을 알 수 있다.

마태복음 16장 16절에 베드로가 "주는 그리스도시요 살아계신 하나님의 아들이시니이다"라고 말하였을 때 예수님이 18절에서 "내가 이 반석위에 내 교회를 세우리니 음부의 권세가 이기지 못하리라"고 하셨다. 바른 진리와 바른 깨달음 위에 주님 교회를 세우시겠다고 선포하신 것이다. 즉, 예수님께서는 베드로에게 주님의 크신 일을 맡기시겠다는 의도를 미리 말씀하신 것이다.

마태복음, 마가복음, 누가복음에는 예수님이 갈릴리 호숫가에서 4명(베드로, 안드레, 야고보, 요한)을 거의 동시에 제자 삼으셨다고 기록되어 있으나 요한복음에는 안드레와 베드로 형제를 제자로 삼으신 예수님이 이어서 베드로 형제와 같은 고향 출신인 빌립을 제자로 택하셨다고 기록되어 있다. 그렇다면 성경이 잘못 기록되었다는 것인가? 전혀 그렇지 않다. 시간차(差)를 두고 기록된 것이다.

2. 사람을 낚는 어부

갈릴리 해변에 다니시다가 두 형제 곧 베드로라 하는 시몬과 그 형제 안드레가 바다에 그물 던지는 것을 보시니 저희는 어부라. 말씀하시되 나를 따라 오너라. 내가 너희로 사람을 낚는 어부가 되게 하리라 하시니 저희가 곧 그물을 버려두고 예수를 좇으니라. 거기서 더 가시다가 다른 두 형제 곧 세베대의 아들 야고보와 그 형제 요한이 그 부친 세베대와 한가지로 배에서 그물 깁는 것을 보시고 부르시니 저희가 곧 배와 부친을 버려두고 예수를 좇으니라 (마태복음 4장 18~22절)

베드로 수위권 교회의 예수님과 베드로 동상

예수님께서는 갈릴리 호숫가에서 고기잡이를 하던 베드로를 비롯한 여러 어부들을 택하사 제자를 삼으셨다. 그리고 고기 대신 사람을 낚는 어부로 만드셨다. 예수님 제자 가운데 절반 이상이 어부 출신이다. 그들은 물고기 잡는 일에 종사하였으므로 고기 잡는 일에는 능통하였다. 이런 어부들을 제자로 삼으시고 이제부터는 사람을 낚는 어부가 되게 하시겠다고 제자들에게 말씀하시자 제자들은 아마도 이해가 쉬웠을 것이다. 농사짓는 사람에게 이제는 사람을 낚는 어부가 되게 만들겠다고 예수님께서 말씀하셨더라면 아마도 농사짓던 사람은 즉각 이해하기가 어려웠을 수도 있겠으나 베드로를 포함한 제자들은 어부였으므로 예수님께서 비유로 하신 말씀을 쉽게 이해하였을 것이다. 물속에 살고 있는 물고기를 그물이나 낚시를 사용하여 잡는 것처럼 죄악이 관영한 세상에서 마귀에게 사로잡혀 예수 그리스도를 모르고 살고 있는 사람들을 고기 잡듯이 마귀의 손에서 낚아채어 예수 그리스도 앞으로 데려와 구원받게 하는 '사람을 낚는 어부'의 일은 얼마나 귀한 일인가? 예수님께서는 베드로를 포함한 어부들을 선택하여 제자로 삼으시면서 기막히게 알맞은 어휘를 구사하셨다. 결국 그들은 평생 주님을 위해 사람을 낚는 어부 일을 충성되게 하였다.

또한 놀라운 것은 베드로를 비롯한 어부들을 주님께서 "나를 따라 오라1"며 제자로 부르시자 그들은 아무 주저 없이 이곳저곳 생각하지 않고 모든 것을 버려두고 주님을 따라 나섰다는 사실이다. 다른 제자들은 어선을 소유하였다고 성경에 기록된 것이 없으나 베드로는 어선을 소유한 어부이다. 아마 경제적으로 중산층이었을 것이다. 여하튼 이들은 예수님의 부르심을 받자 즉시 배, 그물, 잡은 물고기, 가족까지 버리고 예수님을 따라서 제자의 길에 나섰다. 대단한 결심이다. 전도를 받고 즉시 예수 믿기를 결심하는 경우는 쉽지 않다. 필자도 군대와 회사 생활 중 여러 사람을 전도하여 예수 믿도록 하였지만 한 번의 전도로 예수 믿는 것을 본 적은 없고 여러 번 또는 수십 번 하나님의 말씀을 설명하고서야 예수 믿는 사람들을 보았다.

베드로에 대해서는 성경에 배(어선)를 소유하였다고 기록되어 있으며 고기 잡는 경험이 풍부하고 연장자인 것을 보면 아마 선주이면서 선장(Captain)을 겸하고 있었을 가능성이 높다. 베드로 당시 어선 선장은 요즘 볼 수 있는 선장 모자라는 것이 없었던 것 같다. 유럽, 특히 북유럽의 어선 선장들은 조그맣고 검은 색 선장모자를 애용하고 있다. 필자는 1990년대 초

남아메리카 칠레에서 회사업무로 2년 6개월을 현지법인장으로 주재한 적이 있다. 그때 필자가 근무하는 회사는 독일계 사업자가 세운 목재공장이 경영 어려움에 직면하자 그 회사를 인수하고(한국기업으로서는 칠레에 첫 투자) 공장을 크게 증설하였고 30년이 지난 현재도 잘 경영되고 있다. 그때 필자가 군대를 엄청나게 좋아하는 것을 잘 알고 있는 독일계 공장장이 필자에게 어선선장 모자를 선물하였기에 필자는 칠레에 있는 동안 항상 그 모자를 애용하고 다녔으므로 현지 임직원들은 필자를 '사장님' 대신 '까삐딴(Captain에 해당하는 스페인어 Capitan의 발음)'이라고 불렀다. 그리고 22년이 지나 필자는 수산회사에서 일하면서 정말로 어선 선장 자격증을 취득하였다. 요즘도 그 모자를 필자 방에 걸어놓고 가끔씩 애용하고 있는데 머리에 쓸 때마다 칠레 공장 생각이 나고 기분이 좋다. 몇 년 전에 월간조선 잡지에 독일의 원칙주의자 정치가인 슈미트(Helmut Schmidt) 총리가 필자가 쓰는 것과 같은 어선 선장모자를 쓰고 있는 사진이 실렸다.[7] 그는 독일의 선장을 자처하면서 그 모자를 쓴 것이다. 이 잡지를 보면서 필자는 동지를 만난 기분이 들기도 하였다. 하여간 필지와 베드로는 시간, 공간, 지역은 다르지만 어선 선장이라는 같은 직종을 공유하였다는 사실에 가슴이 뿌듯하다(누가 알아주는 사람은 없지만...).

---

[7] 월간조선, p.318, 2020년 11월호

• 제3장
예수님과 동행

1. 신앙고백

베드로를 비롯한 제자들이 예수님의 제자가 된 이후에, 예수님께서는 제자들과 함께 갈릴리 호수 내륙 북쪽, 오늘날 골란 고원 안의 헐몬산 기슭에 위치하고 있는 가이사랴 빌립보(Caesarea Philippi) 마을에 가셨다. 헤롯 대왕의 손자인 헤롯 아그립바2세[8] 분봉왕은 이곳을 크게 확장하고 로마 황제 네로를 기념하여 네로니아스(Neronias)라고 이름지었다.[9] 오늘날 가이사랴 빌립보는 바니아스(Banias)라는 이름도 갖고 있다.

이곳에서 베드로로부터 신앙고백을 듣고 그때까지는 '시몬'이라는 이름을 사용하였던 베드로에게 '베드로'라는 새로운 이름을 주셨다. 베드로는 그리스어로 '바위, 반석, 돌'이라는 뜻으로서 영어로는 피터(Peter), 아랍어 부트루스, 프랑스어 피에르(Pierre), 스페인어 뻬드로(Pedro), 독일어 페터(Peter), 러시아어 표드르, 이탈리아어 피에트로(Pietro)라고 한다. 예수님은

---
8) 서기 27년 ~ 서기 100년.
9) 요세푸스, 김지찬 역 『요세푸스2(유대고대사)』 p.656, 생명의 말씀사. 서울. 2023

베드로가 반석같은 믿음의 인물이 되기를 소망하셔서 이 이름을 주셨다고 생각된다. 그리고 이 반석 위에 예수님의 교회를 세우겠으며 음부의 권세가 이기지 못하리라고 말씀하셨다. 이 말씀으로 보면 참으로 베드로는 큰 복을 받은 인물이다. 이어서 예수님은 베드로에게 천국 열쇠를 준다고 하시며 베드로가 땅에서 무엇이든지 매면 하늘에서도 매일 것이요, 베드로가 땅에서 무엇이든지 풀면 하늘에서도 풀릴 것이라고 말씀하셨다. 이와 관련된 성경말씀은 다음과 같다.

예수께서 가이사랴 빌립보 지방에 이르러 제자들에게 물어 가라사대 사람들이 인자를 누구라 하느냐. 가로되 더러는 세례요한, 더러는 엘리야, 어떤이는 예레미야나 선지중 중의 하나라 하나이다. 가라사대 너희는 나를 누구라 하느냐. 시몬 베드로가 대답하여 가로되 주는 그리스도시오 살아계신 하나님의 아들이시니이다. 예수께서 대답하여 가라사대 바요나 시몬아 네가 복이 있도다. 이를 네게 알게 한 이는 혈육이 아니오. 하늘에 계신 내 아버지시니라. 또 내가 네게 이르노니 너는 베드로라. 내가 이 반석 위에 내 교회를 세우리니 음부의 권세가 이기지 못하리라. 내가 천국 열쇠를 네게 주리니 네가 땅에서 무엇이든지 매면 하늘에서도 매일 것이요. 네가 땅에서 무엇이든지 풀면 하늘에서도 풀리리라 하시고 이에 제자들을 경계하사 자기가 그리스도 인 것을 아무에게도 이르지 말라 하시니라 (마태복음 16장 13~20절)

열쇠에 관한 이 말씀 때문에 베드로의 조각상이나 그림에는 베드로가 열쇠를 들고 있는 장면이 많다. 예를 들면 바티칸의 베드로 동상, 로마의 마메르틴 감옥 입구의 부조, 그리스 고린도에 있는 바울 기념교회의 모자익 타일 등에 열쇠를 들고 있는 베드로의 모습이 있다.

이와 별도로 예수님의 공생애가 끝나갈 무렵에 가버나움에서 사람들을 가르치실 때에 내 살을 먹고 내 피를 마시는 자는 영생을 가졌고 마지막 날에 내가 그를 다시 살리리니 내 살은 참된 양식이요 내 피는 참된 음료로다. 내 살을 먹고 내 피를 마시는 자는 내 안에 거하고 나도 그 안에 거하나니 (요한복음 6장 54~56절)라고 하시자 제자중 여럿이 듣고 말하되 이 말씀은 어렵도다. 누가 들을 수 있느냐 (요한복음 6장 60절)라고 하였다. 이러므로 제자 중에 많이 물러가고 다시 예수님과 다니지 아니하므로 예수님께서는 열 두 제자에게 너희도 가려느냐고 물으셨다. 이때 베드로는 명확하게 자기의 생각과 믿음을 말하였다. 즉, 시몬 베드로가 대답하여 주여 영생의 말씀이 계시매 우리가 뉘게로 가오리이까. 우리가 주는 하나님의 거룩하신 자신줄 믿고 알았삽나이다 (요한복음 6장 68~69절) 라고 대답한 것이다.

2. 책망을 받은 베드로

　이때로부터 예수 그리스도께서 자기가 예루살렘에 올라가 장로들과 대제사장들과 서기관들에게 많은 고난을 받고 죽임을 당하고 제 삼일에 살아나야 할 것을 제자들에게 비로서 가르치시니 베드로가 예수를 붙들고 간하여 가로되 주여 그리 마옵소서. 이 일이 결코 주에게 미치지 아니하리이다. 예수께서 돌이키시며 베드로에게 이르시되 사단아 내 뒤로 물러 가라. 너는 나를 넘어지게 하는 자로다. 네가 하나님의 일을 생각하지 아니하고 도리어 사람의 일을 생각하는도다 하시고 이에 예수께서 제자들에게 이르시되 아무든지 나를 따라 오려거든 자기를 부인하고 자기 십자가를 지고 나를 좇을 것이니라 (마태복음 16장 21~24절)

베드로는 방금 전에 예수님으로부터 '반석'이라는 뜻의 새 이름을 받고 천국 열쇠까지 받았으나 예수님이 조만간에 예루살렘에 가서 고난을 받을 것이라고 말씀하시자 인본적(人本的) 생각이 신본적(神本的) 생각보다 앞서 "주여, 그리 마옵소서"라고 간청하였다. 인류를 구원하려는 하나님의 크신 뜻을 인간적인 인정만 생각하여 주님의 크신 계획을 막으려고 한 것이다. 그러므로 주님은 베드로를 사단이라고 책망하셨다. 오늘날 한국교회는 하나님 중심의 신본주의가 아니고 인간중심의 인본주의가 차지하고 있다. 그러므로 주일날 교회에서 목회자들이 하는 설교조차 대부분이 본문으로서 성경구절 읽은 후 설교내용은 성경과는 거리가 먼 인간의 도덕, 윤리, 사회봉사활동, 정치 관련 내용 등 성경이 말하는 영육의 구원도리에 대해서는 관심이나 연구도 없고 당장 눈앞에 보이는 화제를 중심으로 설교하고 있다. 영육의 구원에 대한 말씀은 딱딱하고 고리타분하게 보이므로 목회자 스스로 이러한 주제는 피하고 그저 듣기에 편하고 부담 없는 수준의 설교만 한다. 주님께서는 베드로에게 하신 책망을 오늘날 한국교회에 하실 것이다. 믿는 자는 깨달아야 한다.

3. 겟세마네 기도

(1) 제자들과 기도

이에 예수께서 제자들과 함께 겟세마네라 하는 곳에 이르러 제자들에게 이르시되 내가 저기 가서 기도할 동안에 너희는 여기 앉아 있으라 하시고 베드로와 세베대의 두 아들을 데리고 가실쌔 고민하고 슬퍼하사 이에 말씀하시되 내 마음

겟세마네 동산에 세워진 만국교회

이 심히 고민하여 죽게 되었으니 너희는 여기 머물러 나와 함께 깨어 있으라 하시고 조금 나아가사 얼굴을 땅에 대시고 엎드려 기도하여 가라사대 내 아버지여 만일 할만하시거든 이 잔을 내게서 지나가게 하옵소서. 그러나 나의 원대로 마옵시고 아버지의 원대로 하옵소서 하시고 제자들에게 오사 그 자는 것을 보시고 베드로에게 말씀하시되 너희가 나와 함께 한 시 동안도 이렇게 깨어 있을 수 없더냐. 시험에 들지 않게 깨어 있어 기도하라. 마음에는 원이로되 육신이 약하도다 하시고 다시 두 번째 나아가 기도하여 가라사대 내 아버지여 만일 내가 마시지 않고는 이 잔이 내게서 지나갈 수 없거든 아버지의 원대로 되기를 원하나이다 하시고 다시 오사 보신즉 저희가 자니 이는 저희 눈이 피곤함일러라. 또 저희를

사도 베드로의 발자취를 찾아서

두시고 나아가 세 번째 동일한 말씀으로 기도하신 후 이에 제자들에게 오사 이르시되 이제는 자고 쉬라. 보라 때가 가까웠으니 인자가 죄인의 손에 팔리우느니라. 일어나라. 함께 가자. 보라, 나를 파는 자가 가까이 왔느니라 (마태복음 26장 36~46절)

예수께서 나가사 습관을 좇아 감람산에 가시매 제자들도 좇았더니 그곳에 이르러 저희에게 이르시되 시험에 들지 않기를 기도하라 하시고 저희를 떠나 돌 던질만큼 가서 무릎을 꿇고 기도하여 가라사대 아버지여 만일 아버지의 뜻이어든 이 잔을 내게서 옮기시옵소서 그러나 내 원대로 마옵시고 아버지의 원대로 되기를 원하나이다 하시니 사자가 하늘로부터 예수께 나타나 힘을 돕더라. 예수께서 힘쓰고 애써 더욱 간절히 기도하시니 땀이 땅에 떨어지는 피방울 같이 되더라. 기도 후에 일어나 제자들에게 가서 슬픔을 인하여 잠든 것을 보시고 이르시되 어찌하여 자느냐. 시험에 들지 않게 일어나 기도하라 하시니라 (누가복음 22장 39~46절)

겟세마네 동산은 예루살렘성 바로 동쪽, 해발 826m 높이의 감람산 기슭에 있다. 예수님은 대제사장들에게 잡히시기 바로 전날 이곳에 제자들을 데리고 와서 밤에 기도하였다. 예수님은 제자들 가운데 특별히 아끼시는 베드로, 야고보, 요한 3명을 데리고 더 떨어진 곳에 가셔서 기도 할 자리를 정해주시고 예수님께서는 홀로 기도할 장소에 가셔서 기도하였다. 예수님은 제자 3명에게 깨어 있으라고 하셨지만 기도하신 뒤 3명의 제자가 있는 곳에 오셔서 보니 제자 3인은 모두 잠자고 있었다. 이들을 깨워 책망하시고 다시 기도하라고 하신 뒤 두 번째 기도하러 가셨다. 그리고 다시 제자 3인에게 돌아와 보니 그때도 제자들은 잠자고 있었다. 그러므로 예수님은 세 번째로 기도하시러 가셔서 기도하신 뒤 다시 제자들에게 오셔서 이제는 자고 쉬라고 하시고 일어나 예

만국교회 옆에 수백년된 감람나무(올리브)들

수님을 잡으러 오는 대제사장 무리에게 함께 가자고 하셨다. 그리고 잠시 뒤 예수님은 그들에게 잡히셨다. 이 장면에서 예수님은 대제사장 무리에게 잡히시는 마지막 순간까지 베드로를 포함한 3명의 제자를 특히 아끼시고 사랑하신 것을 알 수 있다. 예수님이 베드로 등 제자들과 마지막으로 기도하셨던 곳에는 오늘날 만국교회가 세워져 있다.

(2) 예수님의 기도

겟세마네 동산에서 예수님이 기도하실 때 마태복음 26장 39절에는 내 아버지여 만일 할만하시거든 이 잔을 내게서 지나가게 하옵소서. 그러나 나의 원대로 마옵시고 아버지의 원대로 하옵소서라고 기도하였다. 이 구절을 두고 어떤 사람들은 예수님도 인성(人性)을 갖고 있으므로 십자가의 잔혹한 공포스러운 죽음이 두려워 십자가를 피하게 해달라고 기도하면서 그러나 나(예수님)의 원대로 마옵시고 아버지(하나님)의 원대로 해 달라고 기도하였다고 한다. 필자는 이런 해석은 잘못된 해석이라고 생각한다. 생각해 보라, 독립투사, 군인, 하다못해 요즘 세계 언론의 중심인 중동 전쟁에서 자기 목숨을 초개처럼 여기며 적에 대해 자살테러를 감행하는 사람들도 있는데 인류를 구원하기 위해 오신 예수님이 인간들조차 두려워하지 않는 죽음이 두려워 피하려고 그런 기도를 하였겠는가? 만약 예수님이 십자가 위에서의 죽음을 두려워하였다면 구세주의 자격은 없는 것이다. 용감한 인간들보다도 못한 것이다. 그렇다면 왜 이 잔을 내게서 지나가게 하옵소서라고 기도하였는가? 그것은 인류를 구하려는 이러한 대업(大業)에 과연 자기가 자격이 있는지, 혹시라도 자기가 자격이 부족하다면 누군가 자격이 충분한 사람에게 구세주의 대업을 맡겨 달라고 기도한 것이다. 예수님의 지극히 겸손한 자세를 보여주는 것이다.

이어서 십자가에 달려서 엘리 엘리 라마 사박다니(나의 하나님, 나의 하나님 어찌하여 나를 버리셨나이까(마태복음 27장 46절)라고 소리 질렀다. 이 구절을 두고 어떤 이들은 예수님이 십자가 위에서 슬픔, 고통, 절망감(하나님이 자기를 버리셨다는)에 사로 잡혀서 소리 지른 것이라고 주장한다. 그 주장이 맞는다면 예수님은 구세주로서의 자격이 없다. 십자가 위에서 예수님이 이렇게 말한 것은 "어떻게 부족한 나를 사용하셔서서 인류를 구원하는 일에 사용하십니까? 감사합니다"라는 뜻으로 하나님께 부르짖은 것이다. 일부 사람들이 주장하는 대로 예수님이 고통과 절망감에 사로잡혀 이 말을 한 것이 아니고 자기를 버려 인류를 구하는 대업을 이루어주시는 것에 대해 하나님께 감사하는 말이다. 이 순간을 위해서 예수님이 세상에 인간의 몸을 입고 오신 것이므로 예수님으로서는 생애에서 가장 기쁜 순간이었다. 그러므로 예수님은 십자가 위에서 "다 이루었다"(요한복음 19장 30절)는 마지막 말을 하시고 숨을 거두신 것이다.

4. 베드로가 체험한 기적

(1) 백부장 종

　예수님은 가버나움에 주둔하던 로마 군대의 백부장(百夫長:Centurion)의 종을 고쳐주셨다. 백부장은 부하 100명을 거느린 장교이다. 모세는 이스라엘 백성을 이집트에서 인도하여 나올 때 장인 이드로의 조언을 받아들여 천부장, 백부장, 오십부장, 십부장 등 이스라엘 백성에 통솔 조직을 만들어 놓았다. 이에 관한 성경구절은 다음과 같다.

　이스라엘 무리 중에서 재덕이 겸전한 자를 빼서 그들로 백성의 두목 곧 천부장과 백부장과 오십부장과 십부장을 삼으매(출애굽기 18장 25절). 모세는 가나안 땅에 이르기까지 이스라엘 백성을 가로막는 적에 대해 수많은 전쟁을 치루었는바 이 조직을 군사조직으로 활용하여 전쟁에 사용한 것으로 보인다. 후일 로마 군대는 모세가 만들어 놓은 이 조직을 로마군에 적용하였다.

　예수께서 모든 말씀을 백성에게 들려주시기를 마치신 후에 가버나움으로 들어가시니라. 어떤 백부장의 사랑하는 종이 병들어 죽게 되었더니 예수의 소문을 듣고 유대인의 장로 몇을 보내어 오셔서 그 종을 구원하시기를 청한지라. 이에 저희가 예수께 나아와 간절히 구하여 가로되 이 일을 하시는 것이 이 사람에게는 합당하니이다 하니 저가 우리 민족을 사랑하고 또한 우리를 위하여 회당을 지었나이다 하니 예수께서 함께 가실쌔 이에 그 집이 멀지 아니하여 백부장이 벗들을 보내어 가로되 주여 수고하시지 마옵소서. 내 집에 들어오심을 나는 감당치 못하겠나이다. 그러므로 내가 주께 나아가기도 감당치 못할 줄을 알았나이다 말씀만

감람산에서 기드론 골짜기에 내려가는 기슭에 있는 눈물교회
(별명, 예수님 통곡교회)

하사 내 하인을 낫게 하소서. 저도 남의 수하에 든 사람이오. 제 아래에도 군병이 있으니 이더러 가라 하면 기고 저더러 오라 하면 오고 제 종더러 이것을 하라 하면 하나이다. 예수께서 들으시고 저를 기이히 여겨 돌이키사 좇는 무리에게 이르시되 내가 너희에게 이르노니 이스라엘 중에서도 이만한 믿음은 만나보지 못하였노라 하시더라. 보내었던 사람들이 집으로 돌아가 보매 종이 이미 강건하여졌더라 (누가복음 7장 1~10절)

예수님이 가버나움에 들어가실 때 로마 군대의 백부장이 예수님께 나아와 그의 하인이 중풍병으로 집에 누워서 괴로워하므로 고쳐주시기를 간구하였다. 그는 예수님이 병자를 고쳐주신다는 소문을 듣고 유대인 장로 서너 명을 예수님께 보내 자기 종을 낫게 해 주기를 부탁하였다.

장로들이 예수님께 이 백부장은 유대인을 사랑하고 회당(교회)도 지어준 사람이므로 예수님의 도움을 받을 자격이 있다고 설명하였다. 그러므로 예수님이 백부장의 집을 향하여 걸어가고 있을 때 백부장은 자기 친구들을 예수님께 보내어 자기 집에 오시는 것을 감당할 수 없고 자기도 예수님을 만날 자격도 없으니 수고스럽게 자기 집에 오시지 마시고 그저 말씀만 해달라고 부탁한 것이다. 이에 예수님은 이스라엘에서 아무도 백부장 같은 믿음을 만나보지 못하였다고 칭찬하시며 즉시 말로써 백부장 하인의 병을 고쳐주셨다.

(2) 베드로 장모

예수님께서는 앞서 언급하였듯이 백부장의 종을 고쳐주신 뒤, 이어서 베드로의 집을 방문하시어 베드로 장모의 병을 고쳐주셨다. 성경에는 백부장이 예수님께 사람들을 보내어 간청할 때 베드로도 예수님과 함께 있었다는 것은 기술되어 있지 않지만 예수님이 이동하실 때 제자들도 함께 동행하였으므로 베드로도 예수님과 함께 있었고 백부장 종을 고쳐주신 뒤에 (예수님이 회당에서 설교한 뒤) 예수님을 자기 집으로 모시고 들어갔다고 짐작된다. 그러므로 베드로는 예수님 옆에서 이러한 기적들이 일어나는 것을 직접 목격하였을 것이다. 관련된 성경말씀은 다음과 같다.

예수께서 베드로의 집에 들어가사 그의 장모가 열병으로 앓아 누운 것을 보시고 그의 손을 만지시니 열병이 떠나가고 여인이 일어나서 예수께 수종들더라 (마태복음 8장 14~15절)

예수께서 일어나 회당에서 나가사 시몬의 집에 들어가시니 시몬의 장모가 중한 열병에 붙들린지라. 사람이 저를 위하여 예수께 구하니 예수께서 가까이 서서 열병을 꾸짖으신대 병이 떠나고 여자가 곧 일어나 저희에게 수종드니라 (누가복음 4장 38~39절)

(3) 물 위를 걷다

마태복음 14장 22~33절과 마가복음 6장 46~51절에는 벳새다 앞 갈릴리 호수 물 위에서 예수님이 밤중에 걷는 기적을 보여 주시고 이를 본 베드로가 자기도 시도하다가 물에 빠지는 장면이 나온다. 즉, 갈릴리 호수 한 가운데서 배를 타고 있던 제자들은 예수님이 한 밤중에 갈릴리 호수 물 위를 걸어 제자들이 타고 있는 배를 향하여 걸어오시는 모습을 보았다. 예수님은 갈릴리 호숫가에 면한 산에서 혼자서 기도를 하시다가 호수 한 가운데에 바람이 거슬러 불자 제자들이 배가 바람에 밀려 움직이지 못하게 하려고 노를 힘들게 젓는 것을 보시고 제자들이 타고 있는 배를 향하여 육지를 떠나 걸어가셨다. 어둠 속에서 물 위를 걸어오는 예수님을 보고 제자들은 유령이라고 생각하고 무서워 소리 질렀다. 이에 예수님께서는 "내니 두려워말라"고 제자들을 안심시켰다. 그러자 베드로는 예수님에게 "만일 주님이시라면 나를 명하사 물 위로 걸어오게 하소서"라고 말하였다. 이에 예수님께서는 베드로에게 오라고 하시니 베드로는 배에서 물에 내려 물 위를 걸어서 예수님께로 갔다. 그러나 베드로는 예수님을 향하여 물 위를 걸어가다가 순간적으로 예수님을 바라보지 않고 갈릴리 호수에 부는 바람을 보고 겁에 질려서 무서워하다가 물에 빠지기 시작하였다. 베드로는 겁에 질려서 "주여 나를 구원하소서"라고 외치자 예수님은 즉시 손을 내밀어 베드로를 붙잡으시며 "믿음이 적은 자여 왜 의심하였느냐"고 꾸짖으셨다. 그리고 베드로를 데리고 배에 오르시자 바람이 곧 그쳤다. 배에 타고 있던 사람들(제자들)은 이 모습을 보고 심히 놀라서 예수님께 절하며 "진실로 (예수님은) 하나님의 아들이로소이다"라고 말하였다. 마가복음 6장 52절에는 제자들이 이 모습을 보고 심히 놀랐던 것을 보여주면서 제자들은 이 사건으로 놀라서는 안 될 일이었다고 기록하고 있다. 즉, 바로 전에 제자들은 예수님이 떡 5개와 물고기 2마리로써 남자만 5천명을 실컷 먹이시고도 12바구니의 떡이 남은 기적을 보았기에 그런 기적을 행할 수 있는 분이라면 물 위를 걷는 것도 가능한데도 미처 그런 생각을 못하고 오병이어의 기적을 깨닫지 못하고 마음이 둔하여졌었다고 기록하고 있다.

비록 베드로는 물 위를 걸어가다가 안타깝게도 끝까지 예수님에게 까지 걸어가지 못하고 도중에 물에 빠졌으나 그래도 일단 물 위를 걸어 본 사람이다. 인간으로서 물 위를 잠시라도 걸어본 사람은 베드로 밖에 없다. 만약 베드로가 호수에 불어오는 바람을 겁내지 않고 배짱 있게 예수님만 바라보고 걸어

갔다면 예수님에게 다가가 손을 잡았을 것이다. 이 사건은 오늘을 살고 있는 우리에게도 시사 하는 바가 크다. 예수 믿고 있는 우리들이 예수님만 있는 힘 다해 바라보며 의지하지 않고 세상 근심, 걱정을 염려하고 생각하다 보면 충분히 이길 수 있는 사건이나 문제에 봉착해서 실수하게 된다는 것이다. 제자들은 오병이어의 기적을 방금 전에 경험하였음에도 물 위를 걸어오는 예수님을 보고 그 능력을 믿지 않고 유령으로 여기며 무서워하였다. 영원히 지옥갈 수밖에 없었던 우리가 예수 믿어 구원받아 천국갈 수 있게 만들어 주신 주님의 능력을 현실에서 사건, 문제 등을 만날 때는 왜 예수님의 전지전능한 능력을 믿지 않고 자기의 능력, 처세술, 인간관계 등의 방법으로 해결하려고 하는가? 베드로가 예수님을 향하여 시선을 두고 있다가 순간적으로 바람을 무서워하여 예수님에게 시선을 두지 않고 바람에 시선을 두고 있다가 물속에 빠진 사실은 기독자에게 큰 교훈을 준다.

예수님은 무화과나무를 통해서도 비슷한 교훈을 우리에게 주신다. 즉, 베다니 근처에서 제자들과 함께 걸으시던 예수님이 열매 없는 무화과나무를 저주하였는데 그 다음날 그 무화과나무가 뿌리로부터 마른 것을 보고 베드로가 무화과나무가 말랐다고 예수님께 이야기하자, 예수님은 다음과 같이 말씀하였다.

예수께서 대답하여 저희에게 이르시되 하나님을 믿으라. 내가 진실로 너희에게 이르노니 누구든지 이 산더러 들리어 바다에 던지우라 하며 그 말하는 것이 이룰줄 믿고 마음에 의심치 아니하면 그대로 되리라. 그러므로 내가 너희에게 말하노니 무엇이든지 기도하고 구하는 것은 받은 줄로 믿으라. 그리하면 너희에게 그대로 되리라 (마가복음 11장 22~24절)

나사렛 인근 평야에 솟아있는 변화산(다볼산). 사진 오른편

(4) 변화산

　나사렛 인근에는 평야에 낮게 솟은 작은 산이 있는데 이것이 변화산이다. 성경에는 높은 산이라고 기록되어 있는바 이는 주위가 평야이므로 작은 산임에도 상대적으로 크고 높게 보이므로 그렇게 기록한 것으로 보인다. 이 산에서 예수님은 아끼시는 제자 베드로, 야고보, 요한 앞에서 변형되시사 그 얼굴이 해같이 빛나고 옷이 빛과 같이 희어졌다. 그리고 구약시대의 모세와 엘리야도 나타나 예수님과 함께 이야기하는 모습을 세 명의 제자는 목격하였다. 관련된 성경말씀은 다음과 같다.

엿새 후에 예수께서 베드로와 야고보와 그 형제 요한을 데리시고 따로 높은 산에 올라가셨더니 저희 앞에서 변형되사 그 얼굴이 해 같이 빛나며 옷이 빛과 같이 희어졌더라. 때에 모세와 엘리야가 예수로 더불어 말씀하는 것이 저희에게 보이거늘 베드로가 예수께 여짜와 가로되 주여 우리가 여기 있는 것이 좋사오니 주께서 만일 원하시면 내가 여기서 초막 셋을 짓되 하나는 주를 위하여, 하나는 모세를 위하여, 하나는 엘리야를 위하여 하리이다. 말할 때에 홀연히 빛난 구름이 저희를 덮으며 구름 속에서 소리가 나서 가로되 이는 내 사랑하는 아들이요 내 기뻐하는 자니 너희는 저의 말을 들으라 하는지라. 제자들이 듣고 엎드리어 심히 두려워하니, 예수께서 나아와 저희에게 손을 대시며 가라사대 일어나라 두려워 말라 하신대 제자들이 눈을 들고 보매 오직 예수 외에는 아무도 보이지 아니하더라. 저희가 산에서 내려올 때에 예수께서 명하여 가라사대 인자가 죽은 자 가운데서 살아나기 전에는 본 것을 아무에게도 이르지 말라 하시니 (마태복음 17장 1~9절)

(5) 대제사장 종의 귀

예수님이 감람산에서 유대인들에게 잡히시던 날, 베드로는 예수님을 보호하려고 칼을 사용하여 대제사장 하인의 오른편 귀를 잘랐다. 예수님의 수제자로서 베드로는 순간적으로 자기가 따르던 예수님을 유대인들로부터 방어하려는 행동을 취한 것이다. 그러나 예수님은 이 행동을 칭찬하지 않고 오히려 나무랐다. 충동적으로 완력이나 무력을 사용하여 목적을 이루는 것보다 감동을 주어 상대를 제압하는 것이 더 귀하다는 사실을 가르쳐 주신 것이다. 이에 대한 성경 말씀은 다음과 같다.

말씀하실 때에 한 무리가 오는데 열둘 중에 하나인 유다라 하는 자가 그들의 앞에 서서 와서 예수께 입을 맞추려고 가까이 하는지라. 예수께서 이르시되 유다야 네가 입맞춤으로 인자를 파느냐 하시니 좌우가 그 될 일을 보고 여짜오되 주여 우리가 검으로 치리이까 하고, 그 중에 한 사람이 대제사장의 종을 쳐 그 오른편 귀를 떨어뜨린지라. 예수께서 일러 가라사대 이것까지 참으라 하시고 그 귀를 만져 낫게 하시더라 (누가복음 22장 47~51절)

예수와 함께 있던 자 중에 하나가 손을 펴 검을 빼어 대제사장의 종을 쳐 그 귀를 떨어뜨리니 이에 예수께서 이르시되 네 검을 도로 집에 꽂으라. 검을 가지는 자는 검으로 망하느니라 (마태복음 26장 51~52절)

이에 시몬 베드로가 검을 가졌는데 이것을 빼어 대제사장의 종을 쳐서 오른쪽 귀를 베어버리니 그 종의 이름은 말고라. 예수께서 베드로더러 이르시되 검을 집에 꽂으라 아버지께서 주신 잔을 내가 마시지 아니하겠느냐 하시니라 (요한복음 18장 10~11절)

(6) 닭 3번 울다

이에 저희가 찬미하고 감람산으로 나아가니라. 때에 예수께서 제자들에게 이르시되 오늘 밤에 너희가 다 나를 버리리라. 기록된바 내가 목자를 치리니 양의 떼가 흩어지리라 하였느니라. 그러나 내가 살아난 후에 너희보다 먼저 갈릴리로 가리라. 베드로가 대답하여 가로되 다 주를 버릴찌라도 나는 언제든지 버리지 않겠나이다. 예수께서 가라사대 내가 진실로 네게 이르노니 오늘밤 닭 울기 전에 네가 세 번 나를 부인하리라. 베드로가 가로되 내가 주와 함께 죽을찌언정 주

를 부인하지 않겠나이다 하고 모든 제자도 이와 같이 말하니라 (마태복음 26장 30~35절)

　시몬아, 시몬아, 보라 사단이 밀 까부르듯 하려고 너희를 청구하였으나 그러나 내가 너를 위하여 네 믿음이 떨어지지 않기를 기도하였노니 너는 돌이킨 후에 네 형제를 굳게 하라. 저가 말하되 주여 내가 주와 함께 옥에도, 죽는데도 가기를 준비하였나이다. 가라사대 베드로야 내가 네게 말하노니 오늘 닭 울기 전에 네가 세 번 나를 모른다고 부인하리라 하시니라 (누가복음 22장 31~34절)

　베드로가 바깥 뜰에 앉았더니 한 비자가 나아와 가로되 너도 갈릴리 사람 예수와 함께 있었도다 하거늘 베드로가 모든 사람 앞에서 부인하여 가로되 나는 네 말하는 것이 무엇인지 알지 못하겠노라 하며, 앞문까지 나아가니 다른 비자가 저를 보고 거기 있는 사람들에게 말하되 이 사람은 나사렛 예수와 함께 있었도다 하매 베드로가 맹세하고 또 부인하여 가로되 내가 그 사람을 알지 못하노라 하더라. 조금 후에 곁에 섰던 사람들이 나아와 베드로에게 이르되 너도 진실로 그 당이라. 네 말소리가 너를 표명한다 하거늘, 저가 저주하며 맹세하여 가로되 내가 그 사람을 알지 못하노라 하니 닭이 곧 울더라. 이에 베드로가 예수의 말씀에 닭 울기 전에 네가 세 번 나를 부인하리라 하심이 생각나서 밖에 나가서 심히 통곡하니라 (마태복음 26장 69~75절)

　마가복음과 누가복음에는 이 장면이 더 구체적으로 다음과 같이 기록되어 있다.

　베드로는 아래 뜰에 있더니 대제사장의 비자 하나가 와서 베드로의 불 쬠을 보고 주목하여 가로되 너도 나사렛 예수와 함께 있었도다 하거늘 베드로가 부인하여 가로되 나는 네 말하는 것이 무엇인지 알지도 못하고 깨닫지도 못하겠노라 하며 앞뜰로 나갈쌔, 비자가 그를 보고 곁에 서 있는 자들에게 다시 이르되 이 사람은 그 당이라 하고 또 부인하더라. 조금 후에 곁에 서 있는 사람들이 다시 베드로에게 말하되 너는 갈릴리 사람이니 참으로 그 당이니라. 베드로가 저주하며 맹세하되 나는 너희의 말하는 이 사람을 알지 못하노라 하니 닭이 곧 두 번째 울더라. 이에 베드로가 예수께서 자기에게 하신 말씀 곧 닭이 두 번 울기 전에 네가 세 번 나를 부인하리라 하심이 기억되어 생각하고 울었더라 (마가복음 14장 66~72절)

예수를 잡아 끌고 대제사장의 집으로 들어갈쌔 베드로가 멀찍이 따라가니라. 사람들이 뜰 가운데 불을 피우고 함께 앉았는지라. 베드로도 그 가운데 앉았더니, 한 비자가 베드로의 불빛을 향하여 앉은 것을 보고 주목하여 가로되 이 사람도 그와 함께 있었느니라 하니, 베드로가 부인하여 가로되 이 여자여 내가 저를 알지 못하노라 하더라. 조금 후에 다른 사람이 보고 가로되 너도 그 당이라 하거늘 베드로가 가로되 이 사람아 나는 아니로다 하더라. 한 시쯤 있다가 또 한 사람이 장담하여 가로되 이는 갈릴리 사람이니 참으로 그와 함께 있었느느라. 베드로가 가로되 이 사람아 나는 너 하는 말을 알지 못하노라고 방금 말할 때에 닭이 곧 울더라. 주께서 돌이켜 베드로를 보시니 베드로가 주의 말씀 곧 오늘 닭 울기 전에 네가 세 번 나를 부인하리라 하심이 생각나서 밖에 나가서 심히 통곡하니라 (누가복음 22장 54~62절)

베드로는 예수님이 대제사장들에게 잡히시기 전에 예루살렘의 감람산(Mt. Olive)에 예수님, 그리고 다른 제자들과 함께 기도하러 갔다. 이때 예수님께서는 제자들에게 너희가 모두 나를 버릴 것이라고 말하자 베드로는 자기는 그렇지 않을 것이라고 강하게 말하였다. 그러나 막상 예수님이 잡히시고 대제사장 가야바의 집 뜰 안에 끌려가셔서 조롱을 당하게 되자 이 장면을 멀리서 바라보며 (날씨가 추웠던지) 불을 쬐고 있던 베드로는 베드로를 알아본 대제사장의 하녀를 포함한 3명이 베드로가 예수님과 함께 다니던 사람인 것을 알아보자 저주하고 맹세하며 부인하였다. 그때 닭이 울고 예수님이 멀리서 베드로를 바라보시자 베드로는 예수님이 감람산에서 말씀하신 것이 생각나서 밖에 나가서 심히 통곡하였다. 베드로는 자기를 12명 제자로 택해주시고 그 가운데에서조차 수제자로 삼아 주시고 3년 동안 데리고 다니시면서 예수님 바로 옆에서 예수님을 보필하는 기회를 주신 분에게 목숨이 무서워 마지막 순간에 비겁하게 배반을 한 자신이 너무 저주스러워 통곡을 한 것으로 보인다. 한편, 이때의 후회와 각오가 베드로가 세상 떠나는 마지막 순간에 예수 그리스도의 이름을 부끄럽지 않게 하려고 당당히 순교를 택하는데 계기와 밑바탕이 되었을 가능성이 크다. 전설에 의하면 베드로는 로마에 가서 십자가에 거꾸로 매달려 순교하였다고 한다.

(7) 부활 목격

1) 부활하신 예수

예수님께서 장사한 지 사흘 만에 다시 살아나시는 부활을 하셨다. 이에 관련된 성명말씀은 다음과 같다. 예수님이 우리 죄를 위하여 돌아가시고 또한 다시 살아나신 부활은 기독교에서 가장 중요한 사건이다. 베드로는 이 두 가지를 모두 직접 목격한 인물로서 관련된 성경말씀은 다음과 같다.

그러나 내가 살아난 후에 너희보다 먼저 갈릴리로 가리라 (마태복음 26장 32절)

예수의 부활 후에 저희가 무덤에서 나와서 거룩한 성에 들어가 많은 사람에게 보이니라 (마태복음 27장 53절)

　　안식일이 다하여가고 안식 후 첫날이 되려는 미명에 막달라 마리아와 다른 마리아가 무덤을 보려고 왔더니 큰 지진이 나며 주의 천사가 하늘로서 내려와 돌을 굴려 내고 그 위에 앉았는데 그 형상이 번개 같고 그 옷은 눈 같이 희거늘 수직하던 자들이 저를 무서워하며 떨며 죽은 사람과 같이 되었더라. 천사가 여자들에게 일러 가로되 너희는 무서워 말라. 십자가에 못 박히신 예수를 너희가 찾는 줄을 내가 아노라. 그가 여기 계시지 않고 그의 말씀하시던 대로 살아나셨느니라. 와서 그의 누우셨던 곳을 보라. 또 빨리 가서 그의 제자들에게 이르되 그가 죽은 자 가운데서 살아나셨고 너희 보다 먼저 갈리리로 가시나니 거기서 너희가 뵈오리라 하라 보라 내가 너희에게 일렀느니라 하거늘, 그 여자들이 무서움과 큰 기쁨으로 무덤을 빨리 떠나 제자들에게 알게 하려고 달음질할쌔, 예수께서 저희를 만나 가라사대 평안하뇨 하시거늘 여자들이 나아가 그 발을 붙잡고 경배하니 이에 예수께서 가라사대 무서워 말라. 가서 내 형제들에게 갈릴리로 가라 하라. 거기서 나를 보리라 하시니라 (마태복음 28장 1~10절)

　　같은 장소와 시간의 내용을 마가복음과 누가복음 그리고 요한복음에서는 다음과 같이 기록하고 있다.

　　안식일이 지나매 막달라 마리아와 야고보의 어머니 마리아와 또 살로매가 가서 예수께 바르기 위하여 향품을 사다 두었다가 안식 후 첫날 매우 일찍이 해 돋은 때에 그 무덤으로 가며 저로 말하되 누가 우리를 위하여 무덤 문에서 돌을 굴려 주리요 하더니 눈을 들어본즉 돌이 벌써 굴려졌으니 그돌이 심히 크더라. 무덤에 들어가서 흰 옷을 입은 한 청년이 우편에 앉은 것을 보고 놀라매 청년이

이르되 놀라지 말라. 너
희가 십자가에 못 박힌
나사렛 예수를 찾는구
나. 그가 살아 나셨고 여
기 계시지 아니하니라.
보라 그를 두었던 곳이
니라. 가서 그의 제자들
과 베드로에게 이르기를
예수께서 너희보다 먼저
갈릴리로 가시나니 전에

바위를 파서 만든 유대인의 고대 무덤 속에 들어간 필자.
무덤 입구에 무덤을 막는 돌이 있다 (나사렛)

너희에게 말씀하신대로 너희가 거기서 뵈오리라 하라 하는지라. 여자들이 심히 놀라 떨며 나와 무덤에서 도망하고 무서워하여 아무에게 아무 말도 하지 못하더라 (마가복음 16장 1~8절)

안식후 첫날 새벽에 이 여자들이 그 예비한 향품을 가지고 무덤에 가서 돌이 무덤에서 굴려 옮기운 것을 보고 들어가니 주 예수의 시체가 뵈지 아니하더라. 이를 인하여 근심할 때에 문득 찬란한 옷을 입은 두 사람이 곁에 섰는지라. 여자들이 두려워 얼굴을 땅에 대니 두 사람이 이르되 어찌하여 산 자를 죽은 자 가운데서 찾느냐. 여기 계시지 않고 살아나셨느니라. 갈릴리에 계실 때에 너희에게 어떻게 말씀하신 것을 기억하라. 이르시기를 인자가 죄인의 손에 넘기워 십자가에 못 박히고 제 삼일에 다시 살아나야 하리라 하셨느니라 한대 (누가복음 24장 1~7절)

안식 후 첫날 이른 아침 아직 어두울 때에 막달라 마리아가 무덤에 와서 돌이 무덤에서 옮겨간 것을 보고 시몬 베드로와 예수의 사랑하시던 그 다른 제자에게 달려가서 말하되 사람이 주를 무덤에서 가져다가 어디 두었는지 우리가 알지 못하겠다 하니, 베드로와 그 다른 제자가 나가서 무덤으로 갈쌔, 둘이 같이 달음질하더니 그 다른 제자가 베드로보다 더 빨리 달아나서 먼저 무덤에 이르러 구푸려 세마포 놓인 것을 보았으나 들어가지는 아니하였더니 시몬 베드로도 따라 와서 무덤에 들어가 보니 세마포가 놓였고 또 그 머리를 쌌던 수건은 세마포와 함께 놓이지 않고 딴 곳에 개켜 있더라. 그 때에야 무덤에 먼저 왔던 그 다른 제자도 들어가 보고 믿더라(저희는 성경에 그가 죽은 자 가운데서 다시 살아나야 하리라 하신 말씀을 아직 알지 못하더라). 이에 두 제자가 자기 집으로 돌아가니라. 마리아는 무덤 밖에 서서 울고 있더니 울면서 구푸려 무덤 속을 들여다 보니, 흰 옷 입은 두 천사가 예수의 시체 뉘었던 곳에 하나는 머리 편에 하나는 발 편에 앉았더라. 천사들이 가로되 여자여 어찌하여 우느냐. 가로되 사람이 내 주를 가져다가 어디 두었는지 내가 알지 못함이니이다. 이 말을 하고 뒤로 돌이켜 예수의 서신 것을 보나 예수신줄 알지 못하더라. 예수께서 가라사대 여자여 어찌하여 울며 누구를 찾느냐 하시니, 마리아는 그가 동산지기인 줄로 알고 가로되 주여 당신이 옮겨 갔거든 어디 두었는지 내게 이르소서. 그리하면 내가 가져가리이다. 예수께서 마리아야 하시거늘 마리아가 돌이켜 히브리 말로 랍오니여 하니 (이는 선생님이라), 예수께서 이르시되 나를 만지자 말라. 내가 아직 아버지께로 올라가지 못하였노라. 너는 내 형제들에게 가서 이르되 내가 내 아버지 곧 너희 아버지, 내 하나님 곧 너희 하나님께로 올라간다 하라 하신대 막달라 마리아가 가서 제자들에게 내가 주를 보았다 하고 또 주께서 자기에게 이렇게 말씀하셨다 이르니라 (요한복음 20장 1~18절)

2) 예수님 부활을 믿지 않은 제자들

예수님 공생애 3년 동안 예수님과 함께 동행하면서 예수님의 교훈을 배우는 한편 예수님이 행하시는 수많은 기적을 보고서도 막상 예수님이 십자가에서 돌아가시자 제자들은 예수님께서 다시 살아나시겠다고 생전에 말씀 하신 것을 믿지 않았다. 이런 것을 보면 예수를 구주로 영접한다는 것은 쉽지 않은 것임을 다시 한 번 느낄 수 있다. 한편, 제자들조차 부활을 믿지 않았음에 비해 우리는 예수님을 직접 본적이 없음에도 예수님의 사활(死活)과 대속(代贖)의 공로를 믿어 구원을 받았으니 얼마나 복이 많은 사람인가를 다시 느끼며 감사하게 된다. 예수님께서 부활하신 장면과 제자들과의 만남에 대한 성경 말씀은 다음과 같다.

예수께서 안식후 첫날 이른 아침에 살아나신 후 전에 일곱 귀신을 쫓아내어 주신 막달라 마리아에게 먼저 보이시니 마리아가 가서 예수와 함께하던 사람들의 슬퍼하며 울고 있는 중에 이 일을 고하매 그들은 예수의 살으셨다는 것과 마리아에게 보이셨다는 것을 듣고도 믿지 아니 하니라. 그 후에 저희 중 두 사람이 걸어서 시골로 갈 때에 예수께서 다른 모양으로 저희에게 나타나시니 두 사람이 가서 남은 제자들에게 고하였으나 역시 믿지 아니하니라. 그 후에 열 한 제자가 음식 먹을 때에 예수께서 저희에게 나타나사 저희의 믿음 없는 것과 마음이 완악한 것을 꾸짖으시니 이는 자기의 살아난 것을 본 자들의 말을 믿지 아니함일러라 (마가복음 16장 9~14절)

저희가 예수의 말씀을 기억하고 무덤에서 돌아가 이 모든 것을 열 한 사도와 모든 다른 이에게 고하니 (이 여자들은 막달라 마리아와 요안나와 야고보의 모친 마리아라. 또 저희와 함께한 다른 여자들도 이것을 사도들에게 고하니라), 사도들은 저희 말이 허탄한 듯이 뵈어 믿지 아니하나 베드로는 일어나 무덤에 달려가서 구푸려 들여다 보니 세마포만 보이는지라. 그 된 일을 기이히 여기며 집으로 돌아가니라. 그 날에 저희 중 둘이 예루살렘에서 이십 오리 되는 엠마오라 하는 촌으로 가면서 이 모든 된 일을 서로 이야기하더라. 저희가 서로 이야기하며 문의할 때에 예수께서 가까이 이르러 저희와 동행하시나 저희의 눈이 가리워져서 그인줄 알아보지 못하거늘 예수께서 이르시되 너희가 길 가면서 서로 주고 받고 하는 이야기가 무엇이냐 하시니 두 사람이 슬픈 빛을 띠고 머물러 서더라. 그 한 사람인 글로바라 하는 자가 대답하여 가로되 당신이 예루살렘에 우거하면서 근일 거기서 된 일을 홀로 알지 못하느뇨. 가라사대 무슨 일이뇨 가로되 나사렛 예수의 일이니 그는 하나님과 모든 백성 앞에서 말과 일에 능하신 선지자여늘, 우리 대제사장들과 관원들이 사형 판결에 넘겨주어 십자가에 못 박았느니라. 우리는 이 사람이 이스라엘을 구속한 자라고 바랐노라. 이뿐 아니라 이 일이 된 지가 사흘째요 또한 우리 중에 어떤 여자들이 우리로 놀라게 하셨으니 이는 저희가 새벽에 무덤에 갔다가 그의 시체는 보지 못하고 와서 그가 살으셨다 하는 천사들의 나타남을 보았다 함이라. 또 우리가 함께한 자 중에 두어 사람이 무덤에 가 과연 여자들의 말한 바와 같음을 보았으나 예수는 보지 못하였느니라 하거늘 가라사대 미련하고 선지자들의 말한 모든 것을 마음에 더디 믿는 자들이여 그리스도가 이런 고난을 받고 자기의 영광에 들어가야 할 것이 아니냐 하시고 이에 모세와 및 모든 선지자의 글로 시작하여 모든 성경에 쓴바 자기에 관한 것을 자세히 설명하시니라. 저희의 가는 촌에 가까이 가매 예수는 더 가려하는 것같이 하시니 저희가 강권하여 가로되 우리와 함께 유하시이다. 때가 저물어가고 날이 이미 기울었나이다 하니 이에 저희와 함께 유하러 들어 가시니라. 저희와 함께 음식 잡수실 때에 떡을 가지사 축사하시고 떼어 저희에게 주시매 저희 눈이 밝아져 그인줄 알아 보더니 예수는 저희에게 보이지 아니하시는지라. 저희가 서로 말하되 길에서 우리에게 말씀하시고 우리에게 성경을 풀어 주실 때에 우리 속에서 마음이 뜨겁지 아니하더냐 하고 곧 그시로 일어나 예루살렘에 돌아가 보니 열 한 사도와 및 그와 함께한 자들이 모여 있어 말하기를 주께서 과연 살아나시고 시몬에게 나타나셨다 하는지라. 두 사람도 길에서 된 일과 예수께서 떡을 떼심으로 자기들에

게 알려지신 것을 말하더라 (누가복음 24장 8~35절)

　이날 곧 안식 후 첫날 저녁 때에 제자들이 유대인들을 두려워하여 모인 곳에 문들을 닫았더니 예수께서 오사 가운데 서서 가라사대 너희에게 평강이 있을찌어다. 이 말씀을 하시고 손과 옆구리를 보이시니 제자들이 주를 보고 기뻐하더라. 예수께서 또 가라사대 너희에게 평강이 있을찌어다. 아버지께서 나를 보내신 것같이 나도 너희를 보내노라. 이 말씀을 하시고 저희를 향하사 숨을 내쉬며 가라사대 성령을 받으라. 너희가 뉘 죄든지 사하면 사하여질 것이요. 뉘 죄든지 그대로 두면 그대로 있으리라 하시니라. 열 두 제자 중에 하나인 디두모라 하는 도마는 예수 오셨을 때에 함께 있지 아니한지라. 다른 제자들이 그에게 이르되, 우리가 주를 보았노라 하니, 도마가 가로되 내가 그 손의 못자국을 보며 내 손가락을 그 못자국에 넣으며 내 손을 그 옆구리에 넣어 보지 않고는 믿지 아니하겠노라 하니라. 여드레를 지나서 제자들이 다시 집안에 있을 때에 도마도 함께 있고 문들이 닫혔는데 예수께서 오사 가운데 서서 가라사대 너희에게 평강이 있을찌어다 하시고 도마에게 이르시되 네 손가락을 이리 내밀어 내 손을 보고 네 손을 내밀어 내 옆구리에 넣어보라. 그리하고 믿음 없는 자가 되지 말고 믿는 자가 되라. 도마가 대답하여 가로되, 나의 주시며 나의 하나님이시니이다. 예수께서 가라사대 너는 나를 본 고로 믿느냐. 보지못하고 믿는 자들은 복되도다 하시니라 (요한복음 20장 19~29절)

3) 예수님 부활승천

　예수님은 부활하신 후 40일 동안 11번 나타나셨는데 이 가운데 베드로는 예수님을 7번 만나뵈었다. 관련된 말씀은 다음과 같다.

열 한 제자가 갈릴리에 가서 예수의 명하시던 산에 이르러 예수를 뵈옵고 경배하나 오히려 의심하는 자도 있더라. 예수께서 나아와 일러 가라사대 하늘과 땅의 모든 권세를 내게 주셨으니 그러므로 너희는 가서 모든 족속으로 제자를 삼아 아버지와 아들과 성령의 이름으로 세례를 주고 내가 너희에게 분부한 모든 것을 가르쳐 지키게 하라. 볼찌어다 내가 세상 끝날까지 너희와 항상 함께 있으리라 하시니라 (마태복음 28장 16~20절)

주 예수께서 말씀을 마치신 후에 하늘로 올리우사 하나님 우편에 앉으시니라 (마가복음 16장 19절)

이 말을 할 때에 예수께서 친히 그 가운데 서서 가라사대 너희에게 평강이 있을찌어다 하시니 저희가 놀라고 무서워하여 그 보는 것을 영으로 생각하는지라. 예수께서 가라사대 어찌하여 두려워하며 어찌하여 마음에 의심이 일어나느냐. 내 손과 발을 보고 나인줄 알라. 또 나를 만져보라. 영은 살과 뼈가 없으되 너희 보는 바와 같이 나는 있느니라. 이 말씀을 하시고 손과 발을 보이시나 저희가 너무 기쁘므로 오히려 믿지 못하고 기이히 여길 때에 이르시되 여기 무슨 먹을 것이 있느냐 하시니 이에 구운 생선 한 토막을 드리매 받으사 그 앞에서 잡수시더라. 또 이르시되 내가 너희와 함께 있을 때에 너희에게 말한바 곧 모세의 율법과 선지자의 글과 시편에 나를 가리켜 기록된 모든 것이 이루어져야 하리라 한 말이 이것이라 하시고, 이에 저희 마음을 열어 성경을 깨닫게 하시고 또 이르시되 이같이 그리스도가 고난을 받고 제 삼일에 죽은 자 가운데서 살아 날 것과 또 그의 이름으로 죄 사함을 얻게 하는 회개가 예루살렘으로부터 시작하여 모든 족속에게 전파될 것이 기록되었으니 너희는 이 모든 일의 증인이라. 볼찌어다, 내가 내 아버지의 약속하신 것을 너희에게 보내리니 너희는 위로부터 능력을 입히울 때까지 이 성에 유하라 하시니라. 예수께서 저희를 데리고 베다니 앞까지 나가사 손을 들어 저희에게 축복하시더니 축복하실 때에 저희를 떠나 하늘로 올리우시니 저희가 그에게 경배하고 큰 기쁨으로 예루살렘에 돌아가 늘 성전에 있어 하나님을 찬송하니라 (누가복음 24장 36~53절)

그 후에 예수께서 디베랴 바다에서 또 제자들에게 자기를 나타내셨으니 나타내신 일이 이러하니라. 시몬 베드로가 디두모라 하는 도마와 갈릴리 가나 사람 나다니엘과 세베대의 아들들과 또 다른 제자 둘이 함께 있더니 시몬 베드로가 나는 물고기 잡으러 가노라 하매 저희가 우리도 함께 가겠다 하고 나가서 배에 올랐으나 이 밤에 아무 것도 잡지 못하였더니 날이 새어갈 때에 예수께서 바닷가에 서셨으나 제자들이 예수신줄 알지 못하는지라. 예수께서 이르시되 애들아 너희에게 고기가 있느냐 대답하되 없나이다. 가라사대 그물을 배 오른편에 던지라. 그리하면 얻으리라 하신대 이에 던졌더니 고기가 많아 그물을 들 수 없더라. 예수의 사랑하시는 그 제자가 베드로에게 이르되 주시라 하니 시몬 베드로가 벗고 있다가 주라 하는 말을 듣고 겉옷을 두른 후에 바다로 뛰어 내리더라. 다른 제자들은 육지에서 상거가 불과 한 오십 간쯤 되므로 작은 배를 타고 고기든 그물을 끌고 와서 육지에 올라보니 숯불이 있는데 그 위에 생선이 놓였고 떡도 있더라. 예수께서 가라사대 지금 잡은 생선을 좀 가져오라 하신대, 시몬 베드로가 올라가서 그물을 육지에 끌어 올리니 가득히 찬 큰 고기가 일백 쉰 세 마리라. 이같이 많으나 그물이 찢어지지 아니하였더라. 예수께서 가라사대 와서 조반을 먹으라 하시니 제자들이 주신 줄 아는 고로 당신이 누구냐 감히 묻는 자가 없더라. 예수께서 가셔서 떡을 가져다가 저희에게 주시고 생선도 그와 같이 하시니라. 이것은 예수께서 죽은 자 가운데서 살아나신 후에 세 번째로 제자들에게 나타나신 것이라. 저희가 조반 먹은 후에 예수께서 시몬 베드로에게 이르시되 요한의 아들 시몬아 네가 이 사람들보다 나를 더 사랑하느냐 하시니 가로되 주여 그러하외다. 내가 주를 사랑하는 줄 주께서 아시나이다. 가라사대 내 어린 양을 먹이라 하시고, 또 두 번째 가라사대 요한의 아들 시몬아 네가 나를 사랑하느냐 하시니 가로되 주여 그러하외다. 내가 주를 사랑하는 줄 주께서 아시나이다. 가라사대 내 양을 치라 하시고, 세 번째 가라사대 요한의 아들 시몬아 네가 나를 사랑하느냐 하시니 주께서 세 번째 네가 나를 사랑하느냐 하시므로 베드로가 근심하여 가로되 주여 모든 것을 아시오매 내가 주를 사랑하는 줄을 주께서 아시나이다. 예수께서 가라사대 내 양을 먹이라. 내가 진실로 진실로 네게 이르노니 젊어서는 네가 스스로 띠 띠고 원하는 곳으로 다녔거니와 늙어서는 네 팔을 벌리리니 남이 네게 띠 띠우고 원치 아니하는 곳으로 데려가리라. 이 말씀을 하심은 베드로가 어떠한 죽음으로 하나님께 영광을 돌릴 것을 가리키심이러라. 이 말씀을 하시고 베드로에게 이르시되 나를 따르라 하시니, 베드로가 돌이켜 예수의 사랑하시는 그 제자가 따르는 것을 보니 그는 만찬석에서 예수의 품에 의지하여 주여 주를 파는 자가 누구오니이까 묻던 자러라. 이에 베드로가 그를 보고 예수께 여짜오되 주여 이 사람은 어떻게 되겠삽나이까. 예수께서 가라사대 내가 올 때까지 그를 머물게 하고자 할찌라도 네게 무슨 상관이냐. 너는 나를 따르라 하시더라 (요한복음 21장 1~22절)

(8) 많은 물고기 잡음

방금 앞서 나온 대로 (요한복음 21장 11절), 예수님이 십자가에 못 박혀 돌아가시자 베드로를 포함한 제자들은 낙심하여 갈릴리 호수에 돌아와 그들이 예수님 제자가 되기 전의 직업인 어부로 다시 돌아갔다. 베드로와 제자들은 밤새 그물을 던졌으나 고기를 잡지 못하였다. 낮에는 그물이 내려오는 것을 물고기들이 보고 그물을 피해 달아나므로 갈릴리 어부들은 밤에 그물을 던졌다. 밤에는 어두워서 그물이 물속에 내려오는 것을 물고기들이 볼 수 없기 때문이다. 필자는 어군(魚群) 탐지용 헬리콥터를 실은 1천톤급 선망선을 타고 남태평양과 중부태평양을 다녀보았다. 베드로 당시보다 2천년이 지난 오늘날도 태평양 한가운데에서는 물고기들이 잠자고 있는 것을 노려서 어둠이 바다를 덮고 있는 이른 새벽에 그물을 내린다. 그러므로 선장과 선원들은 새벽 3시에 기상하여 4시부터 그물을 내리는 투망직업을 시작한다. 배의 식당에서는 새벽3시부터 아침식사를 제공하지만 대부분의 선원은 잠에서 깨어난 상태이므로 식사를 하지 않거나 일부 선원은 그냥 간단히 라면 하나 먹고 투망작업을 시작한다. 잠이 들어 있는 어군 주위로 주위 1km 이상, 깊이 200m의 그물을 내리지만 참치들은 자기들이 그물에 포위되고 있는 사실을 모르고 깊은 잠에 떨어진다. 그물을 다 내린 후에 수평선에 동이 트면서 그물을 끌어 올리는 양망 작업이 시작되고 나서 한 참 후에야 참치들은 자기들의 운명을 그제서야 직감하고 바둥거리며 그물을 피하려고 하지만 현대적인 견고한 그물에 모두 잡혀서 어선의 갑판 위에 올라온다. 날이 밝으면 헬리콥터가 어선 위에서 발진하여 멀리까지 날아가 어군을 발견하는 일을 한다. 헬기에서 어군을 발견하고 위치를 무전으로 본선에 알려주면 전속력으로 달려가 길이 1km가 넘는 그물을 내리는데 워낙 직경이 크므로(수백m 이상) 밝은 대낮임에도 물속에 모여 있는 참치는 자기들 주위에 그물이 서서히 내려오고 있는 것을 인식하지 못한다. 그러나 투망작업이 끝나고 양망작업이 시작되면서 그물이 자기들 곁으로 다가오는 것을 보고서야 피하려고 난리법석을 벌이지만 도망갈 방법이 없다. 우리가 먹는 참치 통조림은 낚시로 잡은 것이 아니고 이렇게 거대한 어선이 대형 그물을 사용하여 잡은 것이다. 이러한 고기 잡는 법을 실제로 경험한 필자가 보기에 어족 자원도 많지 않은 갈릴리 호수에서 길이 약 7m의 작은 어선에서 어부 1~3명이 손으로 어선 주변에 내린 조그만 그물에, 밤중도 아니고 밝은 아침에 큰 고기 153마리가 잡힌 것은 사실상 기적에 가까운 것이다. 너무 많이 잡혔기에 어부들이 그물을 배위에 끌어 올릴 수가 없어 어선이 그물을 끌고 육지에 대고서야 여러 사람이 힘을 합해 그물을 육지에 끌어 올릴 수 있었다. 성경에는 그물이 찢어지지 않았다고 기록되어 있다. 예수님은 부활하신 후에도 제자들에게 나타나 이런 권능의 역사를 보여주셨다.

밤새 야간작업으로도 고기를 못 잡은 베드로는 예수님이 그물을 던지라는 지시에 따라서 그물을 던지자 153마리의 큰 고기를 잡을 수 있었다. 이 내용과 직접 관련은 없으나 우리나라 국민이 1963년 5월 1일부터 여태까지 60년 이상 애용하고 있는 '모나미 153' 볼펜에 대해 잠시 이야기하려고 한다.

기독교 장로인 송삼석(宋三錫)[10] 회장은 모태신앙인으로서 자신의 회고록 '내가 걸어온 외길 50년' 등에서 요한복음 21장에 나오는 "베드로가 예수님이 지시한 곳에서 153마리의 물고기를 잡았으나 그물이 찢어지지 않았다"는 내용을 바탕으로 볼펜 이름을 모나미 153으로 지었다고 밝혔다. 여기에 더해 153은 한국 사람들이 좋아하는 '갑오', 즉 '아홉'을 만드는 숫자이며 153의 15는 15원(처음 출시 당시에 볼펜 가격)이며 3은 모나미 회사가 만든 세 번째 제품이라는 의미도 있다고 한다. 모나미(MonAmi)는 프랑스어로 '나의 친구'라는 뜻이다. 필자는 모나미 볼펜의 열렬한 팬으로서 아직도 심의 잉크가 떨어지면 심을 사서 쓰고 있다. 최근(2024년 1월)에 광화문 교보문고에 가서 모나미 볼펜심들을 구입하였는데 한 개에 200원이다. 요즘 짜장면 한 그릇에 6천원 하는데 2백원짜리 물건이 있다는 것이 신기하다. 필자의 기억으로는 모나미 볼펜이 나올 무렵 삼양라면도 처음 나왔는데 그때 모나미 볼

---

10) 1928~2022년. 전라북도 군산 출생. 서울대 경제학과 졸업

펜과 라면 1개 값이 비슷하였고 짜장면 한 그릇은 30원이었다. 그런데 60여년이 지난 오늘날 모나미 153볼펜은 300원이고 라면은 800원, 짜장면은 6천원인 것을 보면 모나미 볼펜값은 지난 60년 동안의

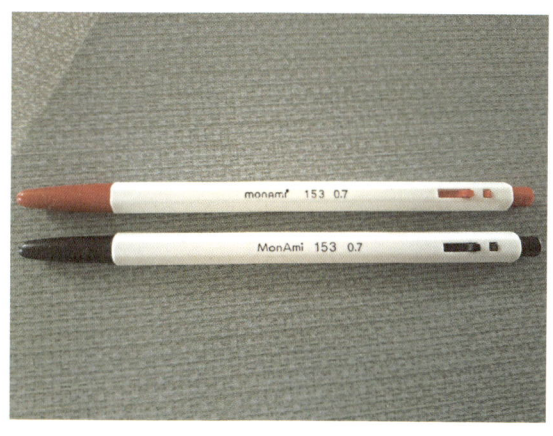

모나미 볼펜

물가인상율을 고려하면 거의 인상되지 않았음을 알 수 있다. 국민에게 봉사하려고 기업을 경영하는 기독교인 기업가의 마음을 읽을 수 있는 대목이다.

• 제4장
예수님 부활 후

1. 새로운 제자 맛디아

   제비 뽑아 맛디아를 얻으니 저가 열 한 사도의 수에 가입하니라 (사도행전 1장 26절)

   예수님이 부활하신 후에 제자들 보는 앞에서 하늘에 올리워 가신 후에 제자들은 감람원이라는 산으로부터 예루살렘에 돌아왔다. 제자들은 예루살렘 성안에서 자기들이 거주하는 곳의 다락에 올라가 예수님의 모친 마리아와 예수님의 동생들 그리고 일부 여자들을 포함하여 약 120명이 함께 마음을 같이 하여 힘껏 기도에 힘썼다. 이 때 그곳에 모인 제자들은 베드로, 요한, 야고보, 안드레, 빌립, 도마, 바돌로메, 마태, (알패오의 아들) 야고보, 열심당원 시몬, 야고보의 아들(또는 형제) 유다였다. 이때 베드로가 일어나서 예수님을 판 유다가 자살하여 죽었으므로 유다 대신 다른 제자 한 명을 뽑자고 제안하였다. 즉, 베드로는 "항상 우리와 함께 다니던 사람 가운데 한 명을 선택하여 우리로 더불어 예수의 부활하심을 증거할 사람이 되게 하여야 하리라"고 이야기 하였다. 그러므로 참석한 자들은 두 사람을 후보자로 내세웠는바 한 명은 유스도(Justus)라는 별명을 갖고 있는 바사바(Barsabbas)이고 다른 한 명은 맛디아(Matthias)였다. 참석자들은 "뭇사람의 마음을 아시는 주여, 이 두 사람 중에 누가 주의 택하신바 되어 봉사와 및 사도의 직무를 대신 할 자를 보이시옵소서. 유다는 이를 버리옵고 제 곳으로 갔나이다"(사도행전 1장 24~25절) 라고 기도하고 제비를 뽑아 맛디아를 선택하였다. 베드로는 이와 같이 유다 대신 맛디아를 선발하여 맛디아는 열 한 사도의 수에 가입하게 되었다.

2. 예루살렘 전도

(1) 오순절 성령 임하심과 방언

저희가 다 성령의 충만함을 받고 성령이 말하게 하심을 따라 다른 방언으로 말하기를 시작하니라. 그 때에 경건한 유대인이 천하 각국으로부터 와서 예루살렘에 우거하더니 이 소리가 나매 큰 무리가 모여 각각 자기의 방언으로 제자들의 말하는 것을 듣고 소동하여 다 놀라 기이히 여겨 이르되 보라 이 말하는 사람이 다 갈릴리 사람이 아니냐. 우리가 우리 각 사람의 난 곳 방언으로 듣게 되는 것이 어찜이뇨. 우리는 바대인과 메대인과 엘림인과 또 메소보다미아, 유대와 가바도기아, 본도와 아시아, 브루기아와 밤빌리아, 애굽과 및 구레네에 가까운 리비아 여러 지방에 사는 사람들과 로마로부터 온 나그네 곧 유대인과 유대교에 들어 온 사람들과 그레데인과 아라비아인들이라. 우리가 다 우리의 방언으로 하나님의 큰 일을 말함을 듣는도다 하고 다 놀라며 의혹하여 서로 가로되 이 어찐 일이냐 하며 다 놀라며 의혹하여 서로 가로되 이 어찐 일이냐 하

며 또 어떤이들은 조롱하여 가로되 저희가 새 술이 취하였다 하더라 (사도행전 2장 4~13절)

오순절날 예루살렘에 제자들이 여러 지역에서 온 예수 믿는 사람들과 함께 모였을 때 성령이 강림하여 모든 사람들을 충만하게 감동시키자 성령이 말하게 하심을 따라 각기 다른 방언으로 말하기를 시작하였다. 제자들은 갈릴리 방언으로 말하였으나 중동과 동부 지중해 여러 지역에서 온 사람들은 모두 자기들의 언어로써 제자들이 말하는 것을 듣는 기적이 일어나는 것을 보고 모두 놀랐다. 이들은 바대(Parthians), 메대(Medes), 엘림(Elamites), 메소보다미아(Mesopotamia), 유대(Jedea), 가바도기아(Cappadocia), 본도(Pontus), 아시아(튀르키예의 서남부 지역), 브루기아(Phrygia), 밤빌리아(Pamphylia), 애굽(Egypt), 구레네(Cyrene), 리비아, 로마, 그레데(Crete), 아라비아 등지에서 예루살렘에 왔는데 제자들이 갈릴리 방언으로 하나님의 큰 일을 말하였으나 모두 자기들의 언어로 듣게 된 것이다.

맛디아를 자살한 가룟 유다 대신 제자로 뽑은 사람들이 오순절날에 한 곳에 모였는데 이곳에 성령이 임하여 갈릴리 사람이 말하는 것을 오늘날의 이란, 이라크, 튀르키예, 리비아, 이집트, 이탈리아(로마), 아라비아. 그리스(크레테섬) 등 지중해와 중동 지역 각자에서 온 사람들이 각자가 온 지역과 나라의 언어로 알아듣게 하는 기적이 일어났다. 오늘날 수십개국에서 온 대표들이 참석한 국제회의에서 사회자가 한국어로 말하는 것을 각국어로 통역해주는 통역사나 통역기가 없이 미국, 프랑스, 일본, 러시아, 사우디아라비아. 중국, 베트남, 인도네시아, 그리스 , 아프리카 국가 등 지역에서 온 사람들이 모두 자기들 말처럼 알아듣게 된 기이한 현상이 일어난 것이다. 이것을 성경에서는 성령의 감동으로 인한 방언이라고 말하고 있다. 그리고 이러한 방언 표적은 예수 믿지 아니하는 자들을 위한 것이다 (고린도전서 14장 22절)

   필자는 어릴 때 인근 교회에서 열린 부흥회에 참석한 적이 있다. 교인들이 열광적으로 찬송가를 부르더니 잠시 후 많은 교인들이 양손을 하늘을 향하여 들고 무슨 말인지 도무지 알아들을 수 없는 말을 하고 있는 것을 보았다. 어떤 교인들은 입에 거품을 물면서 이상한 말을 하였다. 필자가 보기에 이 사람들은 제 정신이 아니었다. 그러나 사회자는 이것을 보며 성령이 임하셨다고 흥분되어 더욱 고성으로 교인들이 방언하는 것을 부추겼다. 한마디로 이것은 성경에 말씀하신 방언이 아니다. 성경에는 세상 끝이 되면 마귀는 할 수 있는 대로 믿는 자를 미혹하려고 기적을 일으키기도 한다고 하였다.

   거짓 그리스도들과 거짓 선지자들이 일어나 큰 표적과 기사를 보이어 할 수만 있으면 택하신 자들도 미혹하게 하리라 (마태복음 24장 24절)

   같은 말 쓰는 한국인들 사이에 무슨 방언이 필요하기에 아무도 알아들을 수 없는 기괴한 소리를 고래고래 지르며 이것이 성령이 내려주시는 방언이라고 하는가? 이런 것을 성령이 내려주시는 방언이라고 속이는 목회자 그리고 속는 교인들이 적지 않은 것이 오늘날 한국교회이다. A나라말로 말하는데 A나라 말을 전혀 모르는 B나라 사람이 B나라 말로 정확히 알아듣는 것이 성경에서 말하는 방언이다. 이외에 성령의 은사라며 아무도 알아듣지 못하는 괴상한 말을 하며 방언의 은사를 받았다고 하는 것은 마귀가 시키는 것이다. 기독자는 마귀의 궤휼에 속으면 안된다. 말세가 될수록 양의 탈을 쓴 이리(목회자)가 많이 나온다고 성경에는 쓰여 있으므로 기독자는 이리를 구별할 줄 알아야 한다.

거짓 선지자들을 삼가라. 양의 옷을 입고 너희에게 나아오나 속에는 노략질하는 이리라 (마태복음 7장 15절)

아울러, 성경에는 하나님 말씀 다섯 마디 깨달은 말을 하는 것이 방언 1만 개 하는 것보다 낫다며 다음과 같은 구절이 있다.

그러나 교회에서 네가 남을 가르치기 위하여 깨달은 마음으로 다섯 마디 말을 하는 것이 일만 마디 방언으로 말하는 것보다 나으니라 (고린도전서 14장 19절)

(2) 3천명 회개

이 예수를 하나님이 살리신지라. 우리가 다 이 일에 증인이로다. 하나님이 오른손으로 예수를 높이시매 그가 약속하신 성령을 아버지께 받아서 너희 보고 듣는 이것을 부어 주셨느니라. 다윗은 하늘에 올라가지 못하였으나 친히 말하여 가로되 "주께서 내 주에게 말씀하시기를 내가 네 원수로 네 발등상 되게 하기까지 너는 내 우편에 앉았으라 하셨도다"하였으니 그런즉, 이스라엘 온 집이 정녕 알찌니 너희가 십자가에 못 박은 이 예수를 하나님이 주와 그리스도가 되게 하셨느니라 하니라. 저희가 이 말을 듣고 마음에 찔려 베드로와 다른 사도들에게 물어 가로되 형제들아 우리가 어찌할꼬 하거늘 베드로가 가로되 너희가 회개하여 각각 예수 그리스도의 이름으로 세례를 받고 죄 사함을 얻으라. 그리하면 성령을 선물로 받으리니 이 약속은 너희와 너희 자녀와 모든 먼 데 사람 곧 주 우리 하나님이 얼마든지 부르시는 자들에게 하신 것이라 하고 또 여러 말로 확증하며 권하여 가로되 너희가 이 패역한 세대에서 구원을 받으라 하니 그 말을 받는 사람들은 세례를 받으매 이 날에 제자의 수가 삼천이나 더하더라 (사도행전 2장 32~41절)

어떤 사람들은 사람들이 방언을 하는 것을 보고 저희가 새 술을 먹고 취하였다고 조롱하였다. 그러자 베드로는 열 한 사도와 함께 예루살렘에 사는 유대인을 포함한 많은 사람들에게 "이 사람들은 술을 먹고 취한 것이 아니다. 나사렛 예수가 많은 사람을 구원하기 위하여 세상에 왔으나 너희는 그를 믿지 않고 십자가에서 죽였다. 그러나 하나님이 그를 살려 부활하게 하시고 주와 그리스도가 되게 하셨다"고 증거하며 "누구든지 주의 이름을 부르는 자는 구원을 얻으리라"고 담대하게 말하였다. 이 말을 듣고 많은 사람이 마음에 찔려 베드로와 다른 사도들에게 "형제들아 우리가 어떻게 해야 되겠느냐?"고 물었다. 이에 베드로는 "너희가 회개하여 각각 예수 그리스도의 이름으로 세례를 받고 죄 사함을 얻으라. 그리하면 성령을 선물로 받고 이 패역한 세대에서 구원을 받으라"고 말하였다. 베드로의 말을 듣고 사람들이 세례를 받으매 이 날 하루에 3천명이나 되는 많은 사람이 제자가 되었다. 그리고 많은 사람들이 사도의 가르침을 받아 서로 교제하며 떡을 떼며 기도하기를 힘껏 힘썼다. 이렇게 많은 믿는 사람이 다 함께 있어 모든 물건을 서로 통용하고 재산과 소유를 팔아 각 사람의 필요에 따라 나눠 주고 날마다 마음을 같이 하여 성전에 모이기를 힘쓰고 집에서 떡을 떼며 기쁨과 순전한 마음으로 음식을 먹고 하나님을 찬미하며 또 온 백성에게 칭송을 받으니 주께서 구원 받는 사람을 날마다 더하게 하셨다(사도행전 2장). 3천명 회개사건은 서기 30년경에 일어났다.

오순절날 베드로는 예루살렘 사람들에게 예수를 믿어야 구원받는다는 것(누구든지 주의 이름을 부르는 자는 구원을 얻으리라 사도행전 2장 21절)과 유대인이 십자가에 못 박은 예수님을 하나님이 살려 부활하게 하심을 담대하게 증거하였다. 그러므로 베드로의 설교를 들은 예루살렘 유대인들은 예수님을 십자가에 못 박은 그들의 행위를 회개하고 하루에 3천명이 세례를 받고 예수님의 제자가 되는 왕성하고 놀라운 오순절 구원운동이 일어났다. 그리스도를 박해하여 십자가 위에서 처형한 예루살렘 도시에 이렇게 그리스도의 교회가 설립되는 기이한 역사(役事)가 일어난 것이다. 예루살렘은 그리스도를 십자가에 못 박은 도시이며 동시에 그리스도를 따르는 사람들이 교회를 만든 첫 도시이다. 그 후 안디옥에서 그리스도인들이 모여 예배를 드리면서 안디옥은 예수 믿는 사람을 크리스천(기독교인)이라고 부른 첫 도시가 되었다.

베드로와 요한 그리고 야고보(예수님 동생)는 함께 예루살렘 교회를 지키다가 베드로는 다른 지역으로 전도를 떠났고 요한은 언제 예루살렘을 떠났는지 알 수 없으나 밧모 섬에 유배되어 그곳에서 요한계시록을 썼다. 그 후 에베소에 가서 복음을 전하다가 세상을 떠났다고 한다. 그리고 예수님 동생 야고보는 베드로와 요한이 예루살렘을 떠난 뒤에 예루살렘 교회의 지도자가 된 것 같다. 결국 그는 예수를 믿지 않는 유대인들에 의해 돌에 맞아 순교하였다고 한다.

(3) 앉은뱅이 고침

제 구시 기도 시간에 베드로와 요한이 성전에 올라갈쌔 나면서 앉은뱅이 된 자를 사람들이 메고 오니 이는 성전에 들어가는 사람들에게 구걸하기 위하여 날마다 미문이라는 성전문에 두는자라. 그가 베드로와 요한이 성전에 들어 가려함을 보고 구걸하거늘 베드로가 요한으로 더불어 주목하여 가로되 우리를 보라 하니 그가 저희에게 무엇을 얻을까 하여 바라보거늘 베드로가 가로되 은과 금은 내게 없거니와 내게 있는 것으로 네게 주노니 곧 나사렛 예수 그리스도의 이름으로 걸으라하고 오른손을 잡아 일으키니 발과 발목이 곧 힘을 얻고 뛰어 서서 걸으며 그들과 함께 성전으로 들어가면서 걷기도 하고 뛰기도 하며 하나님을 찬미하니 모든 백성이 그 걷는 것과 및 하나님을 찬미함을 보고 그 본래 성전 미문에 앉아 구걸하던 사람인줄 알고 그의 당한 일을 인하여 심히 기이히 여기며 놀라니라 (사도행전 3장 1~10절)

사도들이 백성에게 말할 때에 제사장들과 성전 밑은 자와 사두개인들이 이르러 백성을 가르침과 예수를 들어 죽은 자 가운데서 부활하는 도 전함을 싫어하여 저희를 잡으매 날이 이미 저문고로 이튿날까지 가두었으나 말씀을 들은 사람 중에 믿는 자가 많으니 남자의 수가 약 오천이나 되었더라. 이튿날에 관원과 장로와 서기관들이 예루살렘에 모였는데 대제사장 안나스와 가야바와 요한과 알렉산더와 및 대제사장의 문중이 다 참예하여 사도들을 가운데 세우고 묻되 너희가 무슨 권세와 뉘 이름으로 이 일을 행하였느냐. 이에 베드로가 성령이 충만하여 가로되 백성의 관원과 장로들아 만일 병인에게 행한 착한 일에 대하여 이 사람이 어떻게 구원을 얻었느냐고 오늘 우리에게 질문하면 너희와 모든 이스라엘 백성들은 알라 너희가 십자가에 못 박고 하나님이 죽은 자 가운데서 살리신 나사렛 예수 그리스도의 이름으로 이 사람이 건강하게 되어 너희 앞에 섰느니라. 이 예수는 너희 건축자들의 버린 돌로서 집 모퉁이의 머릿돌이 되었느니라. 다른 이로서는 구원을 얻을 수 없나니 천한 인간에 구원을 얻을만한 다른 이름을 우리에게 주신 일이 없음이니라 하였더라. 저희가 베드로와 요한이 기탄없이 말함을 보고 그 본래 학문없는 범인으로 알았다가 이상히 여기며 또 그 전에 예수와 함께 있던 줄도 알고 또 병 나은 사람이 그들과 함께 섰는 것을 보고 힐난할 말이 없는지라. 명하여 공회에서 나가라하고 서로 의논하여 가로되 이 사람들을 어떻게 할꼬. 저희로 인하여 유명한 표적 나타난 것이 예루살렘에 사는 모든 사람에게 알려졌으니 우리도 부인할 수 없는지라. 이것이 민간에 더 퍼지지 못하게 저희를 위협하여 이 후에는 이 이름으로 아무 사람에게도 말하지 말게 하자 하고 그들을 불러 경계하여 도무지 예수의 이름으로 말하지도 말고 가르치지도 말라하니 베드로와 요한이 대답하여 가로되 하나님 앞에서 너희 말 듣는 것이 하나님 말씀 듣는 것보다 옳은가 판단하라. 우리는 보고 들은 것을 말하지 아니할 수 없다 하니 관원들이 백성을 인하여 저희를 어떻게 벌할 도리를 찾지 못하고 다시 위협하여 놓아 주었으니 이는 모든 사람이 그 된 일을 보고 하나님께 영광을 돌림이러라. 이 표적으로 병 나은 사람은 사십 여세나 되었더라 (사도행전 4장 1~22절)

   위의 성경 말씀은 베드로가 예루살렘 성전의 미문(美門, Beautiful Gate)에서 제구시(오늘날 시간으로 오후 3시)에 앉은뱅이를 고치고, 성전지기들에게 붙잡혀 복음을 전하지 말라고 위협하는 말을 듣고 석방된 일에 관련된 것이다. 수많은 사람들이 이 앉은뱅이를 목격하고 그의 요구대로 물질을 주는 일은 다 하였으나 그 사람의 참 불행의 원인인 그 병을 고쳐 완전한 해방을 주려고 행동하여 고쳐준 사람은 베드로 뿐이었다. 이 말씀은 우리 구원을 가르쳐 주시는 표적의 말씀이다. 우리가 앉은뱅이 같은 입장임을 말씀해 주시고 있다. "나는 건강한 데…"라고 할지 모르지만 육신적으로 심령적으로 앉은뱅이 같은 어려운 문제가 없는 사람은 아무도 없다. 다만 그 기준을 어디에 두느냐에 따라 다를 뿐이다. 하나님이 우리를 향해 세워 놓은 계획은 우리를 영원한 하늘나라 하나님의 청지기로, 제사장 선지자 왕의 일을 하게 하시려는 계획을 세워 놓고 십자가 사활대속 공로 베푸시고 진리 영감 주시고 "너희는 내가 깨끗함 같이 깨끗해라. 내가 거룩함 같이 거룩해라. 내가 온전함 같이 온전해라" 하신다. 그 기준을 두고 우리 자신을 살펴보면 기가 차지 아니할 사람은 아무도 없다. 아무리 어려운 문제가 있어도 낫기만 소원하면 된다. 소원하기만 하면 주님께서 해결해 주신다. 앉은뱅이는 베드로와 요한으로부터 소량의 돈을 받기를 원하였지만 주님은 베드로와 요한을 통하여 앉은뱅이의 불가능해 보이는 근본적 문제를 단숨에 해결해 주셨다. 기독자들이 현실에서 만나는 물질, 사건, 가정문제, 사업문제 등 육신 문제와 영적 문제에서 온전해 지기를 원한다면 주님께 간구하면 주님께서는 모든 것이 합력하게 만들어 우리가 간구한 것보다 더 귀한 것을 이루어 주신다.

3. 아나니아 부부 징계

    아나니아라 하는 사람이 그 아내 삽비라로 더불어 소유를 팔아 그 값에서 얼마를 감추매 그 아내도 알더라. 얼마를 가져다가 사도들의 발 앞에 두니, 베드로가 가로되 아나니아야 어찌하여 사단이 네 마음에 가득하여 네가 성령을 속이고 땅값 얼마를 감추었느냐. 땅이 그대로 있을 때에는 네 땅이 아니며 판 후에도 네 임의로 할 수가 없더냐. 어찌하여 이 일을 네 마음에 두었느냐. 사람에게 거짓말 한 것이 아니요 하나님께로다. 아나니아가 이 말을 듣고 엎드러져 혼이 떠나니 이 일을 듣는 사람이 다 크게 두려워하더라. 젊은 사람들이 일어나 시신을 싸서 메고 나가 장사하니라. 세 시간쯤 지나 그 아내가 그 생긴 일을 알지 못하고 들어오니 베드로가 가로되 그 땅 판 값이 이것 뿐이냐 내게 말하라 하니 가로되 예 이뿐이로라. 베드로가 가로되 너희가 어찌 함께 꾀하여 주의 영을 시험하려 하느냐. 보라 네 남편을 장사하고 오는 사람들의 발이 문 앞에 이르렀으니 또 너를 메어 내가리라 한데 곧 베드로의 발 앞에 엎드러져 혼이 떠나는지라. 젊은 사람들이 들어와 죽은 것을 보고 메어다가 그 남편 곁에 장사하니 온 교회와 이 일을 듣는 사람들이 다 크게 두려워하니라 (사도행전 5장 1~11절)

수년 동안 예루살렘 교회의 지도자 일을 하는 중 아나니아와 삽비라 부부가 거짓말을 하는 것 책망하자 부부는 곧 베드로 앞에서 쓰러져 사망하였다. 이 말씀은 인간이 하나님을 속일 수 없음을 명확하게 보여주는 말씀이다. 베드로는 많은 병자를 고치고 죽은 사람까지 살리는 기적을 행하였으나 하나님을 경멸하여 속이는 자에게는 이렇게 무서운 형벌을 주기도 하였다. 기독자라면 하나님을 두려워하여야 한다.

4. 베드로의 병 고침

베드로가 허다한 병자를 고치자 그 소문이 곳곳에 퍼지게 되어 병자들은 베드로의 그림자라도 자기들 위를 지나가기를 바랬다. 이러한 병 고침을 통하여 베드로는 주님의 권능을 보여주면서 주님의 살아 있는 말씀을 전하였다.

심지어 병든 사람을 메고 거리에 나가 침대와 요 위에 뉘이고 베드로가 지날 때에 혹 그 그림자라도 뉘게 덮일까 바라고, 예루살렘 근읍 허다한 사람들도 모여 병든 사람과 더러운 귀신에게 괴로움 받는 사람을 데리고 와서 다 나음을 얻으니라 (사도행전 5장 15~16절)

5. 감옥문이 열림

대제사장과 그와 함께 있는 사람 즉, 사두개인의 당파가 다 마음의 시기가 가득하여 일어나서 사도들을 잡아다가 옥에 가두었더니 주의 사자가 밤에 옥문을 열고 끌어내어 가로되 가서 성전에 서서 이 생명의 말씀을 다 백성에게 말하라 하매 저희가 듣고 새벽에 성전에 들어가서 가르치더니 대제사장과 그와 함께 있는 사람들이 와서 공회와 이스라엘 족속의 원로들을 다 모으고 사람을 옥에 보내어 사도들을 잡아오라하니 관속들이 가서 옥에서 사도들을 보지 못하고 돌아와 말하여 가로되 우리가 보니 옥은 든든하게 잠기고 지킨 사람들이 문에 섰으되 문을 열고 본즉 그 안에는 한 사람도 없더이다 하니, 성전 맡은 자와 제사장들이 이 말을 듣고 의혹하여 이 일이 어찌 될까 하더니, 사람이 와서 고하되 보소서 옥에 가두었던 사람들이 성전에 서서 백성을 가르치더이다 하니 성전 맡은 자가 관속들과 같이 가서 저희를 잡아 왔으나 강제로 못함은 백성들이 돌로 칠까 두려워함이러라 (사도행전 5장 17~26절)

대제사장과 유대인들은 베드로를 포함한 사도들을 붙잡아 감옥에 넣었으나 주님은 밤중에 사자(使者)들을 보내 사도들을 감옥에서 나오게 하셨다. 이는 바울과 실라가 빌립보 감옥에 투옥되었을 때 주님께서는 큰 지진을 일으켜서 감옥 문이 열리게 하여 바울과 실라를 감옥에서 구원하는 기적을 보이셨는바 비슷한 기적이 베드로와 사도들에게도 일어난 것이다.

베드로가 예루살렘 감옥에 투옥되어 있을 때 베드로의 몸을 묶는데 사용된 쇠사슬은 현재 로마에 있는 '베드로 쇠사슬 교회(성당)'에 보관, 전시되고 있다 (제241페이지 참조). 필자는 이 쇠사슬의 진위 여부에 대해 나름대로 의문을 갖고 있으나 이 쇠사슬이 없더라도 필자는 사도행전 5장에 기록된 베드로와 사도들이 감옥에 투옥되었다가 주의 사자가 밤중에 감옥 문을 열고 끌어냈다는 성경말씀을 그대로 믿는다.

6. 전도와 능욕

　베드로와 사도들이 예수님의 부활을 담대하게 증거하자 5천명이나 되는 남자가 예수를 믿게 되었다. 베드로는 담대하게 대제사장, 관원들과 백성에게 다른 이름으로서는 구원을 얻지 못하고 예수 그리스도만 통하여 구원을 얻을 수 있다는 것을 증거하였다(사도행전 4장 1~12절). 그러자 이들은 사도들을 불러서 예수의 이름으로 말하지도 가르치지도 말라고 하였으나 베드로와 요한은 하나님 앞에서 너희 말 듣는 것이 하나님 말씀 듣는 것보다 옳은가 판단하라. 우리는 보고 들은 것을 말하지 아니 할 수 없다 (사도행전 4장 19~20절)고 말하자 이들은 사도들을 위협하고 놓아 주었다.

　저희가 옳게 여겨 사도들을 불러들여 채찍질하며 예수의 이름으로 말하는 것을 금하고 놓으니 사도들은 그 이름을 위하여 능욕받는 것에 합당한 자로 여기심을 기뻐하면서 공회 앞을 떠나니라. 저희가 날마다 성전에 있든지 집에 있든지 예수는 그리스도라 가르치기와 전도하기를 쉬지 아니하니라 (사도행전 5장 40~42절).

7. 사마리아 전도

　예루살렘에 있는 사도들이 사마리아도 하나님의 말씀을 받았다 함을 듣고 베드로와 요한을 보내매 그들이 내려가서 저희를 위하여 성령 받기를 기도하니 이는 아직 한 사람에게도 성령 내리신 일이 없고 오직 주 예수의 이름으로 세례만 받을 뿐이러라. 이에 두 사도가 저희에게 안수하매 성령을 받는지라. 시몬이 사도들의 안수함으로 성령 받는 것을 보고 돈을 드려 가로되 이 권능을 내게도 주어 누구든지 내가 안수하는 사람은 성령을 받게 하여 주소서 하니, 베드로가 가로되 네가 하나님의 선물을 돈 주고 살 줄로 생각하였으니 네 은과 네가 함께 망할찌어다. 하나님 앞에서 네 마음이 바르지 못하니 이 도에는 네가 관계도 없고 분깃 될 것도 없느니라. 그러므로 너의 이 악함을 회개하고 주께 기도하라. 혹 마음에 품은 것을 사하여 주시리라. 내가 보니 너는 악독이 가득하며 불의에 매인 바 되었도다. 시몬이 대답하여 가로되 나를 위하여 주께 기도하여 말한 것이 하나도 내게 임하지 말게 하소서 하니라. 두 사도가 주의 말씀을 증거하여 말한 후 예루살렘으로 돌아갈새 사마리아인의 여러 촌에서 복음을 전하니라 (사도행전 8장 14~25절)

베드로가 서기 35년경에 전도 사역을 하였던 사마리아 지방은 예루살렘이 있는 유대 지방과 갈릴리 지방 중간에 있는 넓은 지역으로서 베드로 당시 사마리아 지방에서는 사마리아 성읍이 주요한 곳이었다. 베드로 시대에 유대인들은 사마리아인들을 이방인과 혼혈된 인종이라고 멸시하며 상종하지 않았다. 그러나 베드로와 요한은 이런 생각을 하지 않고 오직 주의 복음을 사마리아 사람들에게도 전도하려고 사마리아 지방을 방문한 것이다. 사마리아 지방은 오늘날은 팔레스타인 자치정부가 관할하는 요단강 서안(西岸) 지구(地區) 안에 위치하고 있다. 오늘날 뉴스에 자주 나오는 서안 지구는 면적이 제주도 3배 정도 크기이다. 기원전 9세기에 이미 주민들이 거주하기 시작하였고 솔로몬왕 이후 이스라엘이 두 개의 나라로 갈라졌을 때 사마리아 성읍은 북(北)이스라엘의 수도였고 기원전 720년에는 세계역사상 최초의 제국(帝國)인 앗시리아 제국에 의해 점령되었다. 로마 제국 시대에는 로마에 의해 임명된 헤롯 대왕이 로마 제국의 첫 황제인 아우구스투스(Augustus)를 기념하여 세바스티아(Sebastia, Sevasti, Sabastiyah)라고 도시 이름을 바꾸고 도시를 크게 확장하고 요새화하였다. 그러므로 오늘날도 고대의 사마리아를 세바스티아라고 부르고 있으나 도시는 과거의 영광을 잃고 인구 3천명의 작은 마을이 되었다. 오늘날 세바스티아는 세겜(나블루스) 시의 서북쪽 11km에 있다.

8. 중풍병자 고침

때에 베드로가 사방으로 두루 행하다가 룻다에 사는 성도들에게도 내려갔더니 거기서 애니아라 하는 사람을 만나매 그가 중풍병으로 상 위에 누운지 팔년이라. 베드로가 가로되 애니아야 예수 그리스도께서 너를 낫게 하시니 일어나 네 자리를 정돈하라 한대 곧 일어나니 룻다와 사론에 사는 사람들이 다 그를 보고 주께로 돌아가니라 (사도행전 9장 32~35절)

예수님이 공생애 3년 동안 많은 병자를 고치시는 기적을 보이신 것과 같이 하나님께서는 예수님 부활 승천하신 후, 베드로를 포함한 사도들에게도 이러한 권능을 주셨으므로 베드로도 주의 복음을 전하는 데 있어서 필요한 권능으로 많은 병자를 고치는 기적을 보여주었다.

중풍병으로 8년을 고생한 애니아(Aeneas)를 낫게 한 장소인 룻다(Lydda)는 구약 시대에는 롯(Lod)이라는 지명을 가졌었다. 이곳은 오늘날 이스라엘의 관문인 벤구리온 국제공항이 있는 곳으로서 텔아비브와 예루살렘 사이에 있다. 이스라엘이 1948년 5월 14일에 독립을 선언하자 그날 오후부터 이집트 공군폭격기가 이스라엘을 폭격하기 시작하고 이집트를 포함

오늘날의 롯과 벤구리온 공항. 활주로 건너편에 롯 시내가 보인다

한 아랍 5개국이 이스라엘에 침공함으로써 제1차 중동전쟁(이스라엘 독립전쟁)이 시작되었다. 그러나 이스라엘군은 이들의 공격을 물리치고 같은 해 7월 10일에 이 비행장을 탈취하고 구약시대의 지명인 롯을 다시 도시 이름에 사용하였고 비행장도 '롯 비행장'이라고 불렀다. 이스라엘의 독립을 위해 공헌한 애국자 벤구리온 초대 수상(총리)이 1973년에 사망하자 이스라엘 국회는 이 공항에 벤구리온 수상의 이름을 붙이도록 결정하였다.[11]

---

11) 권주혁 『여기가 이스라엘이다』 p. 22~24. 퓨어웨이픽쳐스. 서울, 2019

9. 다비다 살림

　욥바에 다비다라 하는 여제자가 있으니 그 이름을 번역하면 도르가라. 선행과 구제하는 일이 심히 많더니 그 때에 병들어 죽으매 시체를 씻어 다락에 뉘우니라. 룻다가 욥바에 가까운지라. 제자들이 베드로가 거기 있음을 듣고 두 사람을 보내어 지체말고 오라고 간청하니 베드로가 일어나 저희와 함께 가서 이르매 저희가 데리고 다락에 올라가니 모든 과부가 베드로의 곁에 서서 울며 도르가가 저희와 함께 있을 때에 지은 속옷과 겉옷을 다 내어 보이거늘 베드로가 사람을 다 내어보내고 무릎을 꿇고 기도하고 돌이켜 시체를 향하여 가로되 다비다야 일어나라 하니 그가 눈을 떠 베드로를 보고 일어나 앉는지라. 베드로가 손을 내밀어 일으키고 성도들과 과부들을 불러 들여 그의 산 것을 보이니 온 욥바 사람이 알고 많이 주를 믿더라. 베드로가 욥바에 여러 날 있어 시몬이라 하는 피장의 집에서 유하니라 (사도행전 9장 36~43절)

　도르가는 그리스어로 뿔을 갖고 있는 초식성 동물인 영양(羚羊, Gazelle)이다. 주님께서는 베드로에게 죽은 사람까지 살리는 권능을 주셔서 이 기적을 보고 욥바의 많은 사람들이 주님을 믿게 되었다. 필자는 욥바를 방문하였을 때 도르가의 집을 찾을 수 없었다. 다만 베드로가 머물었던 피장 시몬의 집만 집 외부에서 볼 수 있었다.

10. 고넬료에 환상

　가이사랴에 고넬료라 하는 사람이 있으니 이탈리야대라 하는 군대의 백부장이라. 그가 경건하여 온 집으로 더불어 하나님을 경외하며 백성을 많이 구제하고 하나님께 항상 기도하더니 하루는 제 구시쯤 되어 환상 중에 밝히 보매 하나님의 사자가 들어와 가로되 고넬료야 하니 고넬료가 주목하여 보고 두려워 가로되 주여 무슨 일이니이까 천사가 가로되 네 기도와 구제가 하나님 앞에 상달하여 기억하신 바가 되었으니 네가 지금 사람들을 욥바에 보내어 베드로라 하는 시몬을 청하라. 저는 피장 시몬의 집에 우거하니 그 집은 해변에 있느니라 하더라. 마침 말하던 천사가 떠나매 고넬료가 집안 하인 둘과 종졸 가운데 경건한 사람 하나를 불러 이 일을 다 고하고 욥바로 보내니라 (사도행전 10장 1~8절)

하나님께서는 유대인뿐만 아니라 주의 복음을 이방인에게도 전하려고 이스라엘에 주둔하고 있는 로마 군대의 장교 고넬료에게 천사를 보내 베드로를 집으로 청하라고 하셨다. 신앙의 인물인 고넬료는 천사가 그에게 말한 그대로 순종하여 하인들을 욥바에 있는 베드로에게 보냈다.

11. 고넬료의 초청

이튿날 저희가 행하여 성에 가까이 갔을 그 때에 베드로가 기도하려고 지붕에 올라가니 시간은 제 육시더라. 시장하여 먹고자 하매 사람이 준비할 때에 비몽사몽간에 하늘이 열리며 한 그릇이 내려오는 것을 보니 큰 보자기 같고 네 귀를 매어 땅에 드리웠더라. 그 안에는 땅에 있는 각색 네 발 가진 짐승과 기는 것과 공중에 나는 것들이 있는데 또 소리가 있으되 베드로야 일어나 잡아 먹으라 하거늘 베드로가 가로되 주여 그럴수 없나이다. 속되고 깨끗지 아니한 물건을 내가 언제든지 먹지 아니하였삽니이다 한대 또 두번째 소리 있으되 하나님께서 깨끗케 하신 것을 네가 속되다 하지 말라 하더라. 이런 일이 세번 있은 후 그 그릇이 곧 하늘로 올리워 가니라. 베드로가 본바 환상이 무슨 뜻인지 속으로 의심하더니 마침 고넬료의 보낸 사람들이 시몬의 집을 찾아 문 밖에 서서 불러 묻되 베드로라 하는 시몬이 여기 우거하느냐 하거늘 베드로가 그 환상에 대하여 생각할 때에 성령께서 저더러 말씀하시되 두 사람이 너를 찾으니 일어나 내려가 의심치 말고 함께 가라. 내가 저희를 보내었느니라 하시니 베드로가 내려가 그 사람들을 보고 가로되 내가 곧 너희의 찾는 사람이니 너희가 무슨 일로 왔느냐. 저희가 대답하되 백부장 고넬료는 의인이요 하나님을 경외하는 자라. 유대 온 족속이 칭찬하더니 저가 거룩한 천사의 지시를 받아 너를 그 집으로 청하여 말을 들으려 하느니라 한대 베드로가 불러 들여 유숙하게 하니라 (사도행전 10장 9~23절 상반절)

하나님께서는 백부장 고넬료를 사랑하셔서 천사를 그의 집에 보내 베드로를 초청하게 하셨고 다른 한편으로는 베드로에게 환상으로써 고넬료가 보낸 사람들이 베드로에게 도착할 것이라고 알려주셨다. 그러므로 처음에는 거절하던 베드로도 세 번째 환상을 보고 믿고 순종하여 고넬료가 보낸 사람들을 맞이하였다. 이때는 서기 35년경이다.

12. 고넬료 집에서 설교

이튿날 일어나 저희와 함께 갈쌔 욥바 두어 형제도 함께 가니라. 이튿날 가이사랴에 들어가니 고넬료가 일가와 가까운 친구들을 모아 기다리더니 마침 베드로가 들어 올 때에 고넬료가 맞아 발앞에 엎드리어 절하니 베드로가 일으켜 가로되 일어서라 나도 사람이라 하고 더불어 말하며 들어가 여러 사람의 모인 것을 보고 이르되 유대인으로서 이방인을 교제하는 것과 가까이 하는 것이 위법인 줄은 너희도 알거니와 하나님께서 내게 지시하사 아무도 속되다 하거나 깨끗지 않다 하지 말라 하시기로 부름을 사양치 아니하고 왔노라 묻노니 무슨 일로 나를 불렀느뇨. 고넬료가 가로되 나흘 전 이맘때까지 내집에서 제 구시 기도를 하는데 홀연히 한 사람이 빛난 옷을 입고 내 앞에 서서 말하되 고넬료야 하나님이 네 기도를 들으시고 네 구제를 기억하셨으니 사람을 욥바에 보내어 베드로라 하는 시몬을 청하라. 저가 바닷가 피장 시몬의 집에 우거하느니라 하시기로 내가 곧 당신에게 사람을 보내었더니 오셨으니 잘 하였나이다. 이제 우리는 주께서 당신에게 명하신 모든 것을 듣고자 하여 다 하나님 앞에 있나이다. 베드로가 입을 열어 기로되 내가 참으로 하나님은 사람의 외모를 취하지 아니하시고 각 나라중 하나님을 경외하며 의를 행하는 사람은 하나님이 받으시는줄 깨달았도다. 만유의 주 되신 예수 그리스도로 말미암아 화평의 복음을 전하사 이스라엘 자손들에게 보내신 말씀, 곧 요한이 그 세례를 반포한 후에 갈릴리에서 시작되어 온 유대에 두루 전파된 그것을 너희도 알거니와 하나님이 나사렛 예수에게 성령과 능력을 기름붓듯 하셨으매 저가 두루 다니시며 착한 일을 행하시고 마귀에게 눌린 모든 자를 고치셨으니 이는 하나님이 함께 하셨음이라. 우리는 유대인의 땅과 예루살렘에서 그의 행하신 모든 일에 증인이라. 그를 저희가 나무에 달아 죽였으나 하나님이 사흘만에 다시 살리사 나타내시되 모든 백성에게 하신 것이 아니요 오직 미리 택하신 증인 곧 죽은 자 가운데서 일어나신 후 모시고 음식을 먹은 우리에게 하신 것이라. 우리를 명하사 백성에게 전도하되 하나님이 산 자와 죽은 자의 재판장으로 정하신 자가 곧 이 사람인 것을 증거하게 하셨고 저에 대하여 모든 선지자도 증거하되 저를 믿는 사람들이 다 그 이름을 힘입어 죄 사함을 받는다 하였느니라. 베드로가 이 말 할때에 성령이 말씀 듣는 모든 사람에게 내려오시니 베드로와 함께 온 할례 받은 신자들이 이방인들에게도 성령 부어 주심을 인하여 놀라니 이는 방언을 말하며 하나님 높임을 들음이더라. 이에 베드로가 가로되 이 사람들이 우리와 같이 성령을 받았으니 누가 능히 물로 세례 줌을 금하리요 하고, 명하여 예수 그리스도의 이름으로 세례를 주라 하니라. 저희가 베드로에게 수일 더 유하기를 청하니라 (사도행전 10장 23 하반절~48절)

욥바에서 가이사랴까지는 직선 거리가 63km이다. 오늘날도 자동차를 이용해야 갈 수 있는 거리이다. 더운 날씨에 당시 도로도 제대로 없는 이 거리를 베드로는 아마도 걸어서 갔을 가능성이 크다. 혹시 말이나 노새를 타고 갔을 가능성도 있으나 교통편에 대해서는 성경에 기록이 없다. 설사 이들 짐승을 타고 갔더라도 더운 날씨에 이동이 쉽지 않았을 것이다. 그러나 베드로는 주님의 말씀에 순종하여 고넬료의 집에 가서 기다리고 있던 고넬료와 가족 그리고 친구들에게 하나님의 말씀과 예수의 부활을 증거하였고 그들에게 세례를 주었다. 필자는 고넬료는 아주 담대한 믿음의 사람이라고 생각한다. 당시 로마 제국의 종교는 그리스의 각종 신들을 로마식으로 이름만 변형시킨 다신교(多神敎)였으므로 로마는 일신교(一神敎)이며 새로운 종교인 기독교를 배척하고 박해하였다. 로마 제국이 네로황제 이후 서기 313년에 콘스탄티누스 황제가 기독교를 공인하기까지 약 250년 동안 극심하게 기독교를 박해하였으나 기독교 신앙은 박해가 심할수록 로마 제국 안에 왕성하게 퍼져 나갔다. 로마가 기독교를 박해한 4개의 주요 이유는 다음과 같다.[12]

첫째, 여호와 하나님만을 유일신으로 섬기는 일신교인 기독교는 로마 제국의 통치에 장애물이 되었다. 왜냐하면 로마는 다신교 국가로서 모든 신을 섬

---

12) 『로마 제국 기독교 박해 이유』 크리스천투데이, 2023년 10월 11일

기는 나라였고 (황제도 신으로 여겨 숭배하였다), 황제 숭배는 모든 로마 시민들의 의무였으나 기독교인들은 하나님 이외의 다른 신들을 섬기거나 숭배하기를 거부하였기 때문이다. 그러므로 로마는 기독교를 로마 제국의 안정과 질서를 위협하는 집단으로 간주하고 핍박하였다.

둘째, 자유·평등·박애 정신과 가치관뿐만 아니라 하나님 앞에서 만인평등, 모든 인간의 존엄성을 강조하는 기독교의 새로운 사상이 로마 제국을 떠받치고 있던 하층민들을 미혹하여 반란을 획책한다고 로마 지도층은 의심하였다.

셋째, 기독교에 대한 오해가 극심한 혐오감을 조장하였다. 즉, 성만찬과 세례식을 가리켜 몸을 먹고 피를 나누어 마시는 집단이라는 소문이 돌았고 세상 사람들과 등을 지고 모든 관계를 거부하는 반(反)사회적 집단이라고 매도하였고 박해하였다.

넷째, 기독교인의 급속한 증가를 제국에 대한 위협으로 간주하였다

로마 시대에는 이방신을 섬겨서는 안 된다는 것이 군인의 의무 가운데 하나였다. 그럼에도 로마군대의 장교인 고넬료는 로마의 그런 분위기를 전혀 염두에 두지 않고(로마 제국에서 기독교에 대해 본격적인 박해가 시작되지 않았지만), 본인이 불이익 받게 될 것도 개의치 않고 베드로가 집에 도착하자 베드로 앞에 엎드리어 절하며 자신을 한껏 낮추며 존경심을 표하였다. 더욱 본인만 아니고 가족, 친구들까지 모두 베드로에게 세례를 받았다. 고넬료와 가족, 친구들은 이방인으로서는 첫 번째로 기독교 세례를 받은 사람들 가운데 속한다. 웬만한 신앙과 배짱이 없다면 감히 할 수 없는 행동을 한 것이다. 이러한 고넬료의 후일 행적에 대해서 성경에 어떤 기록이 없으나 멋있는 신앙의 인물임에는 틀림이 없다. 성경에는 여러 명의 로마군 백부장이 등장한다. 예수님께 병든 하인을 고쳐달라고 부탁하여 예수님께 칭찬을 받은 백부장도 있고 (누가복음 7장 2~10절), 예수님이 십자가 위에서 돌아가실 때 옆에서 이 장

면을 보며 이 사람은 진실로 하나님의 아들이었도다 (마가복음 15장 39절 하반절) 라고 고백한 백부장도 있다. 이들 백부장이 고넬료인지 아니면 각각 다른 사람인지 성경에는 기록이 없다. 전설에 의하면 고넬료는 로마의 유명한 고넬료(Cornelius) 가문에 속하며 군대를 제대한 뒤에 베드로와 동행하면서 복음을 전하였다고 한다.

13. 유대인의 비난을 이기다

내가 말을 시작할 때에 성령이 저희에게 임하시기를 처음 우리에게 하신 것과 같이 하는지라. 내가 주의 말씀에 요한은 물로 세례주었으나 너희는 성령으로 세례 받으리라 하신 것이 생각났노라. 그런즉 하나님이 우리가 주 예수 그리스도를 믿을 때에 주신 것과 같은 선물을 저희에게도 주셨으니 내가 누구관대 하나님을 능히 막겠느냐 하더라. 저희가 이 말을 듣고 잠잠하여 하나님께 영광을 돌려 가로되 그러면 하나님께서 이방인에게도 생명 얻는 회개를 주셨도다 하니라 (사도행전 11장 15~18절)

베드로가 가이사랴에서 예루살렘에 가자, 베드로가 이방인 로마군의 장교 고넬료에 집을 방문하고 함께 식사하고 세례준 것에 대해 예루살렘의 유대인들 가운데 일부가 베드로를 비난하였다. 이에 대해 베드로는 고넬료와 가족, 친구들에게 세례 주게 된 경위를 자초지종 설명하였다. 그러자 이들은 베드로의 행동을 인정하고 이방인도 예수를 믿을 수 있다는 사실을 인정하게 되었다. 베드로가 고넬료에게 세례를 준 사건은 기독교가 유다(이스라엘)지역의 유대인을 넘어 이방인에게도 전해져 세계화하는 순간이었다. 다른 한편으로 베드로는 예수 그리스도가 십자가에서 돌아 가신 후 이방인을 기독교인으로 만든 첫 사도가 되었다.

14. 야고보 순교와 베드로 탈옥

그 때에 헤롯왕이 손을 들어 교회 중 몇 사람을 해하려하여 요한의 형제 야고보를 칼로 죽이니 유대인들이 이 일을 기뻐하는 것을 보고 베드로도 잡으려 할쌔 때는 무교절이라. 잡으매 옥에 가두어 군사 넷씩인 네 패에게 맡겨 지키고 유월절 후에 백성 앞에 끌어 내고자 하더라. 이에 베드로는 옥에 갇혔고 교회는 그를 위하여 간절히 하나님께 빌더라. 헤롯이 잡아 내려고 하는 그 전날 밤에 베드로가 두 군사 틈에서 두 쇠사슬에 매여 누워 자는데 파숫군들이 문 밖에서 옥을 지키더니 홀연히 주의 사자가 곁에 서매 옥중에 광채가 조요하며 또 베드로의 옆구리를 쳐 깨워 가로되 급히 일어나라 하니 쇠사슬이 그 손에서 벗어지더라. 천사가 가로되 띠를 띠고 신을 들메라 하거늘 베드로가 그대로 하니 천사가 또 가로되 겉옷을 입고 따라 오라 한대 베드로가 나와서 따라갈쌔 천사의 하는 것이 참인줄 알지 못하고 환상을 보는가 하니라. 이에 첫째와 둘째 파수를 지나 성으로 통한 쇠문에 이르니 문이 절로 열리는지라. 나와 한 거리를 지나매 천사가 곧 떠나더라. 이에 베드로가 정신이 나서 가로되 내가 이제야 참으로 주께서 그의 천사를 보내어 나를 헤롯의 손과 유대 백성의 모든 기대에서 벗어나게 하신줄 알겠노라 하여 깨닫고 마가라 하는 요한의 어머니 마리아의 집에 가니 여러 사람이 모여 기도하더라. 베드로가 대문을 두드린대 로데라 하는 계집 아이가 영접하러 나왔다가 베드로의 음성인줄 알고 기뻐하여 문을 미처 열지 못하고 달려 들어가 말하되 베드로가 대문 밖에 섰더라 하니 저희가 말하되 네가 미쳤다 하나 계집아이는 힘써 말하되 참말이라 하니 저희가 말하되 그러면 그의 천사라 하더라. 베드로가 문 두드리기를 그치지 아니하니 저희가 문을 열어 베드로를 보고 놀라는지라. 베드로가 저희에게 손짓하여 종용하게 하고 주께서 자기를 이끌어 옥에서 나오게 하던 일을 말하고 또 야고보와 형제들에게 이 말을 전하라 하고 떠나 다른 곳으로 가니라. 날이 새매 군사들은 베드로가 어떻게 되었는지 알지 못하여 적지 않게 소동하니 헤롯이 그를 찾아도 보지 못하매 파숫군들을 심문하고 죽이라 명하니라. 헤롯이 유다를 떠나 가이사랴로 내려가서 거하니라 (사도행전 12장 1~19절)

헤롯왕(Herod Agrippa I세)은 교회를 핍박하여 요한의 형제 야고보를 칼로 죽였다. 이것을 보고 유대인들이 기뻐하자 헤롯은 유대인들의 마음을 얻으려고 베드로도 체포하여 투옥하였다. 그리고 4명으로 구성된 군인 4조를 시켜 교대로 지키게 하였다. 헤롯은 베드로를 유월절이 지나면 끌어내어 유대인들 앞에 세울 계획이었다. 교회는 베드로를 위해 간절하게 하나님께 간구하였다.

헤롯이 베드로를 잡아내려는 그 전날 밤에 베드로가 그를 지키는 두 명의 군인 사이에서 두 개의 사슬에 메여서 자고 있을 때 파숫군들은 감옥 방 밖에서 문을 지키고 있었다. 그때 갑자기 주님이 보낸 천사가 잠을 자고 있는 베드로 옆에 나타나자 감옥 안은 밝아졌다. 주의 사자가 베드로의 옆구리를 쳐서 베드로를 깨우고 빨리 일어나라고 하자 베드로의 손을 묶었던 쇠사슬이 손에서 벗어졌다. 천사가 가로되 띠를 띠고 겉옷을 입고 따라오라고 하자 베드로는 감방에서 나와서 천사를 따라가면서도 천사가 나타나 하는 행동이 현실인 줄 모르고 환상을 보는 것이 아닌가 생각하였다. 베드로는 천사를 따라서 감옥 안을 지키는 첫째 경비병과 둘째 경비병을 지나 예루살렘 성안으로 연결되는 감옥 출구 쇠문에 이르자 문은 저절로 열렸다. 베드로를 데리고 거리로 나온 천사는 베드로를 이끌고 한 거리를 지나서 베드로를 그곳에 남겨두고 떠났다. 그제서야 정신을 차린 베드로는 주님께서 그의 천사를 보내어 베드로를 헤롯의 손과 유대인들로부터 벗어나게 하신 줄을 깨달았다.

감옥에서 나온 베드로가 '마가라고 하는 요한(John Mark)'의 어머니 마리아의 집에 도착하자 그 집에는 여러 사람들이 모여서 기도하고 있었다. 베드로가 대문을 두드리자 로데(Rhoda)라고 하는 소녀가 누가 왔나 살펴보려고 나왔다가 베드로의 음성인줄 알고 기뻐하여 문을 미처 열지 못하고 다시 집에 들어가 기도하는 사람들에게 베드로가 대문 앞에 왔다고 말하였다. 베드로가 감옥에 있다는 사실을 알고 있는 사람들은 로데의 말을 듣고 "네가 미쳤다"고 하자 로데는 틀림없이 베드로라고 대답하였다. 그러자 그들은 로데에게 "그러면 베드로의 천사이다"라고 말하였다. 베드로가 문을 계속 두드리자 그들은 문을 열어주고 베드로가 문밖에 서 있는 것을 보고 놀랐다. 그러자 베드로는 그들에게 손짓으로 조용하라고 하고 주께서 어떻게 자기를 감옥에서 나오게 한 것을 설명하였다. 그리고 이 말을 야고보와 여러 형제들에게 전하라고 하고 그곳을 떠나 다른 곳으로 갔다.

날이 밝자, 군인들은 베드로가 없어진 것을 발견하고 베드로에게 무슨 일이 일어났는지 그를 찾으려고 큰 소동이 일어났다. 베드로가 감옥에서 사라졌다는 보고를 받은 헤롯왕은 베드로를 지키던 군인들을 심문하고 임무에 게을리 하여 베드로를 놓친 군인들을 사형시키라고 명령하였다. 그리고 예루살렘을 떠나 바닷가에 있는 가이사랴로 가서 거하였다. 가이사랴는 헤롯이 로마 황제의 환심을 사려고 오늘날 이스라엘 제2의 도시인 텔아비브 위쪽 해변에 만든 거대한 인공항구로서 원형극장까지 만들어 놓았다. 헤롯은 가이사랴에서 왕복을 차려입고 왕위에 앉아서 많은 백성 앞에 나타나 말을 하자 백성은 헤롯의 말을 듣고 이는 인간의 소리가 아니고 신의 소리라고 하자 이 소리를 들은 헤롯은 영광을 하나님께 돌리지 않고 자기도취에 빠지자 주의 사자가 헤롯을 쳤다. 그러자 헤롯은 몸속에서 벌레(기생충)가 그의 내장을 파먹어 죽었다. 예수님을 따르는 자들을 핍박하는 유대인을 기쁘게 하려고 주의 사도인 야고보를 죽이고 베드로를 붙잡아 투옥한 헤롯왕은 자기가 가이사랴에 만든 화려한 왕궁에서 하나님의 저주를 받아 죽은 것이다. (사도행전 12:18~23)

그 후 베드로는 예루살렘에서의 지도자 자리를 예수님 동생인 야고보에게 넘겨주었다(갈라디아서 1장 19절). 야고보는 서기 62년경 돌에 맞아서 순교하였다고 한다. 오늘날 예루살렘의 아르메니아 구역에 있는 '성(聖)마가 교회(St. Mark's Church)'는 마가라고 하는 요한의 집터에 세워졌다고 한다.

15. 공회에서 설교

많은 변론이 있은 후에 베드로가 일어나 말하되 형제들아 너희도 알거니와 하나님이 이방인들로 내 입에서 복음의 말씀을 들어 믿게 하시려고 오래 전부터 너희 가운데서 나를 택하시고 또 마음을 아시는 하나님이 우리에게와 같이 저희에게도 성령을 주어 증거하시고 믿음으로 저희 마음을 깨끗이 하사 저희나 우리나 분간치 아니하셨느니라. 그런데 지금 너희가 어찌하여 하나님을 시험하여 우리 조상과 우리도 능히 메지 못하던 멍에를 제자들의 목에 두려느냐. 우리가 저희와 동일하게 주 예수의 은혜로 구원 받는 줄을 믿노라 하니라. 온 무리가 가만히 있어 바나바와 바울이 하나님이 자기들로 말미암아 이방인 중에서 행하신 표적과 기사 고하는 것을 듣더니 말을 마치매 야고보가 대답하여 가로되 형제들아 내 말을 들으라. 하나님이 처음으로 이방인 중에서 자기 이름을 위할 백성을 취하시려고 저희를 권고하신 것을 시므온이 고하였으니 선지자들의 말씀이 이와 합하도다. 기록된바 "이후에 내가 돌아와서 다윗의 무너진 장막을 다시 지으며 또 그 퇴락한 것을 다시 지어 일으키리니 이는 그 남은 사람들과 내 이름으로 일컬음을 받는 모든 이방인들로 주를 찾게 하려 함이라 하셨으니 즉, 예로부터 이것을 알게 하시는 주의 말씀이라"함과 같으니라. 그러므로 내 의견에는 이방인 중에서 하나님께로 돌아오는 자들을 괴롭게 말고 다만 우상의 더러운 것과 음행과 목매어 죽인 것과 피를 멀리 하라고 편지하는 것이 가하니 이는 예로부터 각 성에서 모세를 전하는 자가 있어 안식일마다 회당에서 그 글을 읽음이니라 하더라 (사도행전 15장 7~21절)

베드로는 서기 49 또는 50년에 예루살렘에서 열린 공회에서 설교하였다. 베드로에 이어 예루살렘의 교회 지도자가 된 야고보도 유대인들은 이방인이 예수 믿는 것을 반대해서는 안 된다고 말하였다. 갈라디아서 2장에는 사도 바울이 그리스인 디도를 데리고 예루살렘에 올라가서 베드로, 야고보, 요한을 만나는 내용이 기록되어 있다. 이후 바울과 베드로는 안디옥에서 다시 만난다.

16. 안디옥에서 바울 만남

게바가 안디옥에 이르렀을 때에 책망할 일이 있기로 내가 저를 면책하였노라. 야고보에게서 온 어떤이들이 이르기 전에 게바가 이방인과 함께 먹다가 저희가 오매 그가 할례자들을 두려워하여 떠나 물러가매 남은 유대인들도 저와 같이 외식하므로 바나바도 저희의 외식에 유혹되었느니라. 그러므로 나는 저희가 복음의 진리를 따라 바로 행하지 아니함을 보고 모든 자 앞에서 게바에게 이르되 네가 유대인으로서 이방을 좇고 유대인답게 살지 아니하면서 어찌하여 억지로 이방인을 유대인답게 살게 하려느냐 하였노라 (갈라디아서 2장 11~14절)

　사울이 예루살렘에 가서 제자들을 사귀고자 하나 다 두려워하여 그의 제자 됨을 믿지 아니하니 바나바가 데리고 사도들에게 가서 그가 길에서 어떻게 주를 본 것과 주께서 그에게 말씀하신 일과 다메섹에서 그가 어떻게 예수의 이름으로 담대히 말하던 것을 말하니라. 사울이 제자들과 함께 있어 예루살렘에 출입하며 (사도행전 9장 26~28절)

　저희(바울과 바나바)가 교회의 전송을 받고 베니게와 사마리아로 다녀가며 이방인들의 주께 돌아 온 일을 말하여 형제들을 다 크게 기쁘게 하더라. 예루살렘에 이르러 교회와 사도와 장로들에게 영접을 받고 하나님이 자기들과 함께 계셔 행하신 모든 일을 말하매, 바리새파 중에 믿는 어떤 사람들이 일어나 말하되 이방인에게 할례 주고 모세의 율법을 지키라 명하는 것이 마땅하다 하니라. 사도와 장로들이 이 일을 의논하러 모여 많은 변론이 있은 후에 베드로가 일어나 말하되 형제들아 너희도 알거니와 하나님이 이방인들로 내 입에서 복음의 말씀을 들어 믿게 하시려고 오래 전부터 너희 가운데서 나를 택하시고 (사도행전 15장 3~7절)

　베드로(게바)는 예루살렘 공회에 참석한 이후 서기 50년경에 안디옥에서 바울을 다시 만나게 된다. 이때 바울은 앞의 인용한 성경말씀대로 베드로를 책망하였다. 안디옥은 오늘날 튀르키예 동남부 지역에 있는 도시이다. 그러므로 베드로가 예루살렘을 떠나 육로를 통해 안디옥에 갔다면 도중에 욥바, 가이사랴, 돌레마이(악고), 두로, 시돈을 통해 안디옥까지 여행하였을 것이라고 짐작된다. 오늘날도 이 거리를 여행하기가 쉽지 않은데 2천 년 전에 더운 날씨에 이 거리를 이동한다는 것은 여간 어려운 일이 아니었다.

17. 고린도 방문

형제들아 내가 우리 주 예수 그리스도의 이름으로 너희를 권하노니 다 같은 말을 하고 너희 가운데 분쟁이 없이 같은 마음과 같은 뜻으로 온전히 합하라. 내 형제들아 글로에의 집 편으로서 너희에 대한 말이 내게 들리니 곧 너희 가운데 분쟁이 있다는 것이라. 이는 다름아니라 너희가 각각 이르되 나는 바울에게, 나

고린도만을 따라서 서쪽에서 본 고린도 산. 산 밑에 고대 고린도 유적지가 위치하고 있다

는 아볼로에게, 나는 게바에게, 나는 그리스도에게 속한 자라하는 것이니 그리스도께서 어찌 나뉘었느뇨. 바울이 너희를 위하여 십자가에 못 박혔으며 바울의 이름으로 너희가 세례를 받았느뇨 (고린도전서 1장 10~13절)

우리가 다른 사도들과 주의 형제들과 게바와 같이 자매 된 아내를 데리고 다닐 권이 없겠느냐 (고린도전서 9장 5절)

바울이 서기 56년에 고린도 교인들에 편지를 쓸 때 일부 고린도 교인들은 베드로를 따르고 일부는 바울과 다른 사도를 따라야 한다고 주장하였다. 이것 (고린도전서 1장)은 베드로가 고린도를 방문한 것을 암시하고 있다. 고린도 시내에 있는 사도 바울 기념교회에 가면 (천국) 열쇠를 들고 있는 베드로의 대형 모자이크 타일 그림이 바울의 그림과 나란히 건물 입구 정면에 붙어 있는 것을 볼 수 있다. 또한 베드로는 전도여행 다닐 때 아내를 함께 데리고 다닌 것을 알 수 있다. 여기에 비해 독신인 바울은 전도 여행시 혼자 또는 다른 사도들과 함께 다녔다.

18. 로마 방문

바울이 로마에서 전도를 한 것은 성경에 명확하게 기록되어 있다. 그러나 베드로가 로마에 갔다는 사실은 성경에 어떤 기록도 없다. 즉, 베드로가 말년에 로마에 가서 전도하다가 순교하였다는 주장은 성경에 기록이 없으므로 역사적으로 고증하기가 힘들다.[13] 사도행전에는 바울이 로마에 간 것은 구체적

---

13) 김의환 『기독교회사』, p. 47, 성광문화사, 서울, 1982

으로 나타나 있지만 베드로가 로마에 갔다는 내용은 전혀 없다. 바울이 베드로를 안디옥에서 만난 사실은 성경(갈라디아서 2장)에 기록되어 있다. 그럼에도 바울이 로마에 보낸 편지에서나 로마의 감옥에서 쓴 편지 가운데 베

로마의 콜로세움

드로에 관해 전혀 언급하지 않은 것으로 보아 더욱 그러한 심증이 간다. 바울은 다른 사람이 복음을 전하는 곳에는 복음을 전하지 않겠다고 다음과 같이 말하였다.

또 내가 그리스도의 이름을 부르는 곳에는 복음을 전하지 않기로 힘썼노니 이는 남의 터 위에 건축하지 아니하려 함이라 (로마서 15장 20절)

이는 남의 한계 안에 예비한 것으로 자랑하지 아니하고 너희 지경을 넘어 복음을 전하려 함이라 (고린도후서 10장 16절)

이러한 점들을 고려할 때 베드로를 로마 교회를 세운 첫 감독으로 보는 견해는 다른 사람의 터 위에 교회를 세우지 않겠다는 바울의 전도 방침에 비추어 볼 때 바울이 로마 전도를 결행한 이상 받아들이기 어렵다. 바울이 로마에 도착하기 이전에 이미 로마에는 예수 믿는 사람들이 소수이지만 존재하였다. 사도행전 28장 13~15절 말씀에는 바울이 탄 배가 보디올(오늘날 나폴리 인

근)에 도착하자 이미 그곳에는 바울을 맞으러 기독교인들이 나와 있었고 로마의 교인들도 압비오(아피아) 저자(시장)와 삼관까지 마중나왔다. 사도행전 2장 4~13절에는 예수님 부활승천 이후, 예루살렘에서 많은 유대인들이 모여 예배를 드릴 때 로마에서 온 사람들도 있었다. 그러므로 바울이 이탈리아에 도착할 때 마중 나온 사람들이 예루살렘에 왔었던 사람들과 관련이 있었을 가능성도 있다. 결국 죄수의 몸으로 로마에 온 바울은 재판을 기다리며 비교적 자유로운 조건에서 담대하게 전도사역을 할 수 있었다(사도행전 28장 30~31절).

당시 로마에서는 라틴어와 그리스어가 주로 사용되었고 히브리어는 사용되지 않았다. 바울은 태어났을 때부터 로마 시민이었고 어렸을 때부터 그리스어를 배웠다. 여기에 비해 베드로는 언어를 히브리어밖에 배우지 못하였다. 그러므로 설사 베드로가 로마에 왔었다 하더라도 언어 문제 때문에 전도사역이 어려웠을 것이다. 반면 바울은 로마에서 사용하는 언어에 능통하였으므로 전도사역에 언어문제는 없었을 것이다. 바울이 죄수의 몸으로 배를 타고 이스라엘을 출발하여 로마까지 가는 여정은 이렇게 성경에 자세하게 기록되어 있으나 베드로의 경우 전혀 언급이 없다. 또한 요한복음 21장 18~19절에 예언된 베드로의 순교에 관한 구절에는 로마라는 장소가 언급되어 있지 않다. 이렇게 베드로가 로마를 방문하였다는 사실은 성경에 없으므로 성경을 근거로 한 역사적 고증은 어렵다. 그러나 일부 학자와 가톨릭에서는 베드로가 말년에 로마에 와서 전도사역을 하다가 오늘날 바티칸 지역에서 순교하였다고 주장하므로 베드로의 로마 방문과 로마에서의 순교는 오늘날 많은 사람들에 의해 기정사실로 받아들여지고 있다.

베드로가 로마를 방문한 사실은 고대 유대인 역사학자 요세푸스가 저술한 책에 기록되어 있다는 글이 인터넷상에 돌아다니고 있으나 필자는 요세푸스가 지은 책 시리즈인 '요세푸스 1~4권(생명의 말씀사 발간, 2023년)'을 모두 찾아보았으나 요세푸스는 베드로에 대해 어떤 글도 남기지 않았다는 것을 발견하였다. 베드로가 로마에 교회를 세웠다는 것은 서기 3세기, 가이우스(Gaius)라는 성직자가 쓴 글에 다음과 같이 언급되어 있다.

"Go therefore to the Vatican and the Ostian[14] way and you will see the memorial of the founders of the Church of Rome"

즉, 베드로는 성(聖)아나클레투스(Anacletus)를 로마의 제3대 감독으로 임명하였는바 그는 베드로가 순교하자 그의 시신을 운반하여 (당시 로마법은 처형된 시신을 가족, 친척, 지인 등에 내어주는 것을 허가하였다) 사도들이 묻힌 곳에 묻고 기념물을 세웠으므로 이곳을 지나가는 사람은 이 기념물을 볼 수 있었다고 한다.[15]

가이우스와 비슷한 시기에 고린도 교회의 디오니시우스(Dionysius) 감독이 로마의 소테리우스(Soterius)[16] 제12대 교황에 보낸 편지에서 베드로와 바울이 고린도에서 함께 활동하였고 그 후 이탈리아(로마)에서도 함께 수고하였다고 기록하였다. 그러므로 이러한 내용을 근거로 베드로가 로마에 왔었다는 설(說)이 퍼진 것 같다. 앞서 나온 내용과 이러한 여러 점을 고려해 볼 때, 필자는 베드로의 로마 방문과 로마에서의 순교는 성경에 확실한 근거가 없으므로 어디까지나 전설 또는 참고사항으로 받아들이고 있다.

---

14) Ostia는 로마 인근 해안도시이다
15) Werner Keller 『The History as History』 p.373, Hodder and Stoughton, London, UK, 1974
16) 재위기간, 서기 166년경~174년경.

초대 교회시대의 지중해

• 제5장
베드로 전도여행지

1. 예루살렘

(1) 예루살렘의 역사

이스라엘 정부는 공식적으로 유대교의 4대 성지로서 예루살렘, 헤브론, 티베랴 그리고 샤펫을 공표하였는바 이 가운데 가장 중요한 도시는 이스라엘이 지난 3천년 동안 수도로 여기고 있는 예루살렘이다. 구약성경 창세기 14장 18절에는 살렘(Salem)왕 멜기세덱이 아브람(아브라함)을 축복하는 내용이 기록되어 있다. 즉, '살렘'은 아브라함 시대인 기원전 2천년 경에 이미 존재하였던 지역으로서 후일 예루살렘이 자리 잡게 된 곳이다. 필자가 알기로는 창세기 14장에 기록된 '살렘'이 예루살렘이 역사에 처음으로 등장한 기록이 아닌가 생각한다.

그 사람이 다시 밤을 지내고자 아니하여 일어나 떠나서 여부스 맞은편에 이르렀으니 여부스는 곧 예루살렘이라 (사사기 19장 10절 상반절)

1. 예루살렘 성벽
2. 구예루살렘 시가지는 골목이 많다
3. 구예루살렘 이슬람지역에서 노는 소년들

유대 지방의 해발 약 750m 산악 지역에 위치하고 있는 예루살렘은 아브라함 시대 이후 여부스 부족(部族)이 만든 도시로서 4천 년의 역사를 지니고 있다. 다윗왕은 기원전 1000년경에 예루살렘을 점령하고 여부스왕으로부터 모리아산을 얻어 그곳에 하나님께 제단(祭壇)을 쌓았다. 그리고 법궤를 헤브

제5장 베드로 전도여행지

론에서 이곳으로 옮겨 놓았다. 그 후 오랜 역사적인 사건을 거치면서 예루살렘은 오늘에 이르고 있으며 기독교, 유대교, 이슬람교(회교)의 성지가 되었다. 이 과정에서 '평화의 성'이라는 뜻을 가진 예루살렘은 이름의 뜻과 달리 평화보다는 오히려 전쟁으로 점철된 역사를 가지고 있다. 오늘날 예루살렘은 이스라엘의 수도이고 구(舊)시가지가 있는 성안은 4개의 구역(기독교 구역, 아르메니아 구역, 유대인 구역, 이슬람 구역)으로 구분되어 있고 예루살렘성 밖에는 현대적인 신(新)시가지가 조성되어 있다. 참고로 코카서스 지역에 있는 소국 아르메니아는 서기 301년에 세계최초로 기독교를 국교(國敎)로 삼은 나라이다. 제국 초기부터 기독교를 박해한 로마 제국은 서기 313년에 기독교를 종교의 하나로 공인하였고 서기 392년에는 기독교를 로마 제국의 국교로 삼았다. 즉, 아르메니아는 로마 제국보다 약 90년이나 앞서 기독교를 국교로 삼은 것이다. 그러므로 고대에 많은 아르메니아인이 예루살렘으로 성지순례를 행하였다. 이것이 아르메니아인이 국외로 발전하는 계기가 된 것으로 보인다. 예를 들자면 1,700년 전에 예루살렘 성지를 순례하는 아르메니아인들을 위해 당시 아르메니아인들은 예루살렘에 진출하여 순례객에 편의를 제공하려고 예루살렘에 숙박시설을 만들었다. 이런 연유로 인해 오늘날 구예루살렘의 4개의 구역 가운데 하나가 아르메니아 구역으로 된 것이다. 오늘날 이스라엘에는 예루살렘 이외에도 욥바 등 여러 지역에 아르메니아인들이 거주하고 있으며 이스라엘 정부는 이들을 호의적으로 대우하고 있다.

(2) 세 종교의 성지

오늘날 세계 인구는 81억 명이다(2024년 기준). 이 가운데 기독교, 이슬람교, 유대교의 인구는 47억 명(2023년 기준)에 이른다. 즉 세계인구의 약

감람산에서 본 구(舊)예루살렘
중앙에 황금빛 돔 이슬람교 사원이 보인다. 멀리 보이는 높은 건물들은 신(新)예루살렘

60%가 알게 모르게 마음을 쓰고 있는 곳이 예루살렘이다. 그러므로 이스라엘·팔레스타인 분쟁과 이스라엘·아랍세계의 대립의 한 가운데에는 성도(聖都) 예루살렘 문제가 자리 잡고 있다. 히브리어로 '평화의 도시'인 예루살렘은 다윗이 여부스 부족으로부터 탈취한 뒤에 본격적으로 만든 도시이므로 유대인들이 3천년 전에 만든 도시이다. 서기 70년, 로마제국이 유대인을 예루살렘에서 축출한 이후 이슬람교 아랍인, 기독교 십자군, 이슬람교 오스만 제국 그리고 기독교 대영(大英)제국으로 예루살렘의 지배자는 여러 차례에 걸쳐서 바뀌었고 1967년 제3차 중동전쟁에서 이스라엘군이 전체 예루살렘

을 점령하여 오늘에 이르고 있다. 이렇게 예루살렘은 전쟁과 정복의 역사가 반복된 도시이다. 3천년에 걸친 이러한 전쟁과 정복의 과정 때문에 역사적으로 세계사에 이렇게 많은 인구에 종교와 정치의 영향을 준 도시는 예루살렘 밖에 없다. 그러므로 영국인 역사학자 몬테피오리(Simon Sebag Montefiore)는 "예루살렘의 역사는 세계의 역사"라고 그의 저서[17]의 서문에서 말하였다. 또한 예루살렘은 예수 그리스도를 십자가에 못 박아 죽인 도시이며 동시에 그리스도 교회가 역사상 처음으로 세워진 곳이기도 하다.

(3) 이스라엘 수도

구약성경 사무엘하 5장 6~9절에는 다윗왕이 3천 년 전에 예루살렘을 여부스 부족으로부터 탈취한 뒤 예루살렘 성을 증축하는 내용이 기록되어 있다.[18] 다윗이 예루살렘을 이스라엘과 유다의 수도로 정한 이후 이스라엘은 수도를 바꾼 적이 없다. 단, 중동전쟁의 여파로 인해 텔아비브가 임시 수도 역할을 한 적이 있다. 왜냐하면 1948년에 이스라엘 독립이후 1967년 제3차 중동전쟁 이전까지 예루살렘성은 요르단이 점령하고 있었기 때문이다. 우리나라는 북한 공산군이 1950년 6월 25일 새벽에 기습남침을 함으로써 불과 3일 만에 수도 서울을 북한 공산군에게 빼앗기고 후퇴하여 부산을 임시수도로 정한 적이 있다. 그렇다고 해서 부산을 한국의 수도라고 부르는 사람은 아

---

17) 『Jerusalem-The Biography』 Weidenfeld & Nicolson, London, UK, 2020
18) 왕과 그 종자들이 예루살렘으로 가서 그 땅 거민 여부스 사람을 치려하매 그 사람들이 다윗에게 말하여 가로되 네가 이리로 들어오지 못하리라. 소경과 절뚝발이라도 너를 물리치리라 하니 저희 생각에는 다윗이 이리로 들어오지 못하리라 함이라. 다윗이 시온 산성을 빼앗았으니 이는 다윗성이더라. 그 날에 다윗이 이르기를 누구든지 여부스 사람을 치거든 수구로 올라가서 다윗의 마음에 미워하는 절뚝발이와 소경을 치라 하였으므로 속담이 되어 이르기를 소경과 절뚝발이는 집에 들어오지 못하리라 하더라. 다윗이 그 산성에 거하여 다윗성이라 이름하고 밀로에서부터 안으로 성을 둘러 쌓으니라. (사무엘하 5장 6~9절)

무도 없다. 이스라엘의 수도는 엄연히 예루살렘이다. 그러므로 주(駐)이스라엘 미국 대사관을 비롯하여 일부 국가들의 대사관은 예루살렘에 위치하고 있다. 친(親)이스라엘 지도자인 미국의 트럼프 대통령은 2017년에 주(駐)이스라엘 미국 대사관을 텔아비브(Tel Aviv)에서 예루살렘으로 이동시키는 것을 결정하고 그 다음 해인 2018년에 팔레스타인 주민들의 강한 반발에도 불구하고 미국 대사관을 예루살렘으로 이전시켰다. 트럼프가 영국의 발포선언(1917년) 이후 100년만인 2017년에 예루살렘을 이스라엘의 수도라고 선언하자 아랍계 이스라엘 시민으로서 중동 문제에 관련한 책 8권을 저술한 언론인이며 뉴욕 컬럼비아대 교수인 할리디(Rashid Khalidi)는 트럼프의 행동은 팔레스타인의 중심역사, 문화, 종교를 무시한 일방적인 것이었다고 비난하였다.[19]

미국은 자유민주주의의 나라로서 이스라엘이 독립한 이후부터 현재까지 이스라엘을 경제, 군사, 정치적으로 지원하고 있다. 미국에 거주하는 유대인들이 미국 정치가들에게 정치자금으로 영향력을 끼치고 있는 것도 미국 정부가 이스라엘을 지원하는 이유 가운데 하나이기도 하다. 이것은 어디까지나 표면적으로 보이는 것이고 미국과 이스라엘이 철통같은 동맹을 유지하는 본질은 두 국가 국민이 성경말씀을 공유하고 있는 데서 나오는 것이다.

2018년 5월 14일, 이스라엘 건국기념일을 맞아 미국의 트럼프 행정부는 텔아비브에 있던 대사관을 예루살렘으로 이전함으로써 예루살렘이 이스라엘의 수도임을 인정하고 이스라엘의 주장을 지지하였다. 미국이 예루살렘에 대사관을 공식 개관한 그날, 팔레스타인 거주지인 가자(Gaza)지구에서는

---

19) Rashid Khalidi 『The Hundred Year's War on Palestine, 1917~2017』 p.237, Henry Holt & Company, NY, USA, 2022

5만 명이 이스라엘 정부의 조치에 항의하는 시위를 벌였다. 이 시위를 진압하기 위한 이스라엘군의 사격으로 40명 이상의 팔레스타인인이 사망하자 팔레스타인 무장단체인 하마스와 이스라엘군의 충돌이 우려되었으나 그 후 대사관 이전 문제로 인한 큰 충돌은 일어나지 않았다. 그러나 이러한 대규모 충돌은 언제라도 일어날 수 있다. 제3자의 입장으로서는 이스라엘과 팔레스타인의 문제가 하루속히 평화스럽게 해결되기를 바랄 뿐이다.

예루살렘이 이스라엘의 수도라고 미국정부조차 인정하였음에도 불구하고 우리나라에서 발간된 일부 이스라엘 여행책자나 관련 책자에는 이스라엘의 수도가 텔아비브라고 적혀 있다. 2024년 5월 3일, TV조선 밤9시 뉴스에서는 여성 앵커가 이라크가 발사한 미사일이 이스라엘의 수도 텔아비브에 떨어졌다고 이야기하기도 하였다. 필자는 이스라엘 성지에 대해 여러 곳(특히 교회)에서 강연을 하고 있다. 그런데 교회에서 강연할 때 참석자들에게 이스라엘의 수도가 어디냐고 물어보면 절반이 텔아비브라고 말한다. 더 놀라운 것은 이렇게 대답하는 사람들의 대부분이 이스라엘 성지 순례를 다녀 온 사람들이다. 분명히 다시 말하지만 이스라엘의 수도는 텔아비브가 아니고 예루살렘이다.

(4) 예루살렘 가는 길

튀르키예의 이스탄불 공항을 오전 8시에 이륙한 튀르키예 항공사의 에어버스 A330 여객기는 튀르키예의 아나톨리아 고원 상공을 지나서 튀르키예 남부의 휴양도시 안탈리아(성경에는 '앗달리아'라고 표기됨)를 왼쪽으로 보면서 지중해에 들어선다. 이날은 구름이 많지 않아 구름 사이로 지중해의 쪽빛 푸른 바다가 보인다. 이스탄불을 떠나 약 2시간이 되자 창밖으로 모래 해

벤구리온 공항에서 예루살렘으로 가는 고속도로. 산위에 주택들이 보인다

안과 시내가 보인다. 이스라엘에서 두 번째로 크며 상업의 중심지인 텔아비브이다. 비행기는 텔아비브 시내 상공을 지나서 동남쪽으로 비행한다. 유대인들이 2천 년간 유랑생활을 하다가 유대인의 손으로 처음 세운 유대인의 도시인 텔아비브는 '소망의 언덕' 또는 '봄의 언덕'이라는 뜻이다. 텔아비브 지역은 척박한 모래 언덕이었지만 해외에서 도착한 유대인들은 주위의 아랍인들로부터 1800년대부터 땅을 구입하여 1909년에 도시를 만들고 이름을 텔아비브라고 붙였다. 20세기 초까지 오늘날의 이스라엘 국토는 이슬람인 오스만 제국의 통치를 받고 있었다. 그러므로 당시 오스만 제국은 유대인이 팔레스타인 지역의 이슬람교 아랍인들로부터 토지를 구입하는 것을 금지하는 법령을 만들었다. 그러나 유대인들은 온갖 어려움을 극복하고 오늘날 텔아비브 지

예루살렘 시내의 예루살렘 스톤으로 만든 건물들

역과 갈릴리 호수 인근에 대규모 토지를 구입하였다. 이러한 텔아비브 지역의 척박한 모래땅에 나라 없는 유대인들은 힘을 모아서, 나라를 잃고 방랑생활을 한지 약 2천년(정확하게는 1839년)만에 자기들의 손으로 처음으로 유대인의 도시를 세웠다. 모래땅에 올리브 나무 서너 그루가 서있는 황량한 불모지가 유대인에게는 소망의 땅으로 보였던 것이다. 이스라엘은 1948년에 독립하였으나 독립을 선언하기 39년 전에 이처럼 이미 팔레스타인에 유대인의 첫 도시 텔아비브를 세웠다. 당시, 조상들이 살던 곳에 유대인 나라를 세우려는 시오니즘(시온주의) 운동에 한창이던 유대인들은 온갖 역경을 이겨내고 텔아비브를 건설하면서 유대인 나라의 건국이 눈앞에 다가온 것을 느끼며 이스라엘 국가를 기어코 건국하겠다는 소망과 결심을 새롭게 하였다.

이스라엘의 관문인 벤구리온 국제공항은 텔아비브와 예루살렘 사이에 위치하고 있다(텔아비브에 더 가깝다). 공항에서 동남쪽에 있는 예루살렘까지는 약 55km(도로)로서 왕복 4차선의 고속도로로 연결된다. 이스라엘은 건조한 지형이므로 도로 양편에는 척박한 토양에 암석들이 많이 보인다. 언덕이 나타나면서 길 양옆에 있는 언덕 위에는 가옥들이 많이 들어서 있다. 벤구리온 공항에서 자동차를 타고 고속도로를 달려서 예루살렘으로 향한다. 산악지형이므로 고속도로는 굽이진 곳이 가끔 나오고 도로 양편에는 자갈과 바위로 된 언덕이 자주 나타난다. 언덕 위에는 가끔 주민들의 집이 보이나 살기에 쾌적한 고급주택으로는 보이지 않는다. 4각형으로 된 예루살렘 성은 한 면의 길이가 약 1km 인데 다마스쿠스 문 인근에는 거대한 동굴이 있고 이곳의 지하에서는 고대로부터 오랜 시간에 걸쳐서 돌을 파내어 예루살렘 성안에 건물을 만드는 데 사용하였다. 그러므로 예루살렘 시내의 건물과 집도 '예루살렘 스톤'이라고 부르는 약간 핑크빛이 들어간 우윳빛 돌로 만들어져 있다. 영국군이 제1차 세계대전에서 오스만 제국에 승리하고 1917년에 예루살렘을 점령하자 1918년에 예루살렘 영국 총독이 된 로널드 스토르스(Ronald Storrs)는 거룩한 도시 예루살렘의 미관을 보존하기 위해 새로운 건물을 건축할 때는 반드시 이 돌을 사용하도록 의무화시켰다.

(5) 주요 장소

1) 통곡의 벽

오늘날 이스라엘을 방문하는 사람들이 가장 많이 찾는 곳이 '통곡의 벽'이고 그 다음으로 많은 사람이 찾는 곳은 사해(死海) 인근에 있는 마사다

(Masada) 요새이다. 마사다 요새는 입장료를 지불해야 하지만 통곡의 벽은 입장이 무료이다. 2천여 년 전인 서기 70년에 예루살렘을 파괴한 로마 군대는 유대인들이 예루살렘에 들어오는 것을 금지하였다. 그 후 비잔티움 시대에 유대인들은 예루살렘을 방문하면서 그때까지 성전터 아래에 남아있는 축대 벽에 와서 벽을 붙잡고 성전이 파괴되고 민족이 분산된 사실에 통곡하였다. '통곡의 벽(Wailing Wall)'이라는 말은 여기서 유래한 것이다. 유대인들은 전 세계에 흩어져 방랑생활을 하면서 언젠가 예루살렘에 돌아간다는 소망을 버리지 않았고 결국 1948년에 팔레스타인에 유대인 국가인 이스라엘을 건국하였다. 오늘날 통곡의 벽은 유대인 구역에 있으며 유대인들은 예루살렘에서 이 벽을 가장 거룩한 곳으로 여기고 있다.

돌로 만든 높이 20m, 길이 약 60m의 통곡의 벽 위에는 고대에 솔로몬왕이 세웠던 성전이 있던 곳으로서 성전산(聖殿山, Temple Mount)이라고 부르는데 오늘날은 금으로 된 지붕을 갖고 있는 이슬람교의 모스크(사원)가 세워져 있다. 솔로몬왕이 만든 성전을 밑에서 지지해주는 벽(축대)들이 모두 무너졌는데 서쪽면 축대 벽의 원래 길이 488m 가운데 약 60m가 오늘날까지 남아있다. 그러므로 유대인들은 이 통곡의 벽을 '서쪽 벽(Western Wall)'이라고도 부르며 이곳에 와서 그들의 조상이 만든 성전이 기원전 586년에 바빌로니아에 의해 무너지고 그 후 서기 70년에는 로마 군대에 의해 파괴되었던 사실을 상기하고 애통해 하는 것이다.

전면에서 볼 때 남자는 왼쪽, 여자는 오른쪽으로 구분된 공간에서 벽을 붙잡고 기도한다. 벽에 가까이 가보면 돌 틈 사이에 조그만 종이조각들이 들어가 있는데 이는 하나님께 자기의 소원을 쓴 것들이다. 이스라엘 정부는 이런 종이를 매년 약 100만장을 수거한다고 한다. 이스라엘 국영 통신사인 베젝

| 1 |
| 2 |

1. 통곡의 벽(사진 중앙). 왼편에 이슬람교 황금빛 바위돔 사원이 보인다.
   통곡의 벽 위가 성전산이다
2. 통곡의 벽에서 기도하는 방문객들

통곡의 벽을 경비하는 이스라엘 육군 공수부대 병사들과 필자

(Bezeq)은 이곳에 팩스기까지 준비해 두었으므로 팩스로 하나님께 자기 소원을 직접 보내고 싶은 사람은 누구나 이용 할 수 있다. 특히 유대교 안식일(토요일) 해지기 전에는 많은 유대인이 이곳에 몰려와서 기도한다. 이곳에서는 가끔 발미츠바(Bar Mitzvah)라고 부르는 성년식을 행하는 소년과 이를 축하해 주는 가족과 친척들의 모습도 볼 수 있다. 유대인 소년은 13살이 되면 성년식을 하는데 이 날은 잔치날이다.

2) 윌슨 아치문

한편, 통곡의 벽을 전면에서 보았을 때 통곡의 벽과 직각을 이루는 왼쪽 벽의 아래 1층 부분에는 아치형 입구가 있다. 이것은 윌슨 아치문(Wilson Arch)으로서 영국 육군 공병대 장교(후일 육군 소장으로 퇴역함)이며 고고학자인 윌슨(Charles William Wilson)이 1884년에 발견한 것이다. 원래 그는 예루살렘의 식수원(食水源)을 조사하기 위해 통곡의 벽 인근을 조사하다가 식수원은 발견하지 못하고 뜻밖에 왼쪽 벽 아래 1층 부분에서 아치문을 발견하고 인공 동굴을 발견한 것이다. 이 동굴은 성전산의 윗부분과 예루살렘 시내를 연결해주는 다리 역할을 하는 두꺼운 벽 아랫부분(1층)에 위치하며 다리를 지탱해 주는 역할을 하는 동시에 이 아치형 동굴 끝이 성전산으로 들어가는 입구에까지 연결된다. 천정이 아치형으로 된 이 속에 들어가면 입구부터 챙이 달린 검은 모자를 쓰고 검은 옷을 입은 유대인들이 의자에 앉거나 서서 경건한 자세로 성경 (모세 5경)을 소리 내어 열정적으로 읽고 있다. 이 동굴 속에는 방도 여러 개가 있는 데 이들 방 속에도 많은 경건한 유대인들이 힘을 다해 기도를 하거나 몸을 앞뒤로 흔들며 열정적으로 성경을 읽고 있다. 이들은 하레디(Haredi)라고 부르는 극(極)정통파 유대인들로서 평생 동안 경제활동을 하지 않고 정부에서

윌슨 아치문

윌슨 아치문 속에서 기도하는 유대인. 검은 모자에 검은 양복을 착용한 초정통파 하레디 유대인들이 많이 있다.

하레디 유대인과 함께한 필자

주는 유대교인 보조금으로 생활하며 토라(모세 5경)와 탈무드를 연구하며 일생을 보낸다. 물론 이들은 군 복무도 면제받는다(그러나 2024년 6월, 이스라엘 대법원은 이들도 병력의 무를 해야 한다고 판결하였으므로 앞으로는 이들도 군 복무를 해야 한다). 윌슨 아치의 동굴 속은 생각보다 상당히 넓어서 '토라 아크(Torah Ark)'라고 부르는, 수많은 토라 두루마리 책과 일반적인 토라 책을 보관하는 거대한 책장(가구 형태의)도 있고 유대인들의 예배당도 있다. 통곡의 벽을 방문하는 우리나라 사람들은 이 윌슨 아치는 못보고 통곡의 벽만 보고 오는 경우가 대부분이다. 윌슨 아치에 들어가는 것은 물론 무료이나 그 옆에 성전산 위로 연결되는 터널(Western Wall Tunnels)에 들어가려면 입장료를 지불해야 한다.

3) 성전산

기원전 586년(또는 597년이라는 주장도 있음) 유다 왕국은 바빌로니아의 침공을 받아 다윗왕의 아들 솔로몬왕이 만든 예루살렘 성전은 파괴되었고 유대인은 바빌로니아에 포로로 잡혀갔다. 소위 말하는 바벨론 유수(幽囚)이다.

우리가 오늘날 보는 예루살렘 성벽은 16세기 오스만 제국의 술레이만 황제가 재건한 성벽이다. 유대인 구역에 가면 앞서 언급하였듯이 '통곡의 벽'이

검은 색 돔을 가진 알아크사 사원

있다. 이 벽은 서기 70년에 로마군이 성전을 파괴할 때 파괴되지 않고 남아있는 것으로서 항상 유대인들이 벽에 기대어 기도하거나 벽을 붙잡고 우는 것을 볼 수 있다. 유대인들은 이 벽을 향하여 조국을 잃어버린 것을 한탄하며 울부짖으므로 통곡의 벽이라는 이름이 붙었다. 유대인들은 과거 자기들의 신전이 있었던 벽의 동쪽 언덕을 성전산이라고 부른다. 그러나 현재 이 언덕 위에 세워져 있는 것은 이슬람교의 '바위 돔' 모스크(사원)로서 로마 제국과 비잔티움 제국(동로마 제국)에 이어서 예루살렘을 지배한 이슬람교도가 7세기에 세운 것이다. 돔 안에는 큰 바위가 있어 이슬람교의 창시자 모하메드가 이 바위 위에서 승천하였다고 전해지고 있다. 돔의 남측에는 알아크사 모스크가 세워져 있다. 두 곳 모두 이슬람교에서 아주 거룩하게 여기는 곳이다. 이렇게 두 개의 종교성지가 중첩되어 있는 언덕은 하나의 토지로서, 소유권을 쟁탈하려는 이스라엘·팔레스타인 분쟁의 상징이다. 이스라엘은 1967년 제3차 중동전쟁에서 예루살렘 전역을 점령한 이후, 성전산 일대의 관리를 이슬람교도에게 맡겼다. 이들은 신성을 더럽힌다며 유대인이 드나드는 것을 금하였다. 그러나 1999년에 극우 리쿠드당의 당수가 된 샤론(Ariel Sharon)은 2000년 9월에 성전산을 방문하였다. 그러자 분노한 팔레스타인인들은 돌을 던지며 이스라엘에 투쟁하며 제2차 인티파다(민중봉기)를 시작하였다. 오늘날 성전산 언덕 주변은 경비가 삼엄하여 금속탐지기 검사를 받아야만 입장을 할 수 있고 이교도는 허가를 받아 모스크에 들어 갈 수 있다. 알아크사 사원 안에는 이스라엘군이 발사한 포탄의 파편이 전시되어 있을 정도로 팔레스타인인은 팔레스타인을 무시하는 이스라엘 측에 분노를 표시하고 있다.

4) 성묘교회

채찍질 교회 내부

바위 돔의 서쪽으로 내려가면 여러 나라에서 온 기독교인들이 좁은 골목을 메우며 걸어가고 있는 것을 볼 수 있다. 예수 그리스도는 십자가를 등에 지고 이 좁은 길을 걸어서 골고다 언덕까지 걸어갔으므로 이 길은 라틴어로 '슬픔의 길'이라는 뜻을 가진 '비아돌로로사(Via Dolorosa)'라고 부른다. 수많은 기독교인 성지순례자를 헤치고 경사로를 따라서 올라가면 성묘(聖墓)교회(Holy Sepulchre)가 나

채찍질 교회. 예수님이 십자가에 달리시기 전, 빌라도에게 찍질을 당한 곳.
12세기에 십자군이 세웠으나 이슬람군에 파괴되었음. 1929년에 현재의 모습으로 복원되었다.
관련 성경 말씀 (요한복음 19장 1~3절)

십자가를 진 한국인 목회자 (성묘교회 앞)

타난다. 너무 많은 사람들이 들어가므로 사람들에 떠밀리다시피 움직이게 되므로 구경을 제대로 할 수 없을 정도다. 이 교회는 4세기에 로마 황제 콘스탄티누스가 건설하였다. 황제의 모친 헬레나는 예루살렘을 방문하였을 때 골고다 언덕에서 십자가의 흔적을 발견하고 이곳에 교회를 세우기로 결정하였다고 한다. 그 후 예수 그리스도의 부활의 무대가 되어 전 세계에서 기독교도들의 발걸음이 끊이지 않고 너무 많은 사람들이 이곳을 방문하는 바람에 돌계단은 마찰되어 잘못 밟으면 미끄러져 넘어지기 쉽고 예수 그리스도가 누웠던 돌침상은 너무 많은 사람들이 만지는 바람에 이 역시 반들반들하게 닳아 버렸다. 성묘교회 안에는 그리스 동방정교, 가톨릭, 아르메니아 교회, 시리아 정교회, 콥트 정교회, 에티오피아 정교회가 들어가 있어 서로 자기 교파가 교회관리를 맡으려는 마찰이 끊임없이 계속되어 유혈사태도 드물지만 일어나고 있다. 현재는 그리스 정교회, 가톨릭, 아르메니아 교회가 관리를 맡고 있다. 교회 관리와 별도로 출입문 열쇠는 서기 7세기부터 대를 이어 예루살렘에 거주하고 있는 수니파 이슬람교인 '누세이베흐(Nusseibeh)' 가문이 관리하면서 매일 아침과 저녁에 교회문을 열고 닫는다. 7세기에 예루살렘을 정복한 이슬람 군대의 사령관이 기독교인들의 신앙 단속을 확인하는 한편, 정복자의 증표로서 측근에게 25cm 크기의 열쇠를 위임하였다고 전해진다. 그러나 십자군이 예루살렘을 탈환하자 잠시 중단되었

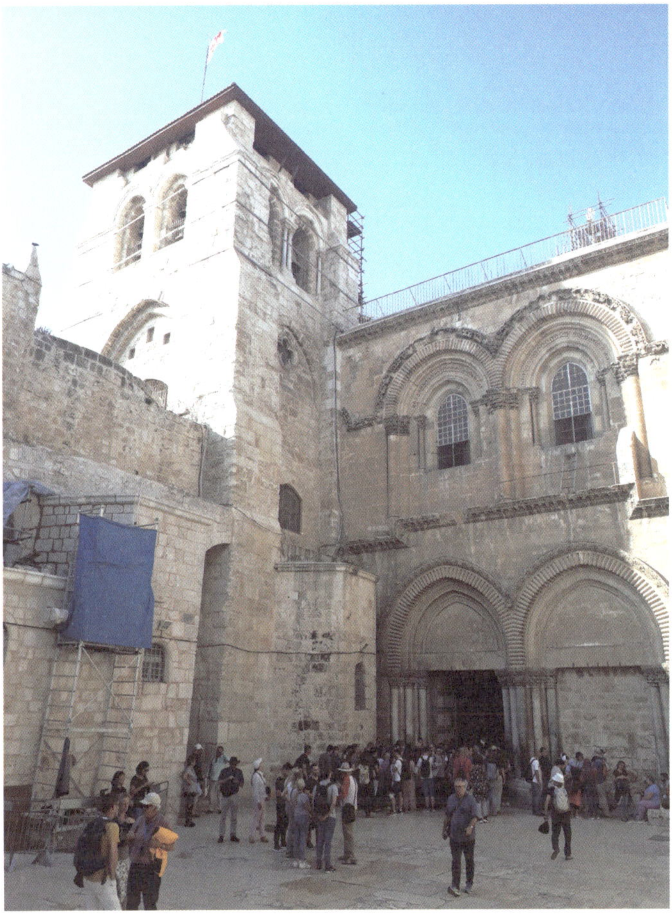

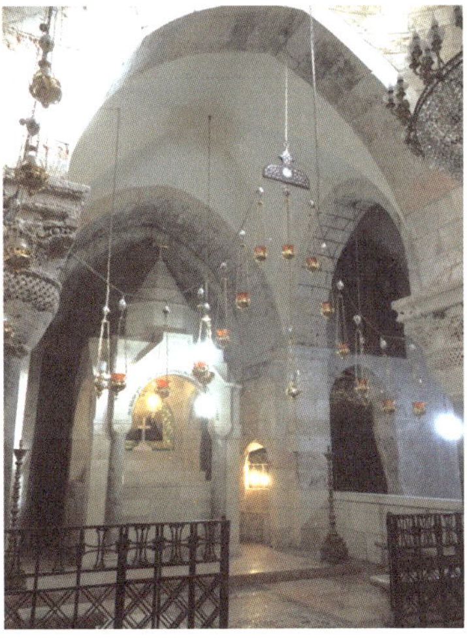

1. 골고다 지역에 있는 성묘교회
2. 성묘교회 내부

으나 12세기에 이슬람군이 다시 예루살렘을 정복하자 누세이베흐 가문의 관리가 다시 회복되어 오늘까지 이르고 있다. 누세이베흐 가문의 현손 와제하(Wajeeh)씨는 열쇠와 함께 역대 오스만 제국의 술탄으로부터 조상이 받은, 황금색 문자로 쓰여진 많은 편지(위임장)를 가지고 있다.

예루살렘성(구시가)안에 있는 유대교의 통곡의 벽, 기독교의 성묘교회 그리고 이슬람교의 바위 돔과 알아크사 사원은 모두 걸어서 15분 거리 안에 들어서 있다. 특히 통곡의 벽과 바위 돔은 서로 붙어 있다고 해도 과언이 아닐 정도다. 즉, 전 세계에서 47억 명의 신도를 갖고 있는 이들 3종교가 이렇게 좁은 땅 위에 서로 붙어 있는 것이다. 이마를 맞대고 있는 가까운 거리의 3종교 성지를 관광객은 아무런 위험도 느끼지 않고 자유롭게 걸어 다닌다. 어떻게 보면 중동문제의 복잡성이 의외로 간단해 보이기도 하다. 그러나 좀 더 자세히 보면 예루살렘 구시가 곳곳에는 실탄이 장착된 소총을 든 이스라엘군의 남녀 병사들이 삼삼오오 순찰을 하거나 특정 위치에서 경비를 하고 있다. 필자도 이런 광경을 여러 번 보았다. 특히 구시가에 있는 건물 외벽에는 탄흔이 가끔 씩 보인다. 이스라엘이 독립 이후에 겪은 전쟁이 남긴 상처로서 20세기 이후 현재까지 예루살렘이 중동 분쟁무대의 중심에 서있다는 증거를 상징적으로 보여주는 것이다.

5) 시온산

시온(Zion)[20]은 예루살렘성 서남쪽에 붙어 있는 작은 산의 이름인데, 성경에서 시온은 이스라엘의 구원이 나오는 곳, 이스라엘에 복을 주는 곳, 이

---

20) 이스라엘의 구원이 시온에서 나오기를 원하도다(시편 14편 7절), 무릇 시온을 미워하는 자는 수치를 당하여 물러 갈찌어다(시편 129편 5절), 천지를 지으신 여호와께서 시온에서 네게 복을 주실찌어다 (시편 134편 3절)

감람산에서 본 시온산(사진 상단 오른편).
사진 아래는 기드론 골짜기. 사진 중간은 다윗성.

스라엘을 지켜 주는 곳이라는 상징성을 보여주고 있다. 시온산 높이는 해발 765m이다. 높이 숫자를 보면 높은 산으로 생각되나 예루살렘이 위치하고 있는 지역 자체가 산악지역으로서 해발 750m이므로 예루살렘성에서 보면 시온산은 우뚝 솟아있는 산이 아니고 오히려 성벽보다 낮은 위치에 있는 것으로 보일 만큼 예루살렘성과 거의 같은 높이의 산이므로 산처럼 보이지 않는다. 예루살렘 성안의 아르메니아 구역에서 성벽에 있는 시온문(Zion Gate)을 나오면 곧 성(聖)마리아 시온교회(도르미시오 교회)와 예수님이 제자들과 마지막 만찬을 함께한 '최후의 만찬 기념교회'가 나오는데 (두 건물은 사실상 붙어있다) 이곳이 시온산이다. 다윗왕의 묘소는 최후의 만찬 기념교회 1층에 있다. 현대 이스라엘 독립의 시발점이 된 시오니즘(시온주의)이란 단어를 이

시온산에 있는 다윗왕의 동상

다윗왕의 무덤

다윗왕 무덤을 방문하러 온 이스라엘 여군들이 입장전에 안내원의 설명을 듣고 있다

사도 베드로의 발자취를 찾아서

미 많이 들었던 사람들 가운데에는 시온산이 예루살렘에 우뚝 솟은 엄청나게 큰 산이라고 여기고 있다가 막상 현지에 와서 보고는 약간 실망하는 사람도 있다. 시온은 넓은 지리적 의미로는 예루살렘의 산, 예루살렘 도시 뿐만 아니라 팔레스타인 전체를 의미하며 종교적인 관점에서는 유대교를 믿는 유대인 공동체, 또는 성경을 믿는 기독교인 공동체를 가리키기도 한다.

그러므로 시온산은 조상의 땅인 팔레스타인에 돌아가 유대인의 나라를 세우자는 시오니즘 운동의 상징이 된 곳이다. 시온산은 수천년 동안 유대인의 마음속에서 자기가 유대인이라는 정체성을 마치 밤바다를 지나는 선박에 빛을 비추어주는 등대 역할을 한 유대인의 마음의 고향이다. 성경에는 유대인들이 유일신으로 믿고 섬기는 여호와 하나님께서 유대인들로 하여금 시온과 예루살렘을 사모하게 하시는 말씀이 다음과 같이 수없이 많이 나온다. 많은 구절 가운데 일부만 여기에 싣는다.

- 나는 시온의 공의가 빛 같이, 예루살렘의 구원이 횃불 같이 나타나도록 시온을 위하여 잠잠하지 아니하며 예루살렘을 위하여 쉬지 아니할 것인즉 (이사야 62장 1절)
- 율법이 시온에서부터 나올 것이요. 여호와의 말씀이 예루살렘으로부터 나올 것임이니라 (이사야 2장 3절 하반절)
- 시온에 남아 있는 자, 예루살렘에 머물러 있는 자 곧 예루살렘에 있어 생존한 자중 녹명된 모든 사람은 거룩하다 칭함을 얻으리니 (이사야 4장 3절)
- 이는 주께서 그 심판하는 영과 소멸하는 영으로 시온의 딸들의 더러움을 씻으시며 예루살렘의 피를 그중에서 청결케 하실 때가 됨이라 (이사야 4장 4절)
- 이 날에 그가 놉에서 쉬고 딸 시온 산 곧 예루살렘 산을 향하여 그 손을 흔들리로다 (이사야 10장 32절)

최후의 만찬 장소로 알려진 홀

앞에 인용한 성경말씀처럼 성경에는 예루살렘과 시온산이 한 구절 안에 나오는 경우가 수없이 많다. 그러므로 예루살렘과 시온산은 유대인이 세계 어느 곳에 살더라도 시대에 관계없이 그들에게는 마음의 고향인 것이다. 수년 전에 남태평양의 솔로몬 군도의 수도인 호니아라(Honiara)의 골프장에서 우연히 만나 골프 라운딩을 함께 한 호주인 청년은 골프를 치면서 필자가 묻지도 않았는데 자기는 유대계라고 당당하게 자기소개를 한다. 그러면서 자기의 조그만 꿈은 조상의 땅 예루살렘을 방문하는 것이라고 필자에게 말하였다. 앞서 언급한 바와 같이 19세기 말에 유럽에서 일어난 시오니즘(시온주의) 운동은 유럽에 거주하던 많은 유대인들이 조상이 살고 있었던 팔레스타인으로 이주하는 기폭제가 되었다. 시오니즘이란 말에서 보듯이 예루살렘의 시온산은 전

시오니즘 운동을 이끈 오스트리아 유대인 헤르츨의 묘지(직육면체 검은 돌)와 필자. 예루살렘의 헤르츨산

세계 유대인들이 마음속으로 동경하는 불변의 고향이다.

　이스라엘 육군 공수부대가 1967년에 일어난 제3차 중동전쟁에서 요르단군이 점령하고 있던 예루살렘의 동쪽 절반을 점령하기 이전에는 유대인들은 당시 요르단군이 장악하고 있었던 통곡의 벽에 접근 할 수 없었으므로 유대인들은 다윗왕의 묘가 있는 최후의 만찬 기념교회 건물 옥상에 올라가서 통곡의 벽과 성전산을 멀리서 바라보는 것만으로 위안을 삼았었다.[21] 그러므로 필자도 이 건물 옥상에 올라가 유대인들의 염원이던 통곡의 벽과 성전산을

---

21) 『King David Tomb on Mount Zion』 Holy Site Authority, Jerusalem, Israel

멀리서 바라보면서 당시 유대인들의 비통한 심정을 일부분만이라도 느껴보았다.

(6) 두 개의 예루살렘

이스라엘이 1948년에 건국을 선언하자 이에 반발한 아랍제국(諸國)과의 사이에 제1차 중동전쟁이 일어났다. 그 다음 해인 1949년에 정전(停戰)이 되었으나 예루살렘은 분할되었다. 서(西)예루살렘은 이스라엘, 구시가지를 포함한 동(東)예루살렘은 요르단 영토로 구분되어 비무장 정전 경계선에는 철조망이 설치되었다. 그러나 1967년의 제3차 중동전쟁에서 이스라엘이 동예루살렘을 점령함으로써 이스라엘은 예루살렘 전 지역을 지배하게 되었다. 이에 UN은 이스라엘이 점령지에서 철수할 것을 요구하는 결의를 하였으나 이스라엘은 이를 무시하였다. 오늘날에는 과거에 철조망이 설치되어 있었던 분단선(오늘날 욥바문의 서쪽) 위에 2007년 5월에 대규모 쇼핑센터가 세워졌으므로 이곳이 과거에 철조망이 설치되었던 비무장 지대라는 사실은 믿기가 어렵다.

1967년 5월, 이집트의 나세르(Gamal Nasser) 대통령은 이스라엘과의 전쟁준비와 티란(Tiran) 해협의 봉쇄를 선언하였다. 이집트 시나이 반도와 사우디아라비아 사이에 있는 아카바 만의 입구가 티란 해협이다. 즉, 동시에 아카바만과 홍해를 연결하는 해협이다. 만약 이집트 해군이 이 해협을 봉쇄하면 아시아와 동부 아프리카에서 이스라엘의 에일랏 항구로 연결되는 모든 해상 운송 방법은 중단된다. 나세르 대통령은 이스라엘과의 전쟁목적은 이스라엘의 파괴라고 명확하게 공표하였다. 이런 상황에 직면하자 전쟁은 피할 수 없

상공에서 본 예루살렘 시내

다고 판단한 이스라엘은 6월 5일 이른 아침에 공군기를 출격시켜 이집트 공군기지 19개소를 급습하여 이집트 공군 제1선 전투기 340대 가운데 90%를 활주로 위에서 파괴함으로써 사실상 전쟁은 3시간 이내에 승패가 결정된 바나 다름없게 되었다. 이스라엘 공군의 프랑스제 미라주(Mirage) 전투기는 이집트 공군 조종사들이 아침 식사시간을 할 때 불의의 기습을 감행한 것이다.

이날 이스라엘은 이집트뿐만 아니라 시리아에 대해서도 기습공격을 하였다. 인구 300백만 명에 불과한 소국 이스라엘이 1억 인구를 가진 아랍제국의 여러 나라를 상대로 싸우기에는 무리이므로 이스라엘은 요르단의 후세인 국왕에게 만약 요르단이 이스라엘에 공격을 하지 않는다면 이스라엘도 요르단을 공격하지 않겠다고 전쟁을 시작하자마자 은밀한 조건을 긴급하게 보냈다. 그러나 후세인 국왕은 아랍측이 승리하고 있다는 전황(戰況) 관련 전화를 나세르 대통령으로부터 받은 뒤 즉시 공격명령을 내렸다. 이에 이스라엘군은 반격에 나서 6월 8일까지 요르단 지배 아래 있던 성전산, 통곡의 벽을 포함하는 동예루살렘 전체를 모두 점령하였다. 즉, 그때까지 동서(東西)로 분단되어 있던 예루살렘 전체를 이스라엘이 이제는 문자 그대로 실효 지배하게 된 것이다. 전쟁은 6일만인 6월 10일에 끝났다. 이 제3차 중동전쟁을 통해 이스라엘은 3개국을 상대로 전쟁을 하여 요르단으로부터는 동예루살렘과 요단강 서안지구를, 이집트로부터는 시나이 반도와 가자지구를, 시리아로부터는 골란고원을 빼앗는 대승리를 거둠으로써 전쟁에서 얻은 토지 면적은 전쟁 이전 이스라엘 국토 면적의 4배나 되는 지역을 얻게 되었다.

예루살렘 시내를 벗어나면 곧 광야가 전개된다

만약 후세인 대통령이 나세르 대통령의 참전 요구를 거절하고 이스라엘을 공격하지 않았다면 서안지구와 동예루살렘은 지금도 요르단이 갖고 있었을 것이다. 1980년 7월, 이스라엘 정부는 팔레스타인인들의 반대에도 불구하고 동

이스라엘이 세운 팔레스타인 분리장벽(베들레헴)

서 예루살렘을 이스라엘의 수도로 하는 기본법을 제정하고 동예루살렘을 서예루살렘에 합병시켜 오늘에 이르고 있다. 여기에 대해 팔레스타인 자치정부는 동예루살렘을 팔레스타인 자치정부의 수도라고 주장하고 있으나 그 주장

예루살렘의 미국 대사관

은 큰 관심을 끌지 못하고 있다. 아랍인은 오늘날도 예루살렘을 알꾸드스(Al Quds)라고 부르고 있다.

2. 사마리아

(1) 베드로 당시

1) 사마리아인에 대한 부정적 인식

지도를 보면 예루살렘이 있는 유대 지방에서 갈릴리 지방으로 가기 위해서는 욥바와 가이사랴를 거쳐 북쪽으로 가는 것보다 막 바로 북쪽으로 올라가 사마리아 지역을 거쳐서 가는 것이 더 가깝다는 사실을 알 수 있다. 그러므로 요한복음 4장에는 예수님께서 제자들을 데리고 유대를 떠나서 갈릴리에 가는 도중에 사마리아를 통과하여 가시는 내용이 다음과 같이 나온다.

거기 또 야곱의 우물이 있더라. 예수께서 행로에 곤하여 우물 곁에 그대로 앉으시니 때가 제 육시쯤 되었더라. 사마리아 여자 하나가 물을 길러 왔으매 예수께서 물을 좀 달라 하시니 이는 제자들이 먹을 것을 사러 동네에 들어 갔음이러라. 사마리아 여자가 가로되 당신은 유대인으로서 어찌하여 사마리아 여자 나에게 물을 달라 하나이까 하니, 이는 유대인이 사마리아인과 상종치 아니함이러라 (요한복음 4장 6~9절)

예수께서 승천하실 기약이 차기에 예루살렘을 향하여 올라가기로 굳게 결심하시고 사자들을 앞서 보내시매 저희가 가서 예수를 위하여 예비하려고 사마리아인의 한 촌에 들어갔더니 예수께서 예루살렘을 향하여 가시는고로 저희가 받아 들이지 아니하는지라. 제자 야고보와 요한이 이를 보고 가로되 주여 우리가 불을 명하여 하늘로 좇아 내려 저희를 멸하라 하기를 원하시나이까. 예수께서 돌아보시며 꾸짖으시고 함께 다른 촌으로 가시니라 (누가복음 9장 51~56절)

문제는 유대인들과 사마리아인들 사이가 좋은 관계가 아니라는 것이다. 사마리아는 역사상 최초의 제국(帝國)인 앗시리아 제국에 점령당하였을 때 혼혈이 되었으므로 유대인은 사마리아인을 경멸하고 상종하지 않았기 때문이다. 고대 유대인 역사학자 요세푸스는 그의 저서에서 당시 유대인과 사마리아인 관계를 기록하였다. 즉, 갈릴리 지방의 유대인들은 명절 때가 되어 거룩한 도시 예루살렘에 갈 때 사마리아를 통과해서 오고 가는데 사마리아 지방의 기느아(Ginea)마을 주민들이 지나가는 갈릴리인들을 살해하는 일이 일어나자 이에 갈릴리인들이 몰려 내려와 보복하는 등 관계가 악화되는 사건이 발생하였다는 것이다.[22] 이러한 불미스러운 관계는 베드로 시대에도 발생하였지만 오늘날에도 양측은 서로 원수시 하고 있다. 오늘날 이스라엘과 팔레스타인 문제는 꺼지지 않는 분쟁으로 인해 중동문제 해결에 큰 장애가 되고 있다. 사마리아 지역이 있는 곳은 오늘날 팔레스타인 자치정부가 관할하는 요단강 서안지구에 속해있기 때문이다. 그러므로 서안지구에 유대인 정착촌 건설을 확장하는 이스라엘 정부와 이를 거부하는 팔레스타인인들 사이에 유혈충돌이 자주 일어나고 있는 것이다. 고대 사마리아 지방의 중심도시 사마리아는

---

[22] 요세푸스, 김지찬譯 『요세푸스2(유대고대사)』 p.640, 생명의 말씀사, 서울, 2023

고대에는 상당히 큰 도시이었지만 오늘날은 작은 마을에 불과하며 마을의 이름은 '세바스티아'이다(제 103페이지 참고 요망).

2) 선한 사마리아인

이렇게 유대인들은 베드로 시대부터 오늘날 까지 사마리아인들을 경멸하고 있으나 성경에는 은혜를 아는 사마리아인과 선한 사마리아인에 대한 내용이 다음과 같이 기록되어 있다.

✝ 은혜를 아는 사마리아인

예수께서 예루살렘으로 가실 때에 사마리아와 갈릴리 사이로 지나가시다가 한 촌에 들어가시니 문둥병자 열 명이 예수를 만나 멀리 서서 소리를 높여 가로되 예수 선생님이여 우리를 긍휼히 여기소서 하거늘 보시고 가라사대 가서 제사장들에게 너희 몸을 보이라 하셨더니 저희가 가다가 깨끗함을 받은지라. 그 중에 하나가 자기의 나은 것을 보고 큰 소리로 하나님께 영광을 돌리며 돌아와 예수의 발아래 엎드리어 사례하니 저는 사마리아인이라. 예수께서 대답하여 가라사대 열 사람이 다 깨끗함을 받지 아니하였느냐. 그 아홉은 어디 있느냐. 이 이방인 외에는 하나님께 영광을 돌리러 돌아온 자가 없느냐 하시고 그에게 이르시되 일어나 가라 네 믿음이 너를 구원하였느니라 하시더라 (누가복음 17장 11~19절)

✝ 자비를 베푼 사마리아인

예수께서 대답하여 가라사대 어떤 사람이 예루살렘에서 여리고로 내려 가다가 강도를 만나매 강도들이 그 옷을 벗기고 때려 거반 죽은 것을 버리고 갔더라. 마침 한 제사장이 그 길로 내려 가다가 그를 보고 피하여 지나가고 또 이와 같이 한 레위인도 그곳에 이르러 그를 보고 피하여 지나가되 어떤 사마리아인은 여행하는 중 거기 이르러 그를 보고 불쌍히 여겨 가까이 가서 기름과 포도주를 그 상처에 붓고 싸매고 자기 짐승에 태워 주막으로 데리고 가서 돌보아 주고 이튿날에 데나리온 둘을 내어 주막 주인에게 주며 가로되 이 사람을 돌보아 주라. 부비가 더 들면 내가 돌아 올 때에 갚으리라 하였으니 네 의견에는 이 세 사람 중에 누가 강도 만난 자의 이웃이 되겠느냐 (누가복음 10장 30~36절)

(2) 현재

가자(Gaza)지구를 장악하고 있는 이슬람 과격단체인 하마스는 2023년 10월 7일, 이른 새벽에 분단벽을 넘어 이스라엘 영내에 2,500명을 기습적으로 투입하여 그 날 하루에 이스라엘 시민(극소수의 외국인도 포함) 1,200명을 살해하고 약 250명을 인질로 붙잡아 가자지구로 끌고 갔다. 그러자 이스라엘 정부는 즉각 보복을 시작하여 10개월이 된 현재(2024년 8월)까지도 가자지구의 하마스를 공격하고 있다. 요단강 서안(西岸)지구와 가자지구에는 옛날부터 아랍인들이 거주하고 있었는바 1967년에 일어난 제3차 중동전쟁(6일 전쟁)에서 이스라엘군이 가자지구는 이집트로부터 탈취하고 서안지구는 요르단으로부터 탈취하여 오늘날까지도 돌려주지 않고 이스라엘의 점령지역으로 관리하고 있다. 이스라엘 정부는 이 두 지구를 팔레스타인 자치정부가 관리하도록 하고 있는바 가자지구와 서안지구의 면적은 각각 365km^2(서울의 절반), 5,882km^2(제주도 3배)이며 인구는 각각 230만 명과 330만 명이다. 이 두 지구 가운데 서안지구에 사마리아 지역이 크게 자리 잡고 있다.

이스라엘 정부는 두 지역에 유대인 정착촌을 건설하였으나 2005년에 가자지구에서는 이스라엘 병력과 유대인 정착촌을 철수하였다. 그러나 서안지구에는 오히려 유대인 정착촌을 확대하고 있으므로 이스라엘과 팔레스타인 자치정부 사이에 분쟁이 격화되고 있다. 이스라엘 정부는 서안지구를 팔레스타인 자치정부가 관리하도록 하였으나 실제로 팔레스타인 자치정부가 100% 자유자재로 관리하는 지역은 제한되어 있고 주요 도로는 이스라엘군이 통제하며 유대인 정착촌이 확장되면서 유대인 인구가 증가함으로써 유대인과 팔레스타인 주민 사이에는 마찰이 끊이지 않고 있다. 여하 간에 예수님 시대에도 유대인은 사마리아인을 이방인으로 여겼는데 그러한 차별과 반목이 2천 년이 지난 오늘날까지도 계속되고 있는 것이다. 참고로 예루살렘, 베들레헴, 헤브론, 여리고, 세겜(나블루스), 세바스티아(사마리아) 등 도시는 모두 서안지구 안에 위치하고 있다. 세겜 북쪽에는 에발산, 남쪽에는 그리심산이 있다.

1. 헤브론의 막벨라 동굴(건물 밑에 있음)
2. 폐허가 된 여리고 성
3. 현재 사마리아 지방의 에발산과 그리심산(왼편)
   그리심산에는 사마리아인의 마을이 있다

3. 욥바

(1) 텔아비브와 통합

오늘날 이스라엘 두 번째 도시인 인구 45만명의 텔아비브 남쪽에 있는 항구 도시 욥바(Joppa)는 실제로 바로 옆에 있는 텔아비브와 붙어 있으므로 1950년대 초에 하나의 도시로 통합되었다. 앞서 언급한 바와같이 텔아비브는 시온주의를 현실에서 이루겠다는 유럽의 유대인들이 19세기말과 20세기 초에 팔레스타인으로 이주하여 지중해에 면한 황량한 모래 언덕 위에 1909년에 세운 도시이다. 서기 70년에 이스라엘 땅에서 추방되어 세계를 방랑하던 유대인들이 고향을 떠난 지 1839년 만에 유대인의 손으로 처음 만든 유대인 도시로서 유대인은 이 도시에 '소망의 언덕' 또는 '봄의 언덕'이라는 뜻을 가진 텔아비브라고 이름 붙였다.

텔아비브 해안과 붙어있는 욥바 해안

욥바는 이집트와 페니키아 사이에서 유일한 천연항구이므로 베드로가 서기 35년경 욥바를 방문하였을 때는 중요한 상업항구로서 번성하고 있었다. 오늘날은 하이파 항구, 텔아비브 항구 그리고 남부의 아쉬켈론 항구와 에일랏 항구 등 현대식 항구에 비해 규모와 물동량이 비교될 수 없을 정도로 미약하고 단지 어선과 요트 등이 이용한다.

상공에서 본 텔아비브

한편, 욥바는 세계에서 가장 오래된 항구 가운데 하나로서 현지인들은 욥바를 '자파(Jaffa)'라고 부른다. 욥바는 성경에 여러 번 언급되었으므로 욥바 항구를 방문하기 전에는 항구가 어느 정도 큰 규모라고 생각하였으나 막상 가서 보니 기대하였던 것과는 달리 상당히 작은 규모였다. 우리나라 울릉도 도동에 있는 어항보다 훨씬 작아 보였다. 항구 안에 정박하고 있는 선박도 큰 배는 없고 요트와 소형 어선 등 소형 선박이 대부분이다. 이들 소형 배들로 가득 찬 욥바 항구의 해안도로를 따라 줄지어 서 있는 수많은 카페와 식당들은 넘치는 외국인 관광객들로 붐비고 있다. 지중해의 눈부신 태양, 쪽빛 푸른 바다. 솔솔 불어오는 해풍 그리고 역사적인 항구에 서 있다는 뿌듯함 등이 얽혀서 관광객 모두 들뜨고 기뻐하는 모습들이다. 관광객들이 앉아서 이야기를 즐기는 뒤편 언덕에는 신약시대 때 이미 지어진 집들과 좁은 골목으로 가득 차

'소망의 언덕', '봄의 언덕'이라는 도시 이름처럼 텔아비브 시내에 있는 언덕

텔아비브의 해안도로

사도 베드로의 발자취를 찾아서

있다. 좁은 골목 안에 들어가면 길을 잃기에 딱 알맞다는 생각이 드나 이것은 기우일 뿐 막상 들어가 보면 관광객들이 줄을 서서 다니므로 이 사람들만 따라가면 길은 잃지 않겠다고 안심된다. 좁은 골목 계단은 반대 방향에서 오는 사람을 피해 간신히 부딪히지 않을 정도로 좁으나 이런 곳에도 식당, 카페, 기념품 상점이 들어서 있다.

(2) 요나의 항구

구약성경(요나 1장 3절)에는 선지자 요나가 여호와 하나님의 명령을 피하여 욥바 항구에서 배를 타고 다시스(Tarshish)로 도망가는 내용이 나온다. 즉, 요나가 니느웨로 가라는 하나님의 명령을 어기고 다시스로 가는 배를 타고 떠난 곳이기도 하다. 그러므로 욥바라는 말을 들을 때 기독교인들은 일반적으로 요나를 생각하기 쉽다. 또한 구약성경(역대하 2장 16절)에는 두로왕 후람이 레바논 남부의 삼림지대에서 백향목(柏香木), 잣나무, 백단목(白檀木)을 벌목한 뒤 솔로몬왕에게 보내려고 이 나무들을 뗏목으로 만들어 욥바로 보내는 내용이 나온다. 솔로몬왕은 욥바에서 이 원목들을 육지에 끌어서 올린 뒤 예루살렘까지 육상의 운송수단으로 운반하여 예루살렘에 건축하는 성전과 왕궁을 위해 사용하였다. 당시 욥바는 예루살렘의 외항 역할을 하였던 것이다. 그러므로 중세에 유럽에서 배를 타고 예루살렘을 방문하려는 사람들(성지순례자 포함)이나 예루살렘에 보내는 화물은 일단 예루살렘의 외항인 욥바에 내려서 말이나 소가 끄는 큰 수레에 실려져 예루살렘까지 육로를 이용하였다.

1. 욥바의 식당. 식당건물 위에 요나를 삼킨 물고기가 있고 식당 출입문에도 고래 4마리가 보인다. 함께 성지순례를 한 목회자들과 필자(가장 우측)
2. 상공에서 본 욥바

(3) 베드로와 욥바

베드로의 첫 전도여행 목적지는 요한과 함께 (예루살렘 북쪽의) 사마리아였다. 베드로와 요한은 사마리아의 여러 촌락에 복음을 전하여 많은 사람들이 예수를 믿게 되었다. 아마도 그 다음 해에 베드로는 혼자서 욥바에 간 것으로 짐작된다. 욥바로 가는 길에 베드로는 모든 마을을 방문하였다. 예루살렘 서쪽에 있는 룻다에서 손발이 마비된 사람을 고치고 많은 사람을 예수 믿게 하였다. 욥바에서 베드로는 여제자인 다비다(도르가)를 살리기도 하였다. 욥바에서 베드로는 주님께서 주신 환상을 보고 하나님의 나라는 국경의 경계가 없다는 것과 주님의 말씀은 유대인과 마찬가지로 이방인에게도 열려 있다는 사실을 알게 되었다.

주의 말씀에 복종하여 베드로는 가이사랴에 가서 로마 군대의 백부장인 고넬료와 그의 가족에게 세례를 주었다. 이것은 이방인이 기독교인이 되는 것을 공식적으로 인정한 것이다. 이렇게 이방인에게도 전도를 한 베드로의 용기는 예루살렘에 있는 기독자들의 마음을 크게 흔들었다. 이러한 용감한 행동을 하기 전에 이미 베드로는 이러한 행동에 익숙하여 있었다(사도행전 11장 2~18절).

(4) 피장 시몬의 집

사도행전 9장 36~43절에는 베드로가 욥바에서 다비다(Tabitha)라는 여제자를 살리는 기적을 행하는 내용이 나오고 피장(皮匠:가죽가공 기술자) 시몬의 집에서 여러 날 머문 것이 기록되어 있다. 아마 다비다를 살린 곳이 시몬의 집이었을 가능성도 있다(이스라엘 현지에서는 베드로가 다비다를 살린 곳

욥바 부두에서 피장 시몬의 집으로 올라가는 골목 입구   피장 시몬의 집으로 올라가는 골목길은 협소하다

이 피장 시몬의 집이라고 한다). 또한 베드로는 시몬의 집 지붕에서 기도하는 중에 하나님께서 깨끗게 하신 것을 네가 속되다 하지 말라(사도행전 10장 15절)는 환상을 보고, 마침 그때 가이사랴 주둔 로마군대 백부장 고넬료가 베드로에게 보낼 사람들을 따라서 가이사랴에 가서 백부장 고넬료와 가족, 친구들을 구원하는 역사를 하게 된다. 즉, 기독교 역사상 여러 이방인에게도 복음을 전하는 계기가 이곳에서 시작한 것이다. 그러므로 필자는 기독교인으로서 피장 시몬의 집을 한번 찾아가 보고 싶어 욥바 항구를 방문하였다. 부두에 면한 워터프론트(Water Front)에서 언덕을 보니 건물 아래층에 조그만 동굴 같은 길이 보인다. 두세 명 정도가 간신히 올라가고 내려 올 수 있는 이 길은 경사가 심해 계단으로 되어있다. 건물과 계단 모두 2천 년은 되어 보이는 고색창연한 냄새가 풍겨 나온다. 피장 시몬의 집에 올라가는 골목은 고대에 만들어진 그대로이므로 아주 협소해서 2명이 간신히 지나 갈 정도다. 이 골목을 지

피장 시몬의 집

나면서 2천 년 전에 베드로도 이 골목을 지났겠구나 하는 생각을 하니 어디선가 베드로의 냄새가 나오는 것 같다. 마치 미로(迷路) 같아 보이는 좁고 구불구불한 언덕길이지만 곳곳에 조그만 기념품 상점이 있고 안내 화살표가 붙어 있으므로 피장 시몬의 집을 찾는 데는 뜻밖에 전혀 어렵지 않았다. 막상 도

1. 피장 시몬의 집 안의 우물(20세기 초)
2. 피장 시몬의 집 대문

피장 시몬의 집의 다른 출입구 (앞에서 보았을 때 왼쪽 끝에 있음)

착하니 출입문은 굳게 닫혀 있다. 출입문 문지방에 누군가가 '피장 시몬의 집(The House of Simon, the Tanner)'이라고 검은색 페인트로 써 놓았고 욥바 시청에서도 깔끔하게 같은 내용의 아담한 안내판을 벽에 붙여 놓았다.

욥바 부두에서 본 피장 시몬의 집(사진 가운데 미나렛이 보이는 곳). 오른 쪽에는 욥바 등대가 보인다

　담장 밑에 욥바 시청에서 별도로 세워 놓은 작은 안내판을 보면 1920년 대에 이 집안에는 작은 우물이 있었던 것을 알 수 있고(오늘날에도 있는지는 알 수가 없다), 현재의 집주인은 아르메니아계 기독교 이스라엘인 자카리아(Zakaria) 가족이란 것을 알 수 있다. 담장 왼쪽에는 청색 유리로 된 큰 창문이 있는데 이 창문 역시 굳게 닫혀있다. 그 옆의 담은 비교적 낮으므로 그곳에서 집안 마당이라도 살펴보려고 하였으나 많은 나뭇가지를 사용하여 시야를 막아 놓았으므로 볼 수 없었다. 밖에서 볼 수 있는 것은 집안 마당에 높이 세워진 이슬람교의 탑이다. 나중에 욥바 항구와 주변이 내려 보이는 언덕 위에 올라가 보니 관광안내소가 있기에 피장 시몬의 집에 대해 물어보았다. 관광안내소 여직원에 의하면 그 집은 한동안 이슬람교인이 소유한 적이 있어 그때

욥바 언덕에서 멀리 보이는 텔아비브

집안 마당에 조그만 모스크와 미나렛(이슬람 사원 건물 모퉁이마다 세워 놓은 뾰족한 탑) 기둥 한 개를 세워 놓았으며 그 후 현재 주인인 아르메니아 기독교인이 집을 구입한 뒤 모스크와 미나렛을 철거하려고 하였으나 주위에 살고 있는 아랍계 무슬림 주민들의 격렬한 반대에 부딪혀 철거하지 못하고 있다고 한다.

(5) 욥바 언덕

욥바 언덕에 올라가면 베드로가 욥바에 와서 머물렀던 것을 기념하여 세운

욥바는 지리적으로 전략요충지였다. 욥바를 방어하던 대포들이 바다를 향하고 있다. 멀리 텔아비브가 보인다

성(聖)베드로 성당과 아브라샤(Abrasha) 공원이 있다. 공원에 있는 개선문처럼 생긴 흰색 조각 작품은 이스라엘 역사 가운데 중요한 장면을 보여주고 있는데 윗부분은 여리고성(城)의 무너지는 장면(여호수아 6장), 왼쪽 기둥은 '야곱의 꿈(창세기 28장)', 오른쪽 기둥은 기독교인들도 믿음의 조상이라고 부르는 아브라함이 아들 야곱을 제물로 드리는 장면(창세기 22장)이다. 이곳에는 폭이 좁은 다리가 걸려 있는데 난간에 12개 동물 조각이 붙어있고 이것들 가운데 아무거나 붙잡고 눈 밑에 펼쳐진 지중해를 바라보면 소원이 이루어진다는 전설이 있다.

욥바 항구, 시계탑이 있는 욥바 시내, 그리고 텔아비브 해안이 한눈에 들어

1	2
3	

1. 욥바 언덕에 있는 안드로메다 바위
2. 욥바 언덕에 세워진 개선문 모습의 조각기둥
3. 욥바 언덕위의 베드로 기념교회

오는 곳에는 그리스 신화에 나오는 안드로메다(Andromeda) 바위 조각도 있다. 그리스 신화에 의하면 바다의 신(神) 포세이돈이 화가 나서 욥바를 치겠다고 위협하자 욥바의 왕(王)은 포세이돈의 화를 누그러뜨리려고 자기 딸인 안드로메다를 제물로 바쳤다. 이때 딸은 욥바의 해안 바위 위에서 죽기를 기다리던 중 영웅 페르세우스(Perseus)가 나타나 포세이돈이 보낸 바다 괴물을 죽이고 안드로메다와 결혼하였다고 한다. 당시 욥바 해안에 있던 안드로메다 바위는 주위를 항해하는 선박에 위험하였지만 무역선과 어선 등을 건조하기에 좋은 천연 도크 역할을 수천 년 간 하였다고 하며 그 바위의 일부 조각이 아브라샤 공원 인근에 옮겨져 있다.

베드로는 욥바에서 피장 시몬의 집에 머물었으며 기적을 만드는 권능을 행하였으므로 이를 기념하여 오늘날 욥바 언덕 위에는 성(聖)베드로 기념교회가 세워져 있다.

(6) 나폴레옹부터 제1차 세계대전까지

프랑스의 나폴레옹은 이집트를 비롯한 중동지역 원정기간 동안 전략적으로 중요한 욥바를 점령하였다. 나폴레옹은 병력 1만3천명을 이끌고 1799년 2월 10일, 이집트의 수도 카이로를 떠나 시나이 반도의 북부해안을 따라서 오늘날 이스라엘 북부해안까지 진군하였다. 원래 약 4만 명의 병력을 이끌고 이집트 원정을 하였으나 2/3는 이집트에 두고 1/3 병력만을 데리고 시나이 반도 북부해안을 따라서 지중해를 끼고 팔레스타인 지역으로 진군을 한 것이다. 카이로를 육로로 출발한 나폴레옹의 부대는 도중에 사막에서 베드윈 부족과 튀르키예(당시 오스만 제국) 군대의 공격을 받았으나 이를 모두 격퇴하고 2주가 지난 2월 25일에는 오늘날 분쟁으로 세계의 관심을 받고 있는 가자지구의 중심지인 가자 시(市)를 점령하였다. 그리고 계속 북상하여

3월 3일에는 욥바 근교에 도착하여 성으로 둘러싸인 욥바를 포위하기 시작하였다. 나폴레옹은 3월 7일, 욥바를 수비하는 튀르키예의 총독에게 정중하게 항복을 요구하는 공문을 사신(使臣)을 통해 보냈다. 그러나 총독은 나폴레옹이 보낸 사신의 목을 잘라 욥바 성벽에 걸어놓았다. 이에 격노한 나폴레옹은 즉시 공격명령을 내려 그날 오후부터 공격을 시작한 프랑스군은 어렵지 않게 욥바를 점령하였다. 이 전투에서 프랑스군은 60명이 전사하고 150여명이 부상을 입었으나 욥바 성안에 있는 튀르키예 군대와 민간인의 피해는 불분명하다. 그러나 포로가 된 튀르키예 병사 수천 명이 욥바 남쪽 해안에 끌려가 3월 9일부터 10일까지 모두 학살되었다. 포로들을 학살하기 전에 나폴레옹은 프랑스군에 24시간 동안 욥바 성에 들어가 방화와 약탈을 하고 여자들을 겁탈하는 것을 허락하였다.[23] 이에 프랑스군은 24시간 동안 온갖 만행을 저질렀다. 나폴레옹은 이스라엘 최북단 항구인 돌레마이(악고)를 3월 19일에 점령하고 다시 남하하면서 4월에는 나사렛에 있는 수도원에서 숙박하기도 하였다.

지중해에 면해 전략적으로 중요한 위치에 있는 욥바에는 오스만 제국 당시 19세기말부터 제1차 세계대전까지 서구 열강(미국, 영국, 프랑스, 독일, 러시아, 스페인, 오스트리아, 그리스 등)이 영사관을 설치하였는바, 이들 영사관들은 피장 시몬의 집이 있는 기독교인 거주 구역에 모두 설치되었었다. 제1차 세계 대전 중 영국군이 팔레스타인에서 오스만 제국 군대를 격퇴한 뒤 욥바는 영국 위임통치령(식민지) 아래 있게 되었다.

---

[23] Andrew Roberts 『Napoleon-Life』 p.189, Penguin Books, London, UK, 2014

4. 가이사랴

(1) 사론 들판과 무궁화

오늘날 텔아비브에서 지중해에 면한 해안을 따라서 북쪽으로 70km 떨어진 가이사랴(Caesarea)는 인구 5천명의 작은 마을이다. 현지인들은 '케샤라'라고 부른다. 텔아비브 시외버스 터미널에서 탑승한 하이파행(行) 버스는 출발한 지 1시간 30분 동안 고속도로를 달리다가 고속도로변에 정차하면서 운전기사가 여기가 가이사랴라며 내리라고 한다. 버스는 뒤에 오는 차량에 방해가 안 되게 도로 옆에 차가 정치할 수 있도록 안전하게 만든 공간에 정차한 것이다. 가이사랴에 오는 승객은 이곳에서 하차하는데 간단한 정류장 시절(대기용 의자와 지붕)조차 없다. 이곳에서 고속도로 밑에 있는 굴다리를 통해 해안을 향해 부지런히 30분 정도를 걸어가면 해안을 따라서 남북으로 3km에 걸쳐서 펼쳐진 구(舊)가이사랴 유적지에 도착한다.

해안을 향하여 가는 도로 오른쪽에 넓은 바나나 농장이 있는데 가까이 보니 많은 바나나 나무에 들러 싸인 높고 큰 비닐하우스가 여러 개 보이며 이 비닐하우스 안에서도 바나나 농사를 한다. 특이한 것은 사람은 전혀 안보이고 큰 계기판만 서 있다. 아마도 비닐하우스 안의 온도와 습도를 조절하는 기계 시설을 자동으로 조정하는 판으로 추측된다. 텔아비브에서 남쪽으로 가면 황량한 사막만 눈앞에 전개되는데 비해 북쪽에 있는 가이사랴에 가는 길에서는 오른쪽으로 녹지가 자주 보이고 지중해에서 불어오는 바람을 막아주는 방풍림도 보인다. 특히 텔아비브에서 북쪽으로 차를 타고 30분이 지나면 오른쪽에 보이는 녹지(綠地)는 멀리까지 연결되어 있다. 여기가 비옥한 토지와 아름

1. 2018년 광복절에 서울 광화문에서 열린 우리 꽃 무궁화(Rose of Sharon) 전시회
2. 서울 종로구 궁정동의 무궁화 동산 푯말에 적힌 우리나라 무궁화 학명은 우리나라 무궁화 원산지가 팔레스타인 인근지역이라는 사실을 알려주고 있다

다운 풍광을 가진 '사론 평야(Plain of Sharon)'이다. "이곳이 이스라엘 국민을 먹여 살리는 농토구나"하는 생각이 문득 든다. 텔아비브와 가이사랴 중간 지점에서 가이사랴 지역까지 해안지대는 특히 경관(景觀)이 수려하므로 이스라엘의 부유층이 이곳에 살고 있다. 사론 평야는 예부터 아름다웠는지 솔로몬왕은 나는 사론의 수선화요 골짜기의 백합화로구나(아가 2장 1절)라고 읊었고 구약성경 이사야 35장에는 무성하게 피어 기쁜 노래로 즐거워하며

레바논의 영광과 갈멜과 사론의 아름다움을 얻을 것이라. 그것들이 여호와의 영광 곧 우리 하나님의 아름다움을 보리로다하며 사론 평야의 아름다움을 노래하고 있다.

이사야 35장 말씀처럼 이곳은 초록색의 아름다운 평야가 전개되어 있다. "이곳이 이스라엘 국민을 먹여 살리는 농토이구나" 하는 생각이 문득 든다. 우리나라 국화(國花)인 무궁화(無窮花)의 학명은 아욱과(Malvaceae)의 *Hibiscus*(속) *syriacus*(종)로서 영어 일반명은 '사론의 장미(Rose of Sharon)'이며 국제적으로 '사론의 장미'라는 일반명으로 알려져 있다. 그러므로 앞서 나온 아가 2장 1절(나는 사론의 수선화요 골짜기의 백합화로구나)의 '사론의 수선화'라고 우리말 성경에 번역되어 있지만 영어 성경에는 'Rose of Sharon(무궁화)'이라고 표기되어 있다. 무궁화의 원산지는 정확하지 않다. 일부 학자들은 인도, 인도양의 마다가스카르, 태평양의 하와이, 피지, 중국 등지가 원산지라고 하나 우리나라 무궁화 학명의 종명(種名)에서 보듯이 우리나라 무궁화는 시리아가 원산지임을 알 수 있다. 즉, 무궁화에는 잡종(Hybrid)이 많으며, 우리나라 무궁화는 이스라엘, 시리아를 포함한 동부 지중해에서 온 것이다. 서울의 종로구 궁정동에 있는 '무궁화동산'에 가보면 그곳에서 자라는 여러 색깔 무궁화의 종(種)이 모두 *syriacus*이다. 여하튼 무궁화는 '사론의 장미'라는 멋있는 일반명 이름을 가지고 국제적으로 부르는 것이다. 우리가 자주 부르는 찬송가 '사론의 꽃, 예수'의 영어 제목은 'Jesus, Rose of Sharon'이다. 즉, 이 찬송의 작사자 구이리(I. A. Guirey) 여사는 예수님을 무궁화로 표현하며 예수 믿는 사람들 마음속에 예수님과 예수님 사랑의 향기가 무궁화처럼 끊임없이 항상 피어주기를 소망하는 찬송시(讚頌詩)를 지은 것이다. 필자는 이것을 보면서 우리나라 무궁화는 일본인이 사랑하는 벚꽃, 중국의 매화(梅花) 그리고 다른 어느 나라의 국화보다 귀하다고 생각하고 있다. 누가 그리고 언제 무궁화를 우리나라의 나라꽃(국화)으로 불렀는지는 불분명하다. 어느 기독교인이 이 꽃이 사론들의 이름과 연관있는 것을 알고 무궁화를 국화로 하였는지 아니면 이와 상관없이 우연히 무궁화를 국화로 정하였는지는 알 수 없으나 하여간 기독교인인 필자로서는 우리나라의 국화가 사론 들판과 관련되어 있다는 사실이 기쁘다. 참고로 성경에 나오는 이름 가운데 아브라함, 이삭, 다윗 등은 남자 이름에 사용되고 리브가(레베카), 라헬(레이첼), 드보라(데보라), 마리아 등은 여자 이름에 붙여지나 사론은 남녀 모두 사용하고 있다. 사론이라는 이름을 갖고 있는 외국 여자 배우도 있고 이스라엘 수상 가운데에도 사론이라는 이름을 가진 용맹한 장군 출신의 인물이 있다.

십자군 시대와 로마 시대, 그리고 비잔티움 시대의 흔적이 남아있는 가이사랴 유적지의 입장료는 39세겔(약 14,000원. 2019년)이나 오후 3시 이후에는 무료이다(이 경우에는 로마 시대 원형극장은 볼 수 없음). 이 사실을 알고 있어서 그런지 아니면 우연인지 필자가 유적지를 관람하고 있는 도중에 3시가 넘자 많은 한국인 관광객들이 몰려 들어왔다. 나중에 유적지 정문을 나오다 보니 정문 앞에 보이는 넓은 주차장에 한국인 관광객들이 타고 온 대형 버스 2대가 보인다. 필자가 이곳을 방문한 날은 금요일이었다. 유적지 안에 있는 상점 주인들에게 들으니 금요일 해지는 시각부터 유대교의 안식일이 시작되므로 오후 4시부터는 텔아비브 행 버스가 운행을 중지하게 되어 탈 수 없다고 한다. 그러므로 4시 전에 텔아비브 행 버스를 타려고 고속도로 방향으로 달려갔다. 유적지에서 고속도로에서 버스 정차장까지 운행하는 버스도 없고 택시도 없어 뛰어간 것이다. 그 때 도로 한쪽으로 골프 전동차를 운전해서 가는 사람을 만나, 고속도로 어느 지점에 텔아비브 행 버스 정류장이 있느냐고 물어보니 자기가 데려다주겠다고 전동차에 타라고 한다. 이 현지인의 친절로

텔아비브에서 가아시랴 가는 도로. 도로 오른쪽은 사론 평야이다

필자는 텔아비브 행 버스가 정차하는 정류소에 4시 이전에 도착할 수 있었다. 그러나 4시가 넘어서도 기다리는 버스는 오지 않았다. 이때 웬 승용차가 앞에 서더니 텔아비브 가느냐고 물어본다. 운전자는 마음씨가 넉넉하게 보이는 중년 여성으로서 자기가 텔아비브 시외버스 터미널 근처를 지나므로 그 근처에 내려 주겠다며 버스 요금 정도만 내라고 한다. 알고 보니 이 아주머니는 하이파에서 텔아비브의 벤구리온 공항에 도착하는 손님을 마중하러 가는 길인데 필자가 버스를 기다리는 것을 보고 (기름 값이라도 보충하려고) 정차한 것이다. 텔아비브로 오는 길에 이 아주머니는 길가에서 버스를 기다리는 승객 2명을 더 태웠다. 여하튼 이날 필자는 이 아주머니 덕분에 큰 어려움 없이 텔아비브의 숙소로 돌아올 수 있었다.

(2) 가이사랴 항구와 성채

　이스라엘에서 가장 아름다운 고대 유적지를 갖고 있는 가아사랴 유적을 육지에서 보면 푸른 지중해를 배경으로 아치형 문, 건물 기둥, 바닷가에 서있는 성벽과 건물 벽 등 이곳에 있었던 도시가 범상치 않았다는 것을 한 번에 말해 주고 있다. 가이사랴의 역사는 기원전 4세기에 고대 페니키아인들의 거주지로서 시작한다. 항해술이 뛰어난 페니키아인들은 이 항구도 이용하여 지중해 교역을 주도하였다. 당시 이 항구에는 페니키아 지역의 중심도시이던 시돈의 통치자 이름을 따라서 '스트라톤의 탑(Straton's Tower)'이라는 이름이 붙었다.[24] 그 뒤 기원전 22~10년 사이에 사치를 좋아하던 헤롯왕이 그의 후원자인 로마의 첫 황제인 아우구스투스(Augustus) 황제를 위해 사치스럽게 도시를 꾸미고 로마 황제를 뜻하는 가이사(Caeser)를 기념하여 이름을 붙인 도시이다. 당시에는 로마인, 사마리아인, 유대인이 함께 거주하였으며 사마리아인과 유대인은 로마인에 고용되어 로마인을 섬기는 위치에 있었다. 서기 6년에 유대 속주(屬州)를 다스리는 로마의 총독이 주재하기 시작하였으며 (예수님을 재판한 본디오 빌라도도 이곳에서 총독 근무를 한 적이 있다), 유대인은 피정복민으로서 신분이 더욱 낮아지자 서기 66년에 로마에 대해 민중봉기를 하였다. 그러나 실패하여 약 2만 명의 유대인이 이곳에서 학살되었다. 이러한 대학살은 사도 베드로가 로마에 있을 때에 일어났으므로 베드로는 개인적으로 화(禍)를 면할 수 있었다. 서기 70년, 예루살렘이 로마 군대에 의해 파괴되자 가이사랴는 로마의 속주인 유대의 수도가 되었다. 오늘날에도 유대인이 존경하는 랍비 아키바(Akiva Ben Joseph)는 가이사랴 해안에서 지중해로 흐르는 악어강(Crocodile River)에서 서기 135년에 로마군에게 살갗을

---

24) 요세푸스, 김지찬譯 「요세푸스2(유대고대사)」 p.616, 생명의 말씀사, 서울, 2023

1. 가이사랴 도로 안내판
2. 가이사랴 지역 바나나 농장의 바나나 농업 바나나 꽃을 보호하려고 비닐을 씌었다
3. 가이사랴 해안과 고대 유적지

벗겨 내는 고통을 당하며 살해되었다.

4세기에 들어 로마의 국력이 쇠하자 비잔티움(동로마 제국) 시대가 시작하면서 서기 4~6세기에 걸쳐 가이사랴는 기독교 문화를 기반으로써 크게 번성하였다. 즉, 속주의 수도로서 가이사랴는 지중해 연안의 교역과 문화의 도시였을 뿐만 아니라 경제, 정치, 행정 등 수도로서의 기능을 갖고 있었던 것이다. 이 기간 중, 유대인 사회도 급속히 성장하여 유대교 신학교도 설립되

가이사랴 해안 성벽 내부

가이사랴 성읍 중심에 있는 고대의 분수대. 당시 부유한 경제 수준을 보여주고 있다

현재도 발굴중인 가이사랴 고대 유적지. 사진 위쪽이 바다방향

었다. 그러나 서기 639년에 이슬람 군대가 침공하여 점령하자 기독교와 유대교의 활동은 억압받고 가이사랴의 번영도 사라져 버렸다.

오늘날 우리가 보는 가이사랴 성채(城砦)의 기본 골격은 원래 9세기 말 이슬람교도인 아마드 (Ahmad Ibn Tulun) 총독이 만든 것이다. 그 후 로마 교황에 의해 유럽의 기독교 국가들의 지원자로서 구성된 십자군이 서기 1101년에 가이사랴에 도착하여 이슬람교도를 격퇴하였으나 86년이 지난 1187년에 술탄 살라딘의 이슬람 군대가 다시 가이사랴를 점령하고 도시와 성벽을 파괴하였다. 그 후 제7차 십자군을 이끌고 나사렛을 방문하였던 프랑스왕 루이 9세가 서기 1251년 4월에 가이사랴를 점령하고 유럽의 요새 건축

십자군 시대의 건축방법을 볼 수 있는 가이사랴 성문 내부

양식에 따라서 성과 성벽을 크게 개수(改修)공사하였다. 그러므로 오늘날 우리가 보는 가이사랴 성곽의 모습은 루이 9세가 만들어 놓은 것이다. 그 해 8월

에 루이 9세가 프랑스에 있는 그의 형제 알폰소(Alphonse of Poitiers)에게 보낸 편지에는 "우리는 성벽을 완성하기 위해 매일 열심히 일하고 있으며 나도 돌과 자재를 어깨에 메고 여러 번 날랐다"는 내용이 있다. 루이 9세는 가이사랴 법원도 설치하고 십자군과 기사단(騎士團)을 지휘하며 가이사랴를 번성시켰다. 그는 1252년 5월에 욥바로 이동하여 2년 후에 프랑스로 귀국하였다.

1265년, 이집트의 엘리트 백인 용병(傭兵) 군인 집단인 맘루크의 술탄 바이발스(Sultan Baybars)의 군대는 가이사랴를 다시 점령하였고 그 후 십자군은 더 이상 가이사랴를 점령하지 못하였다. 그 후 술탄 바이발스는 가이사랴가 완전히 폐허가 되도록 방치하였으므로 600여 년의 세월이 흐르면서 바닷물이 해변을 침식하여 해변에 세워져 남아 있던 건물들을 덮어 버렸다. 19세기 말에 오스만 제국은 무슬림인 발칸반도의 보스니아 난민을 이곳에 거주하도록 조치하였다. 제1차 세계대전이 끝난 뒤, 오스만 제국이 몰락하고, 그 후 제2차 세계대전이 끝나 이스라엘이 독립한 이후 1950년대부터 이스라엘 정부는 본격적으로 고대의 항구도시 가이사랴를 복구하여 오늘에 이르고 있으며 유적지의 복구와 발굴 작업은 현재도 계속되고 있다.

오늘날, 가이사랴 유적지 안에는 로마 시대에 만든 원형극장, 전차 경기장, 로마 시대의 성벽 등과 십자군이 바닷가에 만든 성채, 십자군의 교회당, 십자군이 만든 가이사랴 성벽과 거리, 비잔티움 시대에 만든 거리, 이슬람교도가 세운 모스크 등 많은 건축물 잔해를 볼 수 있다. 이 가운데 원형극장은 오늘날도 이곳에서 음악회가 가끔 열리고 있다. 가이사랴 성벽에서 북쪽으로 2km 떨어진 곳에는 로마 시대와 비잔티움 시대에 만든 수도교(水道橋)가 아직도 일부 구간이 양호한 상태로 남아 있다. 2세기에 건축된 로마 시대 수도교는

1. 가이사랴 성채의 외벽을 방어하려고 만든 해자
2. 가이사랴에 남아있는 로마 시대의 수도교. 가이사랴 성문을 앞에서 볼 때 오른쪽 방향에 있다

길이 17km로서 하이파 인근에 있는 갈멜산의 수원(水源)으로부터 가이사랴까지 물을 보내는데 사용되었다. 그러므로 가이사랴에는 물이 풍부하여 공중목욕탕을 포함한 위락시설이 세워져 로마인은 이곳에서도 쾌락을 즐길 수 있었다.

로마 시대에 만든 가이사랴 성벽은 해안에서 내륙으로 약 1.5km 떨어진 곳에 위에서 보면 달걀을 반으로 자른 모양으로서 가이사랴를 방어하고 있다. 반면 십자군이 만든 성은 해안에서 내륙으로 700m 정도에 건축함으로써 방어하기에 용이하도록 방어면적을 훨씬 줄이는 대신 성벽을 일직선으로 견고하게 축성하고 성벽 외부에는 적이 쉽게 성벽에 접근 할 수 없도록 해자(垓字)도 설치하였다. 이에 비해 비잔티움 시대에 만든 성벽은 로마 시대에 건축한 성벽보다 훨씬 넓고 크게, 즉 해안에서 내륙으로 2.5km까지 확대되어 곡선과 직선으로 축성하였다.

(3) 가이사랴 모래 해안

가이사랴 성채를 중심으로 인근 해안은 수심이 비교적 완만하고 모래 해안이므로 작은 배가 막 바로 모래 해안에 올라올 수 있다. 1935년을 전후하여 유럽에서 유대인 이주자들을 태우고 "젖과 꿀이 흐르는 약속의 땅 가나안" 팔레스타인으로 오는 불법 선박들(유대인의 팔레스타인 이주를 극히 제한하던 영국 정부의 입장에서 볼 때)은 영국 해군 함정의 감시를 피해 야간의 어둠을 이용하여 가이사랴 해안에 도착하였다. 지리적 이점 때문에 유대인 이주자들을 실은 선박들은 가이사랴 해안 부근을 상륙지로 이용하였던 것이다. 사전에 이미 연락을 받은 유대인 정착협회의 대원들이 해안에서 대기하다가, 배에서 내려 물속을 걸어오는 유대인들을 구조하여 옷을 갈아입히고 신속하게 내

류으로 사라졌다. 물론 유대인 이주자들이 도착한 곳은 이미 앞서 도착한 유대인들이 개척해 놓은 광야 속에 있는 키부츠 집단농장이었다. 물론 가이사랴 해안 상륙이 항상 성공한 것은 아니었다. 어떤 때는 해안에 매복 중이던 영국군에 의해 배에서 내린 유대인 이주자들이 붙잡혀 다시 사이프러스(키프러스)섬의 영국군 수용소에 보내지기도 하였다.

(4) 가이사랴 성채 복원

이스라엘 정부의 유적지 보존청(Antiquity Authority), 하이파 대학, 세계적인 유대인 금융기업인 로스차일드 재단 등이 협력하여 1950년대부터 계속 해오고 있는 유적지 발굴 작업에 의해 가이사랴 지역의 고대 유적지는 속속 드러나고 있다. 발굴 작업으로 새롭게 복원된 도로, 공공건물, 공동묘지 등에는 이들 유적지가 만들어진 당시의 표식들이 발견되어 유적의 구체적인 내용을 알 수 있는 데 큰 도움이 되고 있다. 3세기까지 건설된 유적에는 라틴어, 4세기부터 비잔티움 시대가 본격적으로 도래하는 시대까지는 그리스어로 해당 건물이나 가로(街路)에 대한 상세한 설명문이 발견되어 이 설명문을 읽어보면 당시 가이사랴가 로마의 속주 수도로서 얼마나 번영하였는가를 구체적으로 알 수 있다. 설명문은 너무 상세하여 가이사랴의 경제, 정치, 행정, 상업, 산업에 대해서 뿐만 아니라 이들 분야에 관련된 인물의 이름, 직업 그리고 그들의 신앙에 대해서도 기록되어 있을 정도이다.

1980년부터 2000년 사이에 복원된 중앙 광장은 항구의 부두로 가는 길과 주요 도로가 교차하는 지점에 있었고 이곳에는 샘과 수영장이 있어 시민들이 와서 물을 마시며 쉬기도 하고 시민과 외부 방문객들이 모여서 담소를 나누기도 하였다. 헤롯왕 시대에는 이 샘이 거대한 로마 사원의 서북쪽 모퉁이에 있었으나 비잔틴 시대에 들어서 수영장은 없어지고 그 자리에 건물이 들어서고 그 건물 앞에는 포장도로가 깔렸다. 십자군은 가이사랴 성채의 성문을 동문(東門, Eastern Gate)이라고 불렀다. 오늘날 가이사랴 성채의 매표소 인근에 있는 성문(城門)을 들어가면 오른쪽에 십자군이 만든 시장이 나온다. 이곳에서 가게, 공중화장실, 상인들의 거주지 등이 발굴되면서 아스클레피우스(Asclepius)와 그의 딸 하이제이아(Hygeia)의 동상 조각도 함께 발견되었다. 이 두 명은 로마인이 각각 '의약(醫藥)의 신(神)'과 '건강의 여신(女神)'이라고 숭배하는 인물이다. 해변에 있는 방파제는 비잔티움 시대에 만든 것으로서 아직도 그 일부가 남아 있을 정도로 견고하게 만들었다. 공동묘지도 발굴되었는데 이는 서기 639년에 이슬람 군대가 침공하여 가이사랴를 점령하자 인구가 줄어 일부 지역이 방치되었는바 이러한 곳을 공동묘지로 사용했기 때문이다. 십자군 시대에는 해안을 방어하기 위해 가이사랴에 십자군 병사들이 배치되었다. 십자군은 비상시 시민이 피난할 수 있는 피난처를 염두에 두고 성 내부를 설계하였는데 특히 프랑스왕 루이 9세는 유럽의 고딕식 군사요새 설계를 적용하여 가이사랴 성채를 개축하였다. 오랜 기간의 발굴 작업을 통해 복원된 고대 가이사랴의 모습은 지중해의 밝은 태양, 푸른 바다, 모래 해안, 그리고 수수께끼를 풀어주는 어떤 암시가 포함된 것과 같은 낭만을 배경으로 너무나 아름답다. 그러므로 이슬람 시대에 이곳을 방문한 무슬림 여행자들은 이 도시의 아름다움을 한껏 찬탄하였다는 이야기가 전혀 과장된 것이 아님을 알 수 있다. 가이사랴는 순례를 위해 멀리 유럽에서 성지를 찾아오는 순례자들에게는 성지의 관문(關門)이었다. 배를 타고 가이사랴에 접근하면서 눈앞에 펼쳐진 멋있는 항구 도시의 아름다움에 감탄하였을 당시 순례자들의 모습을 잠시 상상해 본다. 가이사랴의 복원과 발굴 작업은 현재도 진행형이다.

(5) 사도 베드로와 가이사랴

사도행전 10장에 나오는 로마군대의 백부장 고넬료의 부대가 주둔하던 곳이 가이사랴이다. 이방인으로서 고넬료는 환상을 보고 베드로에 하인을 보내 자기 집에 초청하였다. 베드로가 집에 도착하자 베드로를 환대하고 예수를 믿고 가족과 친구들까지 세례를 받게 한 믿음의 군인 고넬료가 살았던 집이 어디였는지 궁금하나 현재로서는 알 수가 없다. 앞으로 유적을 발굴하다가 이들에 관한 한 가닥의 증거라도 발견하게 되기를 기대해 본다.

5. 시돈

마태복음 15장 21절에는 예수님께서 오늘날 남부 레바논에 있는 두로와 시돈을 방문하셨다는 내용(예수께서 거기서 나가사 두로와 시돈 지방으로 들어가시니)이 나온다. 예수님이 이 두 도시를 방문하셨을 때 예수님 제자 가운데 수제자인 베드로도 당연히 동행하였을 것이라고 짐작된다. 베드로는 예수님 부활하신 후 예루살렘에서 안디옥으로 갈 때 도중에 위치한 시돈과 두로를 다시 방문하였을 가능성이 크다. 이 두 도시에 대해 이야기하려고 한다.

(1) 시돈 항구

항구를 감싸는 해안도로 옆에 재래 전통시장이 자리 잡고 있는데 좁은 골목에 집에서 기른 각종 야채와 과일을 가져와서 자리를 잡고 팔고 있는 아낙

시돈의 성니콜라스 교회

네들을 보면서 혹시 예수님이 이곳에 왔을 때도 저런 모습은 그대로였지 않았을까 하는 생각이 문득 난다. 시돈 항구는 남쪽의 이집트가 있는 방향을 바라보는 위치이므로 '고대 이집트 항구'라는 별명도 갖고 있다. 실제로 고대에는 이집트에서 선박을 이용하여 수입한 쌀은 이 항구 안에 있는 화물 창고에 보관되어 있었다. 중국과 유럽을 이어 준 실크로드를 통해 이곳에 도착한 대상(隊商)들이 낙타와 함께 묵었던 대상들의 숙소인 카라반사라이도 17세기 당시 모습을 보존한 상태로 도시 안에 남아 있다. 해안에서 멀지 않은

성니콜라스 교회 인근의 재래시장

시내(전통시장 인근)에는 8세기에 세워진 성(聖)니콜라스 성당이 있다. 이 성당은 시돈에 기독교 신앙이 다시 일어나면서 17세기 말에 새롭게 보수되었는데 전설에 의하면 베드로는 이 성당이 세워진 곳에서 바울을 만났다고 하며 이 성당 안에는 베드로와 바울이 만났던 곳이라고 전해 내려오는 방이 있다.

(2) 시돈 가는 길

레바논의 수도 베이루트 시내의 대중교통 수단은 봉고형 승합차가 역할을 하고 있다. 숙소를 나와서 시내의 콜라(Cola) 시외버스 터미널(이름만 터미널이지 고가도로 밑에서, 베이루트에서 남쪽을 향해 시외로 가는 승합차들이 승객을 태우고 출발하는 곳)행 승합차를 기다렸으나 오지 않아 그 인근을 통과한다는 승합차를 탔다. 한참 시내를 달리다보니 승객이 모두 내리고 필자 혼자 남았다. 마음씨 좋게 생긴 노인 운전사는 필자가 콜라 버스 터미널까지 혼자서 걸어가는 것이 염려되었던지, 노선을 바꾸어 일부러 터미널까지 데리고 가서 시돈(Sidon)으로 출발하려는 봉고차 바로 앞에 내려 주었다. 마음속

1. 오늘날의 시돈
2. 노점상이 파는 전통 케익

으로부터 감탄이 나오고 정말 감사하였다. 놀랍게도 현지 젊은이들은 시돈이라고 하면 잘 모른다. 노인들은 시돈이라고 해도 잘 알아듣는데…. 성경에 나오는 시돈을 현지인들은 사이다(Saida)라고 부르기 때문이다. 그러므로 필

자를 터미널에 내려준 노인 운전사는 시돈으로 가는 길을 물을 때 '사이다'라고 말하라고, 필자가 봉고차에서 내리기 전에 자상하게 조언해 주었다. 시내 교통수단인 승합차의 요금은 현지화 1,000 LBP(800원). 베이루트의 콜라 터미널에서 남쪽의 사이다까지는 45km로서 승합차로 1시간 걸린다. 요금은 2,000 LBP(1,600원)으로서 저렴하다.

시돈은 페니키아어로는 사이둔(Saidoon), 아랍어로는 '사이다'라고 한다. 오늘날 시돈은 옛 모습을 한편에 갖고 있지만 활력 있는 상업도시로서 남부 레바논에서는 가장 큰 도시이다. 시돈 주위는 내륙방향으로 대규모 바나나 농장이 많이 있어 버스를 타고 해안도로를 달리면서도 쉽게 볼 수 있다. 바나나 농장 이외에도 오렌지, 올리브 등 과일나무가 제법 보이고 야채 농사 역시 토질이 좋은지 잘 되는 것 같다. 그런 이유에서 연유되었는지 모르겠으나 페르시아 시대 이후 시돈은 '정원의 도시(City of Gardens)'로서 알려져 있다.

시돈 시내를 둘러보던 중 점심시간이 되어 배가 고파 적당한 식당을 찾아서 들어가려고 하였다. 그러던 중 시내에서 마치 우리나라 시루떡처럼 생긴 떡을 파는 노점상이 보여 이것을 사 먹었다. 떡인 줄 알았으나 떡이 아니고 현지식 케이크였다. 시장해서 그런지 마치 꿀을 발라놓은 듯이 아주 달고 맛이 있었다.

(3) 기독교와 시돈의 역사

이스라엘왕 아합의 악처(惡妻)로서 비참한 최후를 맞은 이세벨은 시돈 사람이고 하나님의 선지자 엘리야를 잘 섬긴 사르밧의 과부도 시돈 사람이다.

엘리야는 사르밧 과부가 아들과 함께 먹고 살 수 있도록 기름과 가루(식량)가 집에 떨어지지 않게 해 주었고 아들이 죽자 그 아들을 다시 살려주는 기적을 보여주기도 하였다.

역사학자들은 시돈에 인간이 정착한 것을 기원전 4천년으로 추정하며(성경 창세기에 언급한 내용과 비슷함), 시돈은 해안에 조그맣게 돌출된 반도를 이용하여 조그만 항구를 만들어 폭풍을 만난 선박들이 피신할 수 있는 장소가 되면서 항구도시로서 발전하였다. 기원전 12세기에 시돈은 (가나안 족속에서 파생된) 페니키아인들이 거주하는 도시국가로서 본격적으로 페니키아인들이 지중해로 나가는 항구가 되어 각광을 받았고 페니키아인들은 이곳에서 유리 제조와 조개 가루를 이용한 염색 공업을 일으켰다. 그 후 페르시아 제국 당시(기원전 550~330년)에는 시돈의 전략적 가치가 더욱 높아졌다. 즉, 시돈 항구를 통해 페르시아군은 막강한 육군을 군함에 선원과 함께 승선시켜 이집트나 그리스와 겨룰 수가 있었다. 그러므로 페르시아는 시돈에 왕궁 정원과 신전들을 건설하였다. 페르시아 통치 기간의 말기인 기원전 351년에 페르시아의 아르타크세르크세스(Artaxerxes) 3세 황제의 막강한 군대가 추가 배치되자 상대적으로 빈약한 군사력을 갖고 이에 맞설 수 없었던 시돈인들은 항복하기보다 스스로 죽음을 택하였다. 시돈인들은 성의 대문들을 잠그고 성안에 불을 질러 4만 명이 넘는 주민이 대화재로 인해 목숨을 잃은 것이다.

이 재난으로 시돈은 도시의 힘을 완전히 잃었으므로 18년 뒤 알렉산드로스 대왕의 군대가 이곳으로 행군해 올 때 화평을 간청함으로써 시돈에서는 헬레니스틱(그리스) 시대가 시작되었다. 그 후 시돈이 로마군에 점령당하였을 때 로마는 시돈이 자체로 화폐를 주조하는 것을 허락하는 등 관용을 베풀

십자군이 항구에 만든 해안 요새. 왼쪽에 정박한 화물선이 보인다

어 주고 로마 점령지 어느 곳에도 있는 야외 원형 극장 등 건축물을 건설하였다. 비잔티움 시대인 서기 551년, 시돈은 대규모 지진으로 도시의 거의 전부가 파괴되었으며 서기 636년에는 무슬림 세력에 점령당하였다. 서기 1111년, 시돈은 십자군의 볼드윈(Baldwin) 장군에게 점령당하여 기독교가 부흥되는 듯하였으나 1187년, 이슬람 장군인 살라딘에 다시 점령당하였다. 그러나 수년 후 제3차 십자군 원정시 재차 점령당하였고 이어서 1291년에는 이집트의 맘루크 왕조에게 다시 점령당한 뒤로 제3차 십자군은 예루살렘 탈환을 포기하고 완전히 철수하였다. 그러자 이곳의 기독교인 인구는 감소하고 기

독교 신앙도 약해졌다. 당시에 건축된 이슬람교 모스크들이 아직도 시내에 남아있다. 15세기에 이르러 시돈은 다마스쿠스의 외항 가운데 하나가 되어 17세기, 후일 레바논의 통치자가 된 팍레딘(Emir Fakhreddine) 2세[25] 시대에 크게 번영하였다. 팍레딘은 문화, 종교의 다양성을 인정하였을 뿐만 아니라 견직물(絹織物) 공업, 올리브 재배기술, 올리브 기름의 정제(精製) 기술을 발전시켜 산업과 경제를 융성시키고 베이루트와 시돈을 유럽과의 교역 항구로서 발전시켰으므로 그는 레바논의 영웅으로서 오늘날도 레바논 국민의 존경을 받고 있다. 그러므로 팍레딘 통치 시대에 프랑스의 상인들이 시돈에 들어와 프랑스와 시리아 사이의 교역을 주도하였다.

이즈음 시돈에서는 기독교 신앙이 다시 일어나 성(聖)니콜라스 성당이 재건, 보수되었다. 이러한 복잡한 외침 역사 때문에 20세기에 들어서 시돈은 곳곳에서 페니키아, 로마, 초기 기독교 시대, 비잔티움, 오스만 튀르키예 등 시돈의 과거 역사를 보존하고 있는 역사적인 유적지가 속속 발굴되고 있다. 특히 청동기 시대 유적지 발굴에는 영국의 대영(大英)박물관 발굴팀도 참여하고 있다. 이런 역사적 배경을 바탕으로 시돈은 19세기와 20세기를 거쳐 레바논 남부 지역의 주요한 상업 도시(오늘날 시돈은 레바논의 3번째 큰 도시이다)로서 명맥을 이어오고 있다.

항구에는 중세 시대인 13세기 초에 이곳에 원정 왔던 십자군이 만든 성(城)이 바닷가에 서 있다. 두 개의 탑을 가진 이 성은 해변에서 200m 떨어진 바다에 있는 조그만 섬에 세워져 있는데 이 섬은 인공(人工)으로 육지와 연결되어 있다. 즉, 이 성은 시돈 항구를 방어하던 해상(海上) 요새이다. 13세기

---

25) 팍레딘 2세는 1633년, 오스만 제국 군대를 피해 레바논 남부 산속 마을 제진(Jezzine)에 숨어있다가 튀르키예 군에 항복하였다. 그는 이스탄불에 끌려가 1635년에 아들 3명과 함께 처형되었다.

말에 이곳을 점령한 맘루크는 십자군이 다시 시돈에 상륙을 시도 할 수 없도록 이 성을 파괴하였다. 그러므로 오늘날은 요새의 일부만 폐허로 남아있다.

레바논인들은 개인적으로 보면 상당히 뛰어난다. 서아프리카 등지에서 사업을 성공적으로 하는 기업인들 가운데는 레바논 출신이 많다. 그러나 막상 레바논 본국은 여러 장치, 종교 문제로 인해 기업인들이 재능을 발휘할 수 없는 환경으로 보인다. 시돈 동쪽 산악 지역에 있는 조그만 제진 마을 출신으로서 19세기에 멕시코에 이민간 부모에게서 태어난 슬림(Carlos Slim)은 멕시코에서 사업을 일으켜 2007년에 세계 최고 부자가 되었다.

✞ 시돈과 성경 구절

시돈이 성경에 처음 등장하는 것은 창세기 10장 15절과 19절이다. 이 구절들을 포함하여 성경에서 시돈에 대해 언급된 주요 구절은 21곳 이상이다.

창세기 10장 15절 : 가나안은 장자 시돈과 헷을 낳고
창세기 10장 19절 : 가나안의 경계는 시돈에서부터 그랄을 지나 가사까지와
　　　　　　　　소돔과 고모라와 아드마와 스보임을 지나 라사까지였더라

(4) 베드로와 바울이 만난 곳

성경에는 베드로와 바울이 안디옥과 예루살렘에서 만난 것이 기록되어 있고 고린도에서 서로 만난 것을 암시하는 구절이 있다. 그러나 시돈에서 서로 만났다는 내용은 성경에 기록되어 있지 않고 암시조차 없다. 그럼에도 시돈 현지에서는 앞서 나온 성니콜라스 성당이 세워진 장소에서 베드로와 바울이

서로 만났다는 전설이 내려오고 있다.

기독교 역사상 큰 획을 그은 사역을 한 두 사도에 대한 비교는 다음 표와 같다.

적요	베드로	바울
출생, 사망연도	서기 1년경~서기 67년경	서기 5~10년(출생), 서기 65~67년(순교)
출생지	이스라엘, 갈릴리의 벳새다	튀르키예, 다소
민족	유대인	유대인
집안	중산층 또는 하층	부유층
교파	?	바리새파
학력	빈약	고학력(랍비 가말리엘 문하생)
어학	히브리어	히브리어, 그리스어, 라틴어
성격	급함, 용감, 열정, 충성	온화, 합리적, 용감, 열정, 충성
결혼	기혼	독신
예수님과 관계	예수님 공생애 3년 동행	생전에 본 적 없음
전도 활동	이스라엘 중심 전도	이방 중심 전도
성경쓰기	2권(베드로전·후서)	13권 이상(데살로니가전·후서, 고린도전·후서, 갈라디아서, 로마서 에베소서, 빌레몬서, 골로새서, 빌립보서, 디모데전·후서, 디도서, *히브리서는 불확실)
방문국가 (현재 국경기준)	6개국(이스라엘, 레바논, 튀르키예, 그리스, *이탈리아, *바티칸 *는 불확실)	10개국(이스라엘, 요르단, 시리아, 튀르키예, 그리스, 몰타, 레바논, 이탈리아, 남키프러스, 북키프러스)
순교지	바티칸(?)	이탈리아 로마
이름을 붙인 도시	상트페테르부르크(러시아)	상파울로(브라질)

6. 두로

(1) 역사의 도시

'바다의 여왕(Queen of Seas)'이라는 별명을 갖고 있는 두로는 고대부터 시돈과 마찬가지로 지중해 무역을 통해 도시가 번영하였다. 기원전 11세기에 페니키아의 도시국가가 된 두로에서 페니키아 상인들은 이 항구를 통해 유리 세공품과 염색(染色) 제품, 백향목 등을 수출하였다. 기원전 10세기에는 두로 왕 히람은 이 도시를 크게 확장하였다. 오늘날 두로시의 외곽 지역에는 히람 왕의 이름을 따라서 이름 지은 '히람 병원'이 있다. 지역에 내려오는 전설과 신화에 의하면 그리스신 제우스는 이곳에서 유로파(Europa) 공주를 유괴하

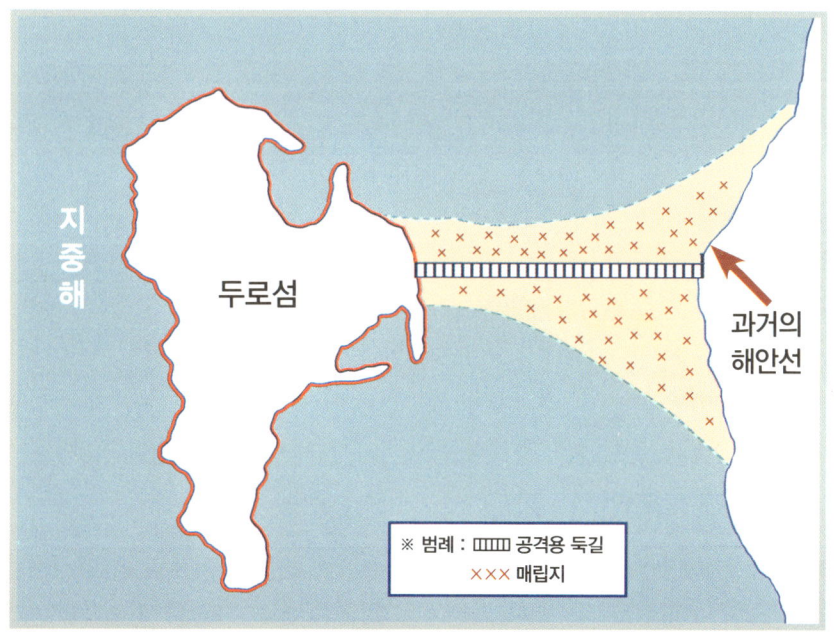

알렉산드로스 대왕 당시 두로

두로 항구

였으며 오늘날 유럽 대륙의 이름은 이 공주의 이름에서 연유되었다고 한다. 공주의 동생인 카드모스(Cadmos)가 알파벳을 그리스인들에게 전해주었다는 전설도 이곳 주민들 사이에 전해 내려오고 있다.

도시가 너무 번영하여 다른 강대국들의 시기 대상이 되었던지, 바빌로니아의 느브갓네살(Nabuchadnezzar) 왕은 이 항구도시를 13년간 포위 후 기원전 573년에 점령하였다. 기원전 333년에 그리스(마게도냐)의 알렉산드로스 대왕은 북부 시리아의 이수스(Issus)에서 페르시아의 다리우스 3세가 이끄는 대군을 격파하고 여세를 몰아 이집트 공격에 나섰다. 당시 24세의 알렉산드로스는 보병 3만2천 명과 기병 5천 명을 이끌고 육로로 이집트를 향해 전진하였고 160여 척의 함선이 바다에서 이집트를 향하였다. 그러나 이집트를 향해 남진하던 알렉산드로스를 막은 것이 두로이다. 원래 두로는 해안에서 600m 앞에 있는 조그만 섬 위에 견고한 성채로 된 도시였다. 기원전 332년에 알렉산드로스 대왕은 이 도시를 7개월간 포위하면서 해안에서 섬까지 둑길을 만들었다. 둑길이 완성되자, 둑길을 만드는 동안 동시에 만든 높이 50m의 이동식(바퀴가 달린) 공성탑을 만들어 두로성을 공격하였다. 이러한 기상천외한 전법으로써 공격한 알렉산드로스 앞에서 난공불락의 요새였던 두로는 결국 점령되었고 그리스군은 도시를 약탈하고 불을 질러 파괴하였다.[26] 두로를 점령하자 알렉산드로스는 둑길을 중심으로 양편을 매립하여 반도를 만들고 항구를 확장하였다. 그러므로 파도를 막아주는 항구의 조건 면에서 보았을 때 두로는 시돈보다 좋은 조건을 갖고 있다. 이와 같이 베드로가 두로를 방문하기 360여 년 전에 이미 두로는 더 이상 섬이 아니고 육지가 된 것이다.

두로 역시 시돈과 마찬가지로 로마시대, 십자군 시대, 비잔티움 시대, 오스만 제국(튀르키예) 시대를 보여주는 풍부한 역사를 지니고 있다. 서기 551년의 대지진으로 도시가 파괴되었음에도 해안가 산책 도로는 아직도 남아있고 로마 시대를 포함한 고대의 건축물이 시내 곳곳에 남았다. 고대의 흔적을 보존하고 있는 항구의 중간에는 동정녀 마리아의 동상이 세워져 있다. 현지인들은 동정녀 마리아가 바다의 수호신으로서 두로 항구를 지켜주고 있다고 믿고 있는 것이다. 두로의 히람 왕은 두로에서 백향목을 뗏목으로 만들어 솔로몬 왕이 성전과 왕궁을 지을 수 있도록 예루살렘의 외항인 욥바로 보냈는데 히람 왕의 뗏목이 출발한 곳이 이 항구였을 것이라고 추측된다. 바닷물에 띄어진 뗏목은 선박(당시 선박은 돛, 노를 함께 갖고 있었음)이 끌고서 남쪽으로

---

26) Werner Keller 『The Bible as History』 p.311, Hodder and Stoughton, London, UK, 1974

150km 떨어진 이스라엘의 욥바 항구까지 보내졌을 것으로 짐작된다.

솔로몬 왕은 이스라엘뿐만 아니라 레바논(일부 지역으로 추측됨)도 통치하면서 레바논에도 성을 건축하였다는 사실이 성경에 나온다. 특히 레바논에 만든 궁은 백향목을 포함한 레바논 산(産) 목재로 만든 것이었다. 이와 관련된 성경 구절은 다음과 같다.

솔로몬이 또 예루살렘과 레바논과 그 다스리는 온 땅에 건축하고자 하던 것을 다 건축하였는데 (열왕기상 9장 19절 하반절)

또 쳐서 늘인 금으로 작은 방패 삼백을 만들었으니 매 방패에 든 금이 삼 마네라. 왕이 이것들을 레바논 나무 궁에 두었더라 (열왕기상 10장 17절)

솔로몬왕의 마시는 그릇은 다 금이요. 레바논 나무 궁의 그릇들도 다 정금이라. 은(銀)기물이 없으니 솔로몬의 시대에 은을 귀히 여기지 아니함은 (열왕기상 10장 21절)

(2) 오늘날 두로

오늘날 현지인들은 두로를 수르(Sour)라고 부른다. 시돈에서 40km 남쪽에 위치하는 두로에 가는 소형버스를 타고 시돈을 출발하였다. 시내를 빠져나가자 도로는 좁아진다. 즉, 베이루트에서 시돈까지는 왕복 6차선 도로이나 시돈에서 두로까지는 왕복 4차선이다. 차선이 줄어들고 교통이 복잡한데다 필자가 탄 25인승 소형버스는 승합차보다 승객이 많아 타고 내리는 승객을

두로 시내와 친절한 주민들

위해 수시로 정차하다가 출발하는 바람에 1시간 이상 걸려서 두로에 도착하였다. 두로로 가는 도중 해안 도로 왼편으로는 바나나와 오렌지 농장이 펼쳐진 경치가 계속되나 가끔 레바논군의 검문소가 보인다. 어떤 검문소는 중(重)무장한 장갑차도 보인다. 이스라엘 국경이 가깝기 때문이다.

 두로 항구는 생각한 것 보다 규모가 작고 국제 무역선은 보이지 않고 조그만 연근해 어선들이 항구 안을 채우고 있다. 항구를 둘러싼 해안도로의 남쪽 끝을 걸어 가던 중 우연히 삼성휴대폰 대리점이 있는 것을 보고 이곳까지 삼성 대리점이 진출해 있는 것에 한국인으로서 뿌듯함을 느꼈다. 사실 한국의 국력과 이미지는 기업들이 세워주고 있다. 삼성과 LG의 TV, 휴대폰 그리고 현대, 기아, 쌍용의 자동차 등이 세계를 누비고 있기에 요즘 한국인들은 세계 어디를 가도 무시를 당하지 않고 가슴을 펴고 걸어 다닐 수 있다. 두로에서 베이루트에 돌아 갈 때는 두로에서 시돈까지는 25인승 버스, 그리고 시돈에서 베이루트까지는 봉고형 승합차를 타고 갔는데 이 승합차는 자세히 보니 쌍용자동차에서 제작한 이스타나였다. 레바논 남부까지 와서 우리나라 자동차를 타다니.... 뭔가 뿌듯함을 느꼈다.

(3) 중동전쟁 전운이 감도는 곳

　우리나라의 동명부대(약 300명)도 유엔 평화유지군의 일원으로서 2007년에 파견되어 레바논 두로의 동남부 지역에 주둔하고 있다. 동명부대가 주둔하고 있는 지역은 이란 시아파의 강력한 지원을 받고 있는 레바논 이슬람 시아파 무장 세력인 헤즈볼라가 활동하는 지역이다. 팔레스타인 자치지역 가운데 하나인 가자지구의 이슬람 과격파 무장 세력인 하마스가 2023년 10월 7일에 이스라엘을 기습 공격하여 기습 당일에 민간인 1,200여 명 이상을 사살하고 250여 명을 인질로 잡아가자 이스라엘군은 하마스에 대해 보복공격을 하였고 아직까지(2024년 8월) 이스라엘·하마스 전쟁은 계속되고 있다. 헤즈볼라는 하마스를 지원하려고 10월 8일부터 이스라엘을 로켓과 드론 등으로 여태까지 매일 공격하고 있다. 물론 이스라엘군도 전투기와 포병을 동원하여 헤즈볼라에 보복공격을 하고 있는바 2024년 7월 4일, 헤즈볼라는 이스라엘군 시설에 로켓 200여발을 발사하였고 7월 27일에는 골란고원의 시민 축구장을 로켓탄으로 공격하여 이스라엘 어린이 12명이 사망하기도 하였다. 이렇게 양측이 전투 규모를 증대시키고 있으므로 양측 사이에 전면 전쟁이 일어날 것이라는 우려가 커지고 있다.

7. 안디옥

(1) 크리스천의 도시

제자들이 안디옥에서 비로서 그리스도인이라 일컬음을 받게 되었더라 (사도행전 11장 26절 하반절)

안디옥 교회에 선지자들과 교사들이 있으니 곧 바나바와 니게르라하는 시므온과 구레네 사람 루기오와 분봉왕 헤롯의 젖동생 마나엔과 및 사울이라 (사도행전 13장 1절)

튀르키예 동남부에 있는 안타키아(Antakya)는 신약성경에 '안디옥'이라고 표시된 도시로서 스데반 집사가 순교한 이후에 예루살렘 교회의 성도들이 각지로 흩어지면서 안디옥 지역에 정착하여 안디옥 교회를 만들었다. 그러므로 이곳에서 예수 믿는 사람을 처음으로 '그리스도인(Christian)'이라고 불렀다. 그 후 바울도 이곳에 와서 선교활동의 거점으로 삼았고 안디옥 교회는 바울을 선교사로 파송하였다. 그러므로 안디옥 교회는 교회 역사상 처음으로 해외에 선교사를 파송한 교회가 되었다. 즉, 기독교가 세계적인 종교로 크게 성장하게 된 것은 안디옥에서 시작되었다고 하여도 과언이 아니다. 그렇다면 기독교는 언제 시작되었는가? 필자 생각에는 예수님이 세례요한으로부터 요단강에서 세례를 받은 후에 공생애를 시작하면서 하늘나라 복음을 전하기 시작한 것을 기독교가 시작한 시점으로 보는 것이 합당하다고 생각된다. 예수께서 그 때 자신을 메시야요 하나님의 아들이라고 명백하게 말씀하시며 그 이전 유대교의 잘못된 것을 지적하고 깨트리셨고 천국복음을 전하시기 시작하

안디옥 시내전경

셨기 때문이다. 예수님에게 세례를 준 세례요한은 헤롯 안티파스 분봉왕에 의해 서기 28년경에 투옥되었고 서기 31년경에 처형되었다고 전해지며 예수님이 십자가에 달리신 것은 서기 32년경이다.

안디옥은 오늘날은 중소규모의 도시이지만 로마 제국시대에 안디옥은 제국 안에서 로마와 알렉산드리아에 이어서 손꼽히는 도시로서 크게 번성하였다.

예수님 부활승천 이후, 베드로는 해안을 따라서 시리아의 안디옥으로 간 것 같다. 안디옥은 오늘날은 튀르키예에 속해 있는 도시이다. 안디옥에서 기독자들은 다른 곳에서와 마찬가지로 박해를 받았다. 그러나 베드로는 자기의 믿음을 굽히지 않았고 그 후에 예루살렘에 가서 공회에 참석하여서도 그의 믿음을 굽히지 않았다(사도행전 15장 7~12절).

바울이 고린도 교회에 보낸 편지인 고린도전서 9장 5절(우리가 다른 사도들과 주의 형제들과 게바와 같이 자매 된 아내를 데리고 다닐 권이 없겠느냐)을 보면 베드로는 아내와 함께 고린도를 비롯하여 여러 지역을 방문한 것으로 보인다. 베드로가 오늘날 튀르키예에 있던 여러 교회에 보낸 베드로전서 5장 13절(함께 택하심을 받은 바빌론에 있는 교회가 너희에게 문안하고 내 아들 마가도 그리하느니라)을 보면 베드로가 바벨론을 방문한 것이 아닌가 하는 생각이 든다. 만약 베드로가 바벨론을 실제로 방문하지 않았다면 신령한 면에서 로마를 가리키는 것으로 보인다.[27] 요한계시록 17장 5절(그 이마에 이름이 기록되었으니 비밀이라. 큰 바벨론이라. 땅의 음녀들과 가증한 것들의 어미라 하였더라)에는 '바벨론'이 나오는데 여기서 '바벨론'을 로마로 해석하는 성경학자들도 있다.[28] 요한복음 21장 18~19절에는 베드로가 하나님의 영광을 드러내기 위하여 어떻게 순교할 것을 말하고 있으나 장소는 언급하지 않고 있다. 이 구절은 다음과 같다.

내가 진실로 진실로 네게 이르노니 젊어서는 네가 스스로 띠 띠고 원하는 곳으로 다녔거니와 늙어서는 네 팔을 벌리리니 남이 네게 띠 띠우고 원치 아니하는 곳으로 데려 가리라. 이 말씀을 하심은 베드로가 어떠한 죽음으로 하나님께 영광을 돌릴 것을 가리키심이러라. 이 말씀을 하시고 베드로에게 이르시되 나를 따르라 하시니.

---

27) Nelson Beecher Keyes 『Story of the Bible』 p.148, The Readers Digest Association, New York, NY, USA, 1962
28) 『Beacon Bible Commentary, Vol 10』 p.307, Beacon Hill Press, Kansas City, Missouri, USA 1967

(2) 지진의 도시

튀르키예가 위치한 아나톨리아 고원은 여러 지각판(地殼板)으로 둘러싸여 있으므로 이들 지각판이 충돌할 때마다 크고 작은 지진이 발생한다. 최근에도 거의 매년 지진이 일어나고 있어 많은 인명과 재산 피해가 발생하고 있다. 그러므로 안디옥도 고대부터 지진 피해를 많이 입은 도시 가운데 하나이다. 서기 108년(115년이라는 주장도 있음), 로마 제국의 트라야누스(Nerva Traianus) 황제는 지진의 원인을 기독교도들에게 돌려서 그 희생양으로 안디옥의 이그나티우스(Ignatius) 주교를 붙잡아 로마로 압송하여 사자굴에 던져 넣어 순교시키기도 하였다. 그 후 458년에 일어난 지진은 도시를 감싸고 있는 성벽을 다시 무너트렸다. 526년에 발생한 지진은 도시에서 30만 명을 죽였다고 한다(도시의 규모가 큰 것을 알 수 있다). 그해에는 강력한 지진이 여러 번 일어났다. 542년에는 전염병이 돌았고 573년에는 페르시아 군대가 침공하였다. 588년에 큰 지진이 도시를 다시 강타하였다. 십자군 전쟁이 있었던 1097년에서 1169년 사이에도 잦은 대지진으로 피해를 입었다. 그 후에도 도시는 오스만 제국의 동남부에 위치한 교통의 요지로서 큰 도시였으나 1872년에 이곳을 강타한 지진으로 도시의 $\frac{1}{3}$이 파괴되었고 최근에도(2023년 2월) 안디옥에는 큰 지진이 일어나 우리나라 정부에서도 110명으로 구성된 해외 긴급구호대를 파견하여 도와주었다. 오늘날 안디옥은 인구 25만 명의 크지 않은 도시이다. 시내 가운데에는 튀르키예 건국의 아버지인 케말(아타튀르크)의 이름이 붙은 공원이 있고 이 넓은 공원 안에는 현대 튀르키예를 만드는데 기여한 애국자들의 흉상이 세워져 있다.

(3) 베드로 동굴교회

도시를 내려 보는 시피우스(Sifpius) 산맥의 동쪽 끝부분에 있는 스타우린(Staurin) 바위산 산 중턱에는 천연 동굴들이 많다. 이 가운데 동굴 하나는 '성(聖)베드로(St. Peters) 동굴 교회'가 되었다. 바로 이 동굴은 초기 기독교인들이 비밀히 모여서 예배를 드린 곳이다. 사도 바울은 베드로(게바)를 안디옥에서 만나 베드로를 책망한 적이 있다.[29] 그 후 베드로는 안디옥 교회에서 감독 직책을 오랫동안 맡았다고 한다. 그런 이유에서 이 동굴 교회에 베드로의 이름이 붙은 것이다. 안디옥은 기원전 240년부터 기원전 63년까지 셀레우코스 제국의 수도였으며 1098년에 십자군 원정 당시 이 지역은 십자군에 점령된 적도 있다. 참고로 안디옥이라는 지명은 튀르키에 남부의 다른 지역에도 있다. 신약성경에는 이를 구별하기 위해 다른 안디옥은 '비시디아 안디옥'[30]이라고 표시하였다.

동굴 안에 있는 조그만 베드로 상(像)은 1932년에 설치된 것이고, 동굴 바닥에 있는 샘물은 바위틈에서 흘러내린 물로서 주로 세례를 주는데 사용한다. 이 샘물로 병을 고치는 기적을 일으킨다고 한다. 베드로를 기념하여 매년 6월 29일은 '성(聖)베드로의 날'로서 이때는 이 동굴 교회에서 행사가 열린다. 1963년의 성베드로 날에는 교황 바오로 6세가 이곳에 와서 미사를 집전한 적이 있다. 동굴 안벽에는 작은 비밀문이 있어 예배드릴 때 이교도의 공격을 받을 경우 이 문을 통하여 교인들은 벽 뒤로 안전하게 탈출할 수 있었다. 참고로 베드로 동굴 교회에 들어가는 데는 입장료를 내어야 한다. 필자가 교회를

---

29) 갈라디아서 2장 11절 (게바가 안디옥에 이르렀을 때에 책망할 일이 있기로 내가 저를 면책하였노라)
30) 사도행전 13장 14절 (저희가 버가로부터 지나 비시디아 안디옥에 이르러~)

베드로 동굴교회

방문할 때 입장료를 낸 곳이 몇 곳 있는데 이 교회는 그 가운데 한 곳이다. 가톨릭은 1846년에 안디옥 시내에 성당을 만들었고 1863년에 이 성당을 크게 개수하였는데 이때 교황 피우스 9세와 나폴레옹 3세가 재정지원을 하였다.

성베드로 동굴교회에서는 안디옥 시내가 한눈에 내려 보이는데 도시가 상당히 정적(靜的)이고 차분해 보인다. 안타키아는 시리아 국경에서 멀지 않다. 원래 이 동굴과 도시 안에 있는 초기 기독교 시대의 유적을 보려고 많은 방문객들이 이곳을 찾는데, 필자가 방문하였을 때에는

베드로 동굴교회 내부. 왼편에 비상탈출구가 보인다

시내에서 베드로 동굴교회 올라 가는 길

시내에서 베드로 동굴교회가 있는 스타우린산 기슭까지 주택들이 들어서 있다

시리아 내전이 한창이었으므로 도시 안에서 외국 관광객을 거의 볼 수 없었다. 필자는 안타키아 시내를 걷다가 뜻밖에 우연히 기독교 개신교회를 발견하였다. 우리나라 서울의 K교회가 옛 프랑스 영사관 건물을 구입하여 교회로 개조한 뒤 2000년도에 현지인 교인들과 함께 입당예배를 드렸던 교회이다. 2023년 초 지진에 이 교회건물도 파괴되는 피해를 입었다.

(4) 안디옥 가는 길

사도 바울이 출생한 도시인 다소에서 안디옥까지는 시외버스를 타고 갔다. 직행으로 달리는데 정확하게 4시간이 소요되었다. 안디옥은 시리아 국경에서 멀지 않으므로 인근에는 튀르키예군이 배치되어 있다. 버스가 언덕에 있는 굽은 도로를 따라서 올라가는데 위에서 튀르키예 육군의 M48 패튼 전차를 실은 대형 트레일러 한 대가 나타난다. 전차를 사진 찍으려고 스마트폰을 주머니에서 꺼냈으나 늦었다. 이미 버스와 트레일러는 서로 지나쳐 버렸다. 버스 옆자리에 앉은 청년과 이야기를 하다 보니 대학생인 이 청년은 영어도 잘하고 나이에 비해 상식이 풍부하다. 오늘날 튀르키예의 정치가 엉터리로 돌아가고 있다며 처음 만난 외국인에게 불평을 하였다. 그의 이야기를 잘 경청하여 주니 이 청년은 엉망으로 돌아가는 정치 뉴스가 보기 싫어 TV 뉴스를 안본다고 한다. 이 청년과 여러 가지 화제로 이야기를 하다 보니 어느덧 안디옥이 가까워 온다. 이 친구는 갑자기 어디엔가 전화를 하더니 필자에게 방금 자기 아버지에게 필자 이야기를 하였다며 오늘밤 자기 집에 와서 잠을 자도 된다고 아버지가 허락하였다는 것이다. 필자는 이미 안디옥에 숙소를 예약해 놓았으므로 이 청년의 친절한 호의를 사양하였다. 이 청년과 이야기 하는 모습이 재미있게 보였는지 앞자리에 앉은 젊은 여성이 필자를 돌아보면서 어느 나라에서 왔느냐고 묻는다. 한국에서 왔다고 하니 자기는 한국의 영화를 좋아하며 K 감독의 영화를 특히 좋아한다고 한다. 필자는 K라는 이름을 어디선가 들어본 것 같기도 한데 영화감독이란 사실은 확실히 몰랐었음으로 이 여성이 필자도 제대로 모르는 한국 영화감독의 이름을 알고 있다는 사실에 놀랐다. 그 후 며칠이 지나 인터넷으로 검색해보니 여러 영화를 제작한 감독이란 것을 알게 되었으나 영화 내용을 검색해 보니 필자와는 취향이 그다지 맞지 않음을 알게 되었다. 그는 2018년에 여배우 성추행 사건이 문제가 되어 외국에 나가서 영화 제작 활동을 하다가 안타깝게도 2020년 12월에 외국에서 세상을 떠났다.

옆자리 청년과 앞자리 여성과 이야기 하다 보니 4시간이 금방 흘러 드디어 안디옥 오토갈(시외버스 터미널)에 도착하였다. 튀르키예에서 오토갈은 시내에서 멀리 떨어진 곳에 있으므로 일반적으로 버스 회사에서는 오토갈에 도착한 승객들을 시내까지 다른 소형버스로 태워주는 무료서비스를 제공한다. 그러나 필자는 다음날 여행할 도시로 가는 버스표를 미리 구입하느라고 매표소에서(오토갈에는 여러 버스회사의 매표소가 있다) 버스표를 구입한 뒤 택시를 타고 시내에 있는 숙소에 갔다.

안디옥 시내

안디옥 시내 뒷길

안디옥 시내에서 전통빵을 파는 노점상

튀르키예는 지난 수십 년 동안 경제상황이 좋지 못하다. 그러므로 외환보유고가 많지 않으므로 환전하러 환전상이나 은행에 가면 극진한 대우를 받는다. 어떤 환전상은 사무실 안에 들어오라고 하며 차까지 대접해 준다. 필자가 안디옥을 방문하였을 때에는 시리아 내전이 한창이라 국경에서 가까운 안디옥을 방문하는 외국 관광객이 거의 없었다. 그러므로 은행을 찾아가 미화를 환전하자 큰 금액이 아님에도 시골 은행직원들은 엄청나게 환대해 주었다.

8. 고린도

(1) 고린도 가는 길

　기독자들에게 고린도는 사도 바울 때문에 유명해졌다. 바울은 제2차 전도 여행 시(주후 48년에서 51년경) 아테네에서 복음을 전한 후에 남쪽에 있는 고린도를 방문하였다. 그리고 주후 50년에서 51년경까지 18개월 동안 이곳에 머물면서 복음을 전파하였다. 바울은 제3차 여행(주후 53년에 시작)때도 고린도를 방문하였다. 이때는 잠시 들렸던 것 같다. 그러나 베드로가 고린도를 방문한 것은 성경에 명확하게 기록되어 있지 않고 암시 정도만 되어 있지만 만약 방문하였다면 안디옥을 출발하여 에베소를 통해 고린도를 방문한 것으로 추측하고 있을 뿐이다.

　필자는 고린도를 2004년과 2018년 그리고 2024년에 방문하였다. 2004년에 방문할 때는 아테네에 회사일로 주재하고 있는 필자의 고등학교 동창으로부터 승용차를 빌려서 운전하여 갔다. 2018년에는 아테네에서 시외버스를 타고 갔다. 2004년과 2018년에 고린도를 방문하였을 때는 아테네에서 출발하여 서쪽에 있는 고린도 운하를 지나 고린도를 방문하였으나 금년(2024년) 2월에 다시 고린도를 방문하였을 때는 반대로 서북부 그리스의 프레베자에서 출발한 뒤 길이 130km의 고요하고 아름다운 고린도만을 따라서 동쪽으로 달려 고린도를 방문하였다.

　아테네 시내에서 차를 타고 한 시간 정도 남쪽으로 고린도를 향해 고속도로를 타고 내려가면 고린도 도착 바로 전에 루뜨라끼(Loutraki) 마을이 나온

고린도 시내

다. 고린도 시내에 막 바로 가려면 계속 고속도로를 따라 남쪽으로 가야하고 유명한 관광명소가 된 고린도 운하를 보려면 이곳 루뜨라끼에서 나가야 한다. 톨게이트에서 나가서 1~2분 정도 더 달려가면 운하 위에 다리가 나온다. 이곳이 고린도 지협을 뚫어서 만든 고린도 운하이다. 현재 고린도 항구도시가 있는 곳에서 동남쪽 내륙으로 10km 정도 들어가면 바울이 방문하였을 당시 고린도 도시의 옛 유적들이 나타난다. 오늘날 고린도 항구는 고린도만에 면해 있는데 이 만의 서쪽 레판토(Lepanto) 해역에서 1571년에 지중해의 패권을 잡기위해 기독교(스페인, 베네치아 등) 함대와 오스만 제국 함대 사이에 레판토 해전이 일어났다. 이 해전에서 기독교국 연합 함대가 승리함으로써 바다를 통해 서진(西進)하여 서부 유럽의 기독교 국가들을 점령하려던 이슬람군의 계획은 무산되었다.

현지에서는 고대의 고린도를 '팔레오 고린도(Paleo Corinth)' 즉, '구(舊) 고린도(Ancient Corinthos)'라고 부르며 현재의 고린도 시와 구별하고 있다. 구 고린도를 향해 차를 운전해서 가는 도중 길에서 만난 경찰에게 '에이션트 코린토스(고린도)'는 어느 길로 가느냐고 말해야 되는 것을 필자가 실수로 '에이션트 코리아'라고 말하였다. 그러나 그 경찰은 '코리아'를 '코린토스'로 들었는지 어느 방향으로 가라고 일러준다. 고맙다는 그리스어 '애피크리스토'라고 한다는 것이 이번에도 또 실수하여 '아프가니스탄'이라고 하였더니 경찰관은 필자의 마음을 읽었는지 웃으며 '천만에요(You are Welcome)'라고 영어로 답해주었다. 이 모습을 본 필자의 딸은 뒷좌석에서 한참 깔깔거리며 웃었다. 당시 외국대학에서 공부하고 있던 딸이 겨울 방학을 맞아 귀국하였으므로 필자는 집사람과 딸을 데리고 여행 중이었다.

고대 고린도는 그리스 본토와 펠로폰네소스 반도를 연결시켜주는 길목에 위치하고 있어 (그 위치는 오늘날도 동일하다) 자연이 교통과 무역이 발달하게 되었고 당시 그리스 남부지역에서 가장 크고 번영하던 도시였다. 따라서 유대인을 포함한 여러 나라 사람들이 와서 살고 있어 인종과 문화가 다양하였다. 그러므로 바울은 각종 우상으로 가득한 아테네 전도에 이어서 고린도에서도 주의 복음을 담대하게 전하려고 이곳을 전도 목적지에 포함시킨 것으로 짐작된다.

고린도 항구

2018년 2월, 필자는 오랜만에 다시 고린도를 방문하였다. 2004년에는 직접 운전을 하여갔으나 이번에는 시외버스를 타고 갔다. 아테네의 키피소스(Kifisos) 시외버스 터미널에서 오후 1시 40분에 출발한 버스는 1시간 10분 후에 고린도 시내에 도착하였다.

(2) 고린도 운하

바울이나 베드로가 고린도에 도착하였을 때는 물론 고린도 운하가 개통되지 않았을 때였다. 바울과 베드로가 출생하기 오래전부터 아테네에서 에게 해를 거쳐 펠로폰네소스 반도를 돌아서 아드리아 해를 지나 이탈리아 방면으로 가는 시간과 수고를 덜기 위해 고린도 지협(地峽)에 운하를 만들려는 시도가 있었다. 그러나 이러한 시도는 제대로 성공하지 못하였다. 그 후 로마 제국의 네로 황제가 서기 67년에 운하 건설작업을 시작하였으나 워낙 암반이 단단해 네로가 죽자 작업은 중지되었다. 결국 운하 건설은 근대에 이르러 이루어졌다. 오늘날 우리가 보는 이 운하는 프랑스인 드아오(Virlet d'Aoust)가 설계하고 11년간의 공사기간 동안 그리스 본토와 펠로폰네소스 반도가 연결되는 좁은 지협을 뚫어서

고린도 운하

1893년 8월에 개통된 것이다. 운하는 길이 6.3km, 폭(아래 부분) 21m, 수면에서 대지 위까지의 높이는 86m 로서 에게 해의 여러 항구와 아드리아 해의 여러 항구 사이를 왕래하는 선박은 이 운하를 이용함으로써 편도 370km의 운항 거리를 줄일 수 있었고 펠로폰네소스 반도 남단의 암초들과 거친 파도를 피할 수 있었다. 이 운하 때문에 펠로폰네소스 반도는 이론상으로는 섬이 되어 버렸다.

운하가 완공되기 오래 전에 고대인들은 다른 방법을 사용하여 지협을 건넜다. 즉, 현재 운하가 있는 바로 옆길에 두꺼운 돌 판을 깔아서 길을 만들고 바퀴달린 거대한 수레에 배를 올려서 끌고 다른 한쪽 바다까지 가서 다시 배를 물에 띄웠다. 디올코스(Diolkos)라고 부르는 그 길이 운하 옆에 아직도 남아 있는데 바닥에 깔아놓은 돌은 배의 무게를 견딜 수 있도록 상당히 두껍다. 고린도가 당시 부유한 상업항구로 발돋움하는 데에 디올코스도 일조한 것이다.

원래 도시국가인 고린도가 형성된 곳은 물이 풍부하고 토질이 비옥하여 농사에 적합하므로 이미 신석기 시대부터 사람들이 거주하기 시작하였다고 한다. 고린도가 형성된 뒤편에는 바위산이 있어 이곳에 성을 건축함으로써 고린도는 외적의 침입으로부터도 안전하였다. 여기에 더해 지협을 사이에 두고 그리스 본토와 펠로폰네소스 반도 사이에 위치하는 한편 동쪽에는 에게 해에 면한 겐그레아 항구가 있었고 서북쪽에는 아드리아 해로 가는 레카이오(Lechaio) 항구가 있어 두 바다를 연결하는 위치에 있었으므로 자연히 고린도는 고대에 상업이 크게 발전하고 부유한 도시가 되었다. 이러한 역사를 배경으로 고대의 고린도는 그리스에서 경제와 정치의 중심이 되었고 아테네는 학문과 예술의 중심지가 되었다.

부유하게 된 고린도는 기원전 8세기에, 오늘날은 코르푸(Corfu)라고 부르는 코르시라(Corcyra)섬과 수라구사(오늘날 이탈리아 시칠리아 섬 동부 해안의 항구)에 식민지를 건설하고 지중해의 강력한 해상 교역지로 발전하였다. 기원전 6세기 말에 고린도는 스파르타의 강력한 연합국이 되었고 기원전 540년에는 아폴로 신전을 세웠다. 그리고 기원전 431년부터 404년까지 계속된 펠로폰네소스 전쟁에서는 스파르타와 연합하여 아테네와 싸워 승리하였다. 그러나 기원전 338년에 마케도니아의 필립 2세가 아테네를 점령할 때 고린도도 점령당하였다. 필립 2세의 아들인 알렉산드로스 대왕은 이곳에서 범(汎)헬레닉(전체 그리스와 마케도니아) 회의를 열고 페르시아의 침공에 대비하였다. 기원전 243년, 고린도는 아가야(아테네, 고린도 등 남부 그리스 지역) 연맹에 가담하였으나 기원전 146년에 로마군에 의해 점령되었다. 당시 로마의 장군 뭄미우스(Mummius)는 고린도를 완전히 파괴하였으므로 고린도는 그 후 100여 년 동안 폐허로 남아있게 되었다. 그 후, 전략적 관점에서 고린도를 다시 재건한 인물은 율리우스 카이사르로서 기원전 46년에 도시를 재건하여 로마의 식민지로 만들고 '줄리아 코린디엔시스 식민지(Colonia Julia Corinthiensis)'라는 긴 이름을 붙였다. 도시의 재건 속도가 빨라서 바울이 고린도를 방문한 서기 50년경에는 로마의 통치를 받는 아가야 속주의 수도가 되었다. 그 후 서기 2세기에 고린도는 과거처럼 크게 번영하는 도시가 되었다. 오늘날 고린도에는 카이사르가 재건을 시작하면서 세운 옥타비아(아우구스투스 황제의 여동생) 신전, 상가, 법원, 교회, 야외극장, 광장 등 많은 건축물의 유적이 남아있다. 아마 바울도 이곳을 방문하였을 때 이 건축물들을 보았을 것이다.

(3) 고린도의 방어

비잔티움 시대에 들어서 고린도는 그리스 서북쪽에 있는 게르만 민족의 한 종족인 고트(Goths)족으로부터 두 번이나 크게 침공을 당해 고트족은 고린도를 267년과 395년에 크게 파괴하고 약탈하였다. 바울이 뿌린 복음이 이곳에서 열매를 맺게 되어 기독교인이 늘어나자 서기 5세기에는 고린도와 그 주위에 교회가 많이 세워지게 되었다. 이 가운데는 성(聖)레오니디스(Leonidis)가 순교할 때 함께 순교한 여자 성도들을 기념하기 위해 고린도 서북쪽에 있는 레카이오 항구에 세운 교회도 있다. 서기 6세기에는 유스티니아누스 황제가 고린도 지협에 길이 7.3km 에 이르는 방어벽을 쌓았다. 이것이 유명한 지협벽(Isthmian Wall)으로서 핵사밀리언(Hexamillion)으로도 부른다. 중세에는 고린도성(城)이 있는 아크로고린도(고린도 언덕)가 고린도 방어에 큰 역할을 하였다. 그럼에도 불구하고 고린도는 중세로부터 19세기까지 노르만족, 프랑크(Frank)족, 베네치아, 오스만 제국으로부터 침략을 받아 점령당하였다. 그리고 근대에 들어서 1821년에 그리스 독립전쟁이 시작되고 1830년에 오스만 제국으로부터 독립하였다. 1858년에 고린도를 강타한 지진으로 고린도는 파괴되어 지협에 가까운 곳에 새로운 도시가 건설되었으나 1929년에 다시 큰 지진이 일어나자 도시는 다시 큰 피해를 입었다. 그 후 도시는 재건되어 오늘에 이르고 있다.

(4) 고대 고린도

바울과 베드로 당시의 고린도는 오늘날 고린도 도심에서 약 10km 동남쪽에 위치하고 있으며 오늘날은 유적지로 남아있다. 구(舊)고린도라고 부르는

고대 고린도 유적

이 고대 고린도 유적지의 한 가운데에 있는 로마 광장의 갈리오 총독 재판정에는 돌로 만든 연단(演壇) 자리가 아직도 남아있고 출발선이 있는 운동경기장 등도 남아있다. 당시 그리스인들은 이러한 연단을 베마(Bema)라고 불렀다. 이곳 운동장의 출발선을 보고서 필자는 고린도전서 9장 24절 (운동장에서 달음질하는 자들이 다 달아 날 찌라도 오직 상 얻는 자는 하나인 줄을 너희가 알지 못하느냐 너희도 얻도록 이와 같이 달음질하라) 말씀을 생각하였다.

이를 고린도 교인들에게 쓴 것은 고린도에 운동경기장이 있으므로 이런 것을 예로 들면 고린도 교인들이 기독교의 구원(건설구원 또는 성화구원)에 대해 쉽게 이해할 수 있을 것이라는 생각에서 바울이 쓴 것이 아닌가 하는 생각을 혼자 해보았다.

구(舊)고린도 유적지 안에는 고대 고린도의 아고라(시장)와 레카이오 항구를 이어 주었던 길이 3km의 '레카이온 도로(Lechaion Road)'의 흔적도 볼 수 있다. 이 도로는 로마 제국의 초대황제인 아우구스투스 시대에는 비포장이었으나 서기 1세기에는 석회암 돌판으로 포장되었다. 그러다가 10세기경부터는 거의 사용하지 않다가 1858년의 지진으로 파괴되었다. 아직도 남아있는 이 도로 양편에 서있던 상가 거리와 고린도의 신전 등의 유적을 보면 그 당시 이곳이 교통과 무역의 요지로서 크게 번영하였으며 주민들의 생활수준이 아주 높았음을 알 수 있다. 특히 구 고린도에는 야외극장이 두 곳이 있었는바 '로만 오디움(Roman Odeum)'이란 곳은 음악을 감상하는 곳이고 다른 한 곳의 야외극장은 연극을 보는 곳이다. 필자는 해외 여행을 하면서 로마, 폼페이, 아테네, 빌립보, 에베소, 버가, 두레스(알바니아), 튀니스, 암만(요르단), 페트라(요르단) 등 여러 곳에서 로마시대의 야외극장을 보았으나 모두 음악과 연극을 동시에 할 수 있는 극장이었다. 그러나 이곳 고린도에서 음악당과 연극장이 구분되어 각각 별도로 만들어진 것을 처음 보았다. 이는 당시 고린도인들의 예술감이 뛰어나고 경제가 상당히 윤택하였다는 것을 말해주는 단면이다. 이러한 고린도인들이었기에 건축양식분야에 있어서도 그들은 '고린도 양식'이라는 특별한 디자인의 건축법을 만들었던 것이다.

(5) 고린도성

구 고린도 유적지 뒤에는 '아크로고린도힐(Acrocorinth Hill)'이라고 부르는 높은 산이 있는데 이 산 위에는 고린도성(城)이 서있다. 이곳에 오르는 비포장도로는 자동차 한 대가 간신히 지나 갈 수 있을 정도로 좁고 길가 낭떠러지 쪽으로는 붕괴의 위험이 있는 곳도 보인다. 물론 낭떠러지 도로가에 방책도 없다. 그러므로 버스나 트럭은 올라가지 못하고 승용차나 지프차만 올라 갈수 있다. 필자는 구고린도 유적지에서 한국에서 온 일단의 한국인 단체관광단을 만났다. 이들은 아테네에서

1. 동쪽에서 본 고린도산
2. 고린도산 위에 만든 고린도 요새(성)

대형 관광버스를 타고 왔으므로 유적지만 둘러보고 산 위에 있는 성에는 갈 수 없었다. 이들만이 아니고 단체여행으로 버스를 타고 고린도 유적지를 방문하는 사람들은 위험한 도로 사정 때문에 산성 위에 가는 경우가 없다. 승용차를 운전하고 왔어도 산위에 올라가는 도로를 보면 마음이 위축되어 포기하는 사람도 있다. 필자는 아테네에 회사일로 주재하는 고등학교 동창 덕분에 그의 차를 빌려서 운전하여 고린도에 왔으므로 산위에 올라갔다. 운전하면서 도로 상태가 위험한 것을 알았을 때는 이미 늦었다. 도로 폭이 좁아 U턴 할 수가 없다. "에라! 이왕 이렇게 된 것 끝까지 가보자" 하는 마음으로 도로 끝까지 올라가자 그곳에는 다행히 차를 돌릴 수 있는 공간이 있었다. 산 밑에서는 산위에 세워진 성이 잘 안 보이는데 막상 올라와 보니 두꺼운 성벽으로 세워진 성채가 있다. 고대에 고린도를 방어하던 요새이다. 이곳에서는 구 고린도와 현대의 고린도 도시가 모두 내려 보이며 고린도 운하의 서쪽 입구도 멀리 보인다. 그리고 발밑에는 평화로운 그리스 농촌 풍경이 넓게 펼쳐져 있다.

(6) 바울 기념교회와 베드로

아테네의 키피소스 시외버스 터미널에서 오후 1시 40분에 출발한 버스는 1시간 10분 후에 고린도에 도착하였다. 필자가 탄 버스가 고린도 시외버스 터미널에 도착하였을 때는 부슬비가 내리고 있었다. 바울 기념교회는 시내에 있으므로 이곳에서 어렵지 않게 걸어서 갈 수 있는 거리이다. 이 교회는 1934년에 세워진 그리스 정교회이다. 버스에서 내려 시내에 있는 바울 기념교회를 향해 걸어가다 보니 어느새 부슬비는 멈추고 하늘이 맑게 개이기 시작한다. 필자가 도착하였을 때는 교회 외부에 아무도 보이지 않고 예배당의 문은 잠겨 있어 내부를 볼 수는 없었고 외부만 보는 것으로 만족했어야 하였다. 예배당 건물 상부 오른편에는 성경을 들고 있는 바울이 서 있는 모습이, 그리고 왼편에는 천국의 열쇠를 들고 있는 베드로가 서 있는 모습의 모자익 장식 그림이 붙어 있는데 크기가 상당히 크다. 그리고 예배당 건물 입구 출입문 옆에는 고린도 교회의 목회자 이름이 붙어있는데 초대 목회자인 바울의 이름이 제일 위에 적혀 있다. 고린도 교회를 세우는 일에는 처음부터 바울이 관여하였으므로 당연히 이 교회에는 베드로보다 바울의 사역을 더 크게 여기고 있다. 그러나 초대교회를 반석 위에 세우고 이끈 두 명의 위대한 사도의 모습을 바울 기념교회 건물 외부에 대형 모자익 타일 그림으로 붙여 놓은 것이다. 물론 이 모자익 타일로 그려진 두 사도의 모습은 어디까지나 상상화일 뿐, 두 사도의 모습이 어떻게 생겼는지는 아무도 모른다. 이러한 그림이나 동상이 기독교인들의 뇌리에 깊이 박히게 될까 염려스럽다. 그러므로 필자의 집에는 예수님이나 사도들의 모습을 그린 그림이나 조각상은 한 개도 없다. 잘못하면 이런 것들이 우상의 역할을 할 수 있다.

필자가 두 사도의 발자취를 찾아 다닐 때 이탈리아, 바티칸, 이스라엘, 그리스, 키프로스, 튀르키예 등지에서 두 사도를 포함하여 초대교회의 흔적이 있는 곳에는 어김없이 여러 사도들의 그림이나 동상 또는 부조상이 있다. 예수님이나 사도들의 모습이 어떠한지는 아무도 모른다. 당시 사진이 있는 것도 아니고.... 그냥 화가들이 상상으로 그렸거나 조각가들이 상상으로 만든 동상을 보고 기독교인들이 감동을 받아서는 안 된다. 기독교인이라면 성경말씀을 읽고 배우며 진리(하나님 말씀)를 깨달아 알게 되는 것으로 감동받아야 한다. 성경에는 예수 그리스도를 통해서만 구원받고 다른 이름으로는 구원받을 수 없다고(사도행전 4장 12절) 명확히 기록되어 있다. 그러므로 불신자들이나 타종교에서는 기독교는 배타적이라고 비난한다. 아니, 성경말씀에 그렇게 분명히 쓰여 있는데 인간의 얄팍한 지식과 상식으로 기독교를 함부로 비난하다니....! 이슬람교, 불교를 포함한 다른 어떤 종교에도 구원은 없다. 그러나 이슬람교도는 자기들의 성자에 대한 그림이나 조각조차 우상이라고 생각하여 만들지 않는다. 여기에 비해 우리 기독교는 어떻게 생겼는지 전혀 알 수 없는 예수님과 사도들의 얼굴과 몸에 대해 그림과 동상을 별 생각 없이 만드는 것 같다. 주일학교용 교육 자료에도 수염을 가진 예수님의 얼굴 그림을 남발하고 있다. 중지되어야 한다. 전쟁을 하는 적국이라 할지라도 상대에게서 배울 점이 있으면 배우는 것이 지혜로운 행동이다. 이슬람교가 성자들에 대한 그림이나 조각을 만들지 않는 점은 기독교도 본 받아야 한다.

그러므로 본서에는 필자가 사도들의 발자취를 찾아가면서 어디서나(특히 가톨릭 성당이나 동방정교회 교회 등) 쉽게 만나는 사도들 그림이나 조각상 사진을 싣지 않으려고 하였으나 현지에서는

바울기념교회

이렇게 한다는 것을 알려주려고 그냥 참고로 몇 장을 실었다. 다시 한 번 말하지만 이러한 그림이나 조각상을 보면서 전혀 어떤 감동을 느낄 필요가 없다.

필자는 펠로폰네소스 반도에 있는 스파르타를 방문 할 때도 아테네에서 버스를 타고 갔는데 도중에 고린도를 통과하여 간 적이 있다. 그때는 버스가 고린도 시내를 통과하는 것이 아니고 고린도 운하가 있는 고린도 지협의 시외

천국의 열쇠를 들고 있는 베드로. 모자익 타일로 만들어졌다.
그러나 아무도 베드로가 어떻게 생겼는지 모른다

버스 휴게소에 잠시 정차하여 승객들이 타고 내린다. 그날 옆자리에는 아테네 대학 4학년 남학생인 케라시오티스(Kerasiotis)가 앉았는데 영어가 유창하므로 필자와 여러 화제를 이야기하였다. 주로 그리스에 대해 필자가 묻고 그가 대답하였다. 필자가 그리스 정교회에 대해 몇 가지 궁금한 질문을 하자 그는 한마디로 그리스 정교회 사제의 90%가 엉터리라고 한다. 그 이유는 그들은 정치에 너무 깊게 관여하거나 아동 성추행이나 하고 있다는 것이다. 그러면서 그는 그리스 정교회 대주교인 아론 이모스(Aaron Imos)를 심하게 비평하였다. 스파르타에서 아테네로 돌아가는 버스 속에서는 옆자리에 전기 기술자가 앉았다. 테르지스(Terzis)라는 이 40대 전기 기술자도 영어가 유창하므로 필자의 말동무가 되었다. 올 때에 케라시오티스에게 질문한 것과 마찬가지로 테르지스씨에게 여러 질문을 하자 그는 원래 그리스 정교회 신자였으나 정교회가 너무 부패되었으므로 얼마 전에 제7안식교로 개종하였다고 한다. 이야기를 듣다 보니 그는 아주 신앙심이 깊은 사람이었다. 그는 필자에게 (아마 자기가 여행 중에 먹으려던 것으로 보이는) 과자를 주며 하나님께서 복 주시기를 기원한다고 말하면서 도중에 고린도에서 내렸다. 이 두 명으로부터 들은 이야기에 근거하여 그리스 정교회의 실체를 말한다는 것은 문제가 있다고 생각하지만 정교회가 너무 겉으로 보이는 의식행위만 중히 여기는 것이 아닌가 하는 생각이 든다.

9. 로마

서기 1, 2세기 세계 최고의 강국이었던 로마 제국은 소위 말하는 '팍스 로마나(Pax Romana)' 즉, '로마에 의한 세계 평화'로 세계를 이끌던 나라였다. 당시의 세계 평화는 로마 제국의 막강한 군사력, 경제력, 정치력에 의해 유지되었던 것이다. 세계 최초의 제국인 앗시리아 제국이 역사에 등장한 이후 여태까지 '팍스'를 나라 앞에 붙인 경우는 팍스 로마나, 팍스 브리타니카(영국에 의한 세계 평화)와 팍스 아메리카(미국에 의한 세계평화) 등 인바 로마 제국은 세계 역사에 굵은 획을 그은 거대한 국가로서 고대 그리스와 함께 오늘날 서양 문명의 근간을 이루고 있다. 그러므로 로마 제국과 제국의 수도였던 로마에 대해 이야기 하자면 책 한 두 권으로서는 부족하다. 특히 본서는 베드로에 관한 책이므로 세계를 흔들던 로마 제국의 찬란한 역사와 일반 사항에 대해 이야기 하지 않고 로마와 베드로의 관계, 그리고 로마와 기독교 초기 역사에 대해서만 한정하여 이야기 한다.

(1) 기독교와 로마

기독교가 세계적으로 크게 성장하게 된 계기를 만들어준 로마에는 초기 기독교의 유적과 역사를 간직하고 있는 곳이 많다. 시내에는 베드로와 사도 바울이 감금되었다고 여겨지는 마메르틴 감옥을 비롯하여 시내 외곽에는 기독교인들이 숨어 살았고 묘지로서 사용된 카타콤, 베드로의 순교를 기념하는 '쿼바디스 도미네(주여 어디로 가시나이까) 성당', 사도 바울이 로마로 걸어 오던 아피아 가도, 사도 바울이 순교하기 바로 전에 갇혀있던 지하 감옥과 그 위에 세워진 '하늘계단(Santa Maria Scala Coeli) 성당', 사도 바울이 목 베임을 당해 순교한 '바울 참수교회(Three Fountain Abbey)', '베드로 사슬 교회(Church of St. Peter in Chains)', '사도 바울 무덤 성당(Basilica di San Paolo)', 기독교인들이 관중 앞에서 사자에게 물려 죽던 콜로세움 경기장 등 많은 유적이 있다. 여기에 대한 구체적인 설명은 본서가 출판되기 전에 출판한 졸저 '사도 바울의 발자취를 찾아서'에 대부분 설명하였는바 동부 지중해 지역의 기독교 유적에 대해 관심이 있거나 사도 바울이 걸어간 발자취를 따라서 이 지역을 방문해 보기를 원하는 분들에게 "사도 바울의 발자취를 찾아서"와 "여기가 동부 지중해이다(출간예정)"를 일독할 것을 권하고 싶다.

1
2 3

1. 보디올 항구. 오늘날 명칭은 포주올리
2. 압비오 저자(아피아 도로상에 있는 시장) 지역
3. 로마인근의 삼관 인근지역

    그리스 문명의 영향을 받은 로마는 그리스인들이 섬기던 신들을 가져와서 이름만 로마식으로 바꾸고(예, 그리스의 '제우스'를 '주피터'로 바꾸는 등) 섬겼다. 그러나 로마가 점령한 팔레스타인(오늘날의 이스라엘)에서는 유대인들이 강하게 반대하므로 유대인들에게 종교의 자유를 주었던 기간도 있었다. 한편, 예수를 믿는 유대인들 가운데 예수님의 제자들과 사도 바울 등을 통해 예수교(기독교) 신앙이 로마에도 들어오게 되었다. 이렇게 기독교인들이 된 로마인은 그때까지 섬기던 로마의 신들을 섬기기를 거부하고 유일신인 하나님을 섬기겠다고 하는 사람이 점차 증가하자 로마 제국의 지도자들은 정치하는데 위협을 느껴서 기독교인을 탄압하기 시작하였다. 특히 서기 64년 7월에 로마에 큰 화재가 발생하자 당시 로마제국의 네로 황제는 이것이 기독교인의 소행이라고 하며 기독교인을 체포하여 학살하였다. 기독교인들은 원형경기장과 경마 경기장에 모인 많은 구경꾼들 앞에서 사자 등 짐승에게 물려 죽거나 불에 태워져 죽었다. 예수님의 제자 베드로는 십자가에 거꾸로 매달린 상태로 불에 타서 죽었고 사도 바울은 목 베임을 당해 죽었다고 전해진다. 그러나 기독교는 박해를 받을수록 왕성하게 퍼져 나가 로마 제국 곳곳에 기독교인이 급속도로 늘어났다. 결국 서기 313년에 콘스탄티누스 황제는 기독교를 공식적인 종교로 인정함으로써 기독교인은 더 이상의 탄압을 받지 않게 되었고 서기 392년에 테오도시우스 황제는 기독교를 로마 제국의 국교(國敎)로 만들었다. 즉, 피정복지의 신까지 포용할 정도로 다신교 국가인 로마가 기독교 국가로 된 것이다. 그 후 기독교는 유럽전역으로 퍼지고 이어서 아시아와 신대륙에도 퍼져서 세계 전역에 기독교 복음이 전파되게 되었다.

(2) 마메르틴 감옥과 주변

1) 콜로세움

로마를 방문하는 사람이라면 누구나 한 번쯤 둘러보는 곳이 시내 중심에 있는 콜로세움(Colossem)이다. 원래 이곳에는 콜로소(Colosso)라고 불리우던 거대한 네로 황제의 황금상이 세워져 있었으므로 여기서 그 이름이 유래된 것이다. 콜로세움은 고대 로마인들

콜로세움

의 뛰어난 건축기술을 유감없이 보여주는 건축물로서 4층으로 되어있는 콜로세움은 서기 72년에 베스파지아누스 황제가 건설을 시작하여 그의 아들 티투스 황제에 의해 서기 80년에 완성되었다. 로마 제국으로서는 랜드마크 건축물이었으므로 준공식 축하행사가 100일 동안 계속되었다고 한다. 5만 명이 입장 가능한 엄청난 크기였으며 이곳에서는 노예출신의 검투사들의 관중들 앞에서 피비린내 나는 결투, 맹수 사냥 그리고 모의 해전(경기장에 물을 채워)을 하였다. 그리고 초대교회가 로마에서 박해받을 때 기독교인들이 이곳에 잡혀와서 관중들이 보는 앞에서 순교당하기도 하였다.

2) 포로 로마노

콜로세움에서 근대 이탈리아를 통일한 엠마누엘 2세 기념관이 있는 베네치아 광장을 향해 가다보면 도로 왼편에 공회장인 '포로 로마노(Foro Romano)'가 펼쳐진다. 이탈리아어로 Foro는 영어의 Forum으로서 신전, 예배당, 공공건물, 상점, 기념비 등이 들어서 있어 로마 시민의 공공생활을 위

1. 포로로마노 (마메르틴 감옥 인근)
2. 포로로마노
3. 고대 매장지 상상도 (포로로마노 현장자료)

한 일종의 광장이며 공회장이다. 원래 이곳은 기원전 11~10세기에는 매장지(埋葬地)로 사용된 곳이다. 그 후 여러 번에 걸친 야만족의 침략을 받아 파괴되어 황폐해졌고 특히 중세 이후에는 사람들이 개인 별장, 성당, 요새 등을 지으려고 공회장의 건물을 헐어 건축재료로 사용하는 바람에 '포로 로마노'는 폐허가 되어 버려 양치기들이 양치는 곳으로 전락해 버렸다. 18세기가 되어서 이 지역에 대한 고고학적인 조사가 시작되면서 발굴작업이 병행되어 오늘날 우리가 볼 수 있는 포로 로마노 유적지가 나타났다. 발굴 작업은 현재도 계속되고 있다.

3) 마메르틴 감옥

콜로세움을 출발하여 포로 로마노가 내려 보이는 길을 가다가 포로 로마

1. 마메르틴 감옥 (지하)
2. 마메르틴 감옥 입구

노가 끝나는 지점에서 왼쪽 도로를 따라가면 예수님의 육신의 아버지 요셉을 기념해서 만든 요셉 성당이 있고 그 지하에 마메르틴(마메르티노) 감옥이 있다. 기원전 7세기에 지어진 이 지하 감옥에서는 로마에 대항하는 수많은 사람들이 투옥되어 처형되었는데 전설에 의하면 이 감옥에 베드로와 바울도 처형되

감옥지하 출입문. 왼쪽에는 천국열쇠를 들고 있는 베드로, 오른쪽은 바울의 얼굴이 부조되어있다

기 바로 전에 갇혔다고 한다. 감옥건물 옆에서 처형된 시체는 인근을 흐르는 테베레(Tiber)강에 버려졌다. 베드로는 이 감옥에 있는 동안 간수들과 죄수들을 전도하여 예수교인으로 만들었고 감옥의 벽에서 물이 솟아 나오게 하는 기적을 보여 그 물을 사용하여 세례를 주었다는 전설도 내려오고 있다. 감옥은 서기 4세기까지 사용되었으나 그 샘터는 아직도 감옥 속에 남아 있다. 16세기에 이 지하 감옥 위에 요셉 성당이 세워졌다.

(3) 베드로 쇠사슬 성당

　로마의 테르미니 기차역에서 콜로세움을 향해 가다가 나타나는 도로 왼쪽에 있는 계단을 올라가면 베드로 쇠사슬 성당(Church of Saint Peter in Chains)이 나타난다. 전설에 의하면 이 성당은 로마 제국의 발렌티아누스(Valentinian)[31] 황제의 황후 에수도시아(Eudoxia)가 베드로가 예루살렘 감옥에 있을 때 묶였던 쇠사슬을 레오 1세 교황에게 선물하였고 레오 1세는 이 쇠사슬과 함께 베드로가 로마의 마메르틴 감옥에서 묶였던 쇠사슬을 보존하려고 성당 건축명령을 내려 서기 442년에 이 성당이 완공하였다고 한다. 베드로가 예루살렘 감옥에서 쇠사슬에 매였던 것은 사도행전 12장 6절(헤롯이 잡아내려고 하는 그 전날 밤에 베드로가 두 군사 틈에서 두 쇠사슬에 매여 누워 자는 데 파숫군들이 문 밖에서 옥을 지키더니)에 기록되어 있다. 예루살렘 감옥과 로마의 감옥에서 베드로를 묶었던 이 두 개의 쇠사슬은 교회 한 가운데에 보관, 전시되고 있는데 놀랍게도 마치 누군가 서로 용접작업을 한 것처럼 스스로 붙어버린 채로 전시되고 있다. 이 교회는 여러 번 개수되어 1875년에 오늘날 모습을 갖추었다. 교회 내부 중앙 부분은 아주 이색적으로서 이탈리아 화가 파로디(Giovanni BattistaParodi)가 1706년, 천정에 그린 그림 '쇠사슬의 기적(Miracle of the Chains)'은 보는 사람으로 하여금 독특한 느낌을 받게 하고 있다. 미켈란젤로가 1505년부터 1515년 사이에 만든 조각 작품 '모세'도 이곳에 있는데 원본은 아니다. 이 성당 안에는 교황 줄리우스 2세[32]의 영묘(靈廟, Mausoleum)도 있다.

---

31) 출생 321년, 사망 375년. 즉위기간, 364~375년
32) 출생 1443년, 사망 1513년. 재임기간, 1503~1513년

1. 베드로 쇠사슬 교회
2. 교회 내부 중앙에 보존되어 있는 쇠사슬
3. 베드로를 묶었다고 전해지는 쇠사슬
4. 베드로 쇠사슬 교회 내부

10. 바티칸

(1) 바티칸의 유래

바티칸(Vatican)에서 Vatis는 라틴어로 '예언자'라는 뜻이다. 베드로가 순교하자 그날 밤에 그를 따르던 사람들은 그의 시신을 은밀하게 운반하여 코르넬리아 가도(Via Cornelia)에 있는 이교도 묘지에 묻었다고 한다. 이 묘지는 바티카누스(Vaticanus)라는 언덕 위에 위치하였다.[33]

오늘날 이탈리아 수도인 로마 안에 위치하고 있는 바티칸 시국(市國)은 영세중립국이며 일반적으로 세계에서 가장 작은 나라로 인정받고 있다(그러나 자기들이 더 작다고 주장하는 초소국들도 있다). 바티칸의 출발은 예수님의 수제자인 베드로이다. 이스라엘의 갈릴리 바다에서 고기를 잡던 어부였던 베드로는 예수님을 만나게 된 이후 예수님의 12제자 가운데 수제자가 되었다.

이러한 베드로를 기념하기 위해 서기 313년에 밀라노 칙령으로 기독교를 공인한 로마 황제 콘스탄티누스 1세[34]는 오늘날 로마 시내 서쪽에 있는 바티카누스 언덕에 거대한 성당을 세웠다. 이 언덕 이름에서 오늘날 바티칸의 이름이 유래되었다. 콘스탄티누스 황제는 순교한 베드로의 무덤이 있다고 여겨지는 이 곳에 성(聖) 베드로 대성당을 건축하여 교황에게 바친 것이다. 이후 바티칸은 교황이 거주하는 천주교의 중심지가 되었다.

---

33) Werner Keller 『The Bible as History』 p.372, Hodder and Stoughton, London, UK, 1974
34) 서기 274~337년. 밀라노 칙령을 통하여 기독교 신자들에게 신앙의 자유를 인정해 주었다.

바티칸의 성베드로 성당과 성베드로 광장

　사도 베드로와 사도 바울이 로마에서 순교하였다는 이유로 로마 주교는 다른 지역의 주교보다 더 대표성을 갖게 되었고 초기 기독교 시대에 로마 주교가 교황의 직책을 갖게 되었다. 그 후 교황은 교권이 강해지면서 점차 순수한 종교를 넘어 유럽의 정치에 관여하고 영향력을 미치게 되었다. 6세기 이후부터 가톨릭 교회는 많은 사람들로부터 헌금을 받아 교회재산이 급격하게 증가하였다. 특히 서기 754년에 프랑크 왕국을 세운 피핀(Pepin 또는 Pippin) 국왕은 이탈리아 동부 지역 일부를 교황에게 헌납하기도 하였다. 이것을 역사학자들은 '피핀의 기부(Donation of Pepin)'라고 부른다. 이때부터 가톨릭 교회는 교황령(敎皇領) 토지를 갖게 되었고 이 사건이 중세(中世) 교황령의 법적 근거가 되었다. 이렇게 돈과 영토를 확보하면서 커진 교황의 권력이

성베드로 광장에서 오스트리아 대학의 교직원들과 함께한 필자(왼쪽 4번째).
이들은 학교 전통에 따라서 군복 비슷한 교복을 입고 바티칸을 방문하였다

한 때는 유럽 각국의 왕과 귀족이 가진 권력을 능가함으로써 유럽 전체를 통치하다 시피한 시기도 있었다. 예를 들면, 1077년에 신성로마 제국의 황제인 하인리히 4세는 그레고리오 7세에게 대항하다가 겨울에 교황이 머무르고 있던 이탈리아 북부의 카노사(Canossa) 성(城)에 찾아가 눈 속에서 맨발로 꿇어앉아 용서를 빌었다. 그러므로 이러한 권세를 가진 교황을 임명하기 위해 로마 귀족은 파벌 싸움을 벌였다. 자기들의 정치, 사회적 이권이 교황 임명에 달렸기 때문이다. 13세기 말 부터는 추기경들이 모여서 콘클라베(Conclave)[35]라고 부르는 회의를 통해서 교황을 선출하기 시작하였다. 바

---

35) 라틴어로 '열쇠가 있어야 들어갈 수 있는 방'이란 뜻임

티칸의 시스티나(Sistine) 소성당에서 평균 3일 동안 열리는 콘클라베를 통하여 투표 참가자 가운데 2/3 이상 표를 얻는 사람이 나올 때까지 투표는 계속된다. 투표에 사용된 용지는 투표가 끝난 뒤 불태우는데 굴뚝을 통해 나오는 연기가 검은 색이면 교황이 아직 선출되지 못했다는 뜻이고 흰색이면 교황이 선출되었다는 뜻이다.

한편, 교황의 세력이 커지면서 유럽의 군주들과의 권력 투쟁도 끊이지 않아 14세기에는 프랑스 국왕이 교황청을 남부 프랑스의 아비뇽으로 이동시킨 적도 있었다. 그리고 1870년에는 이탈리아가 한 나라로 통일되면서 교황령이 없어지자 교황의 영역은 바티칸의 성베드로 성당으로 제한되기도 하였다.

(2) 교황이 천주교 수장이 된 이유

기독교는 구교(舊敎)라고 부르는 가톨릭(천주교)과 신교(新敎)라고 부르는 프로테스탄트(개신교)로 크게 양분된다. 이와 별도로 동방정교회를 포함하여 기독교를 3개로 구분하는 사람들도 있으나 동방정교회는 신앙과 예배 의식이 개신교와는 다르고 천주교와 비슷하다.

개신교회는 모든 교회가 독립적이고 목사마다 성경을 다른 각도에서 해석할 수 있으나 가톨릭은 상하관계가 확실한 피라밋같은 거대한 조직을 갖고 있으며 이러한 가톨릭교회의 계층(Hierarchy) 정점에는 로마 교황이 있다. 오늘날 로마 교황은 바티칸 시국의 국가원수(元首)도 겸하고 있다. 로마 교황이 전 가톨릭교회의 정상에 오르게 된 것에는 로마 교회가 예수님의 12사도

가운데 한 명인 베드로와 관련이 있었기 때문이다. 베드로는 12사도 가운데 수제자로서 리더 자격을 갖춘 인물이었다. 예수님은 그에게 너는 베드로라. 내가 이 반석 위에 내 교회를 세우리니 음부의 권세가 이기지 못하리라. 네가 땅에서 무엇이든지 매면 하늘에서도 매일 것이요 네가 땅에서 무엇이든지 풀면 하늘에서도 풀리리라(마태복음 16장 18절)라고 말씀하였다. 그리스어(語)로 베드로는 반석(盤石)이라는 의미이다. 즉, 베드로는 교회에서 특별한 지위를 예수님으로부터 인정받은 사도라고 보여지는 대목이다. 이러한 베드로가 순교한 곳을 가톨릭은 로마라고 여기고 있다. 성경에는 기록되어 있지 않지만 전설에 의하면 베드로는 네로황제에게 박해받아 순교하였다고 한다. 앞에 예수님께서 베드로에게 말씀하신 성경구절과 베드로의 순교 주장이 결합되어 3세기 이후에 로마 사교(司敎: Bishop)는 베드로의 후계자가 되어야 하고 교회 전체의 수장으로서 중시되어야 한다는 주장이 제기되었다. 물론 이러한 주장에도 역대 로마 사교들이 다른 지역의 사교들보다 그 권위가 인정되지 못하면 교황으로 될 수는 없었다. 그러나 로마에는 로마 제국의 수도로서 역사가 있었으므로 이 점이 로마 사교의 권위를 다른 지역 사교들보다 인정받도록 하는 데 유리하게 작용되었다. 4세기 말, 로마 제국은 동서로 분열되었다. 로마를 수도로 하는 서로마 제국은 서기 476년에 멸망하였다. 그 과정에서 로마 사교로서 제45대 교황인 레오 1세(재임. 440~461년)가 민족이동중인 훈족의 로마 침공을 저지하였다. 레오 1세는 서기 452년에 훈족의 수장인 아틸라(Attila)를 만나 로마 침공을 포기하도록 설득하여 훈족은 로마 침입을 포기하고 돌아갔다. 제46대 교황인 그레고리오 1세(재임, 590~604년)가 게르만 민족에게 포교활동을 시작하자 다른 지역의 교회와 사교들도 로마 교회의 권위를 인정하게 되었다. 이렇게 하여 로마 교회의 지위가 확립되고 로마의 총대사교(Archbishop)는 교황이라고 하는 특별한 존재로서 인정받게 되었다.

(3) 가장 작은 나라

그러므로 교황청과 이탈리아 정부와의 관계는 불편한 상태이었으나 1922년부터 이탈리아의 파시즘 독재자로 등장한 무솔리니 수상이 관계를 어느 정도 회복시켰다. 그는 파시즘 정권을 강화하기 위해(국민 대부분이 가톨릭인 이탈리아 국민의 마음을 얻어서) 교황청과 원만한 관계를 맺으려고 하였다. 그 일환으로 그는 1929년 2월 11일, 라테란(Lateran) 궁전에서 교황청과 라테란 조약[36]을 맺어 바티칸시(Citta del Vaticano)를 하나의 독립국으로 인정하였다. 이 협정은 교황이 바티칸 시국에서 주권을 가지고 자유롭게 주교를 임명하고 교황을 선출하는 등 종교행사를 보장하는 한편, 외교와 교육 그리고 세수(稅收) 등 모든 면에서 독자적 권리를 행사하는 내용이다. 그러므로 장화 모양의 이탈리아 반도는 그때부터 산마리노를 포함하여 3개의 독립 국가를 갖게 되었고 1947년에는 라테란 협정 내용이 이탈리아 헌법에 명시되었다.

바티칸의 면적은 $0.44km^2$, 인구는 약 천 명으로서 세계에서 면적과 인구가 가장 작은 나라라고 일반적으로 인정되고 있으나 이보다 더 작은 나라라고 주장하는 일부 초(超)소국들도 있다. 주(駐)이라크 미국 대사관의 면적이 $0.72km^2$로서 바티칸보다 거의 두 배가 클 정도로 오늘날 바티칸 시국의 면적은 강대국의 대사관 면적보다도 작다. 그러나 천주교를 대표하는 교황은 세계 여러 나라에 대사를 파견하고 있다. 국가라는 것은 거대한 정치 단체이다. 바티칸이 세계 여러 나라에 대사를 파견하고 있다는 사실은 천주교가 개신교에 비해 정치단체의 색을 갖고 있다고도 말할 수 있다. 하긴 오늘날 개신교회

---

36) Lateran Treaty 또는 Lateran Pact of 1929.

도 순수한 복음주의(땅에 사는 동안 만나는 현실 속에서 하나님 말씀 순종하여 진실한 인간이 되는) 보다는 기독교인이 아닌 일반인들도 할 수 있는 정치, 사회, 복지, 노동, 인구증가 운동, 여성 인권, 우리민족끼리 남북통일, 국제 기독교회의 참가 등의 주제나 행사에 주력을 하고 있다. 기독교의 알맹이 본질을 추구하는 것보다는 화려하고, 누구에게나 쉽게 호응을 얻는 껍데기 만들기에 분주한 모습이다.

(4) 바티칸의 스위스 위병

1) 스위스 위병

한편, 오늘날 성베드로 성당 옆에 중세 군인의 복장을 입고 경비를 서고 있는 군인은 모두 스위스 용병이다. 16세기 초 스위스 군인들이 신성로마제국의 공격으로부터 교황과 바티칸을 지키기 위해 용감히 싸우다 전사하였으므로 이것이 계기가 되어 그 이후부터 교황청의 경비는 스위스인들이 맡고 있다.

바티칸 시국은 1929년에 독립국가가 되었다. 현재의 국가원수는 266대 교황인 프란치스코(Francis)이다. 바티칸 시국은 인구 820명(2018명)으로서 바티칸에서 성직에 관련된 사람만 시민권을 얻을 수 있다. 바티칸은 가톨릭의 총본산으로서 전 세계 가톨릭교도의 성지(聖地)이며 가톨릭 교인에게 그 권위는 절대적이다. 바티칸 시국의 공용어는 라틴어이므로 모든 공문서에는 라틴어가 사용되고 있다. 그러나 통상 회화는 이탈리아어를 사용한다. 이 조그만 나라를 지키는 군대가 있다는 사실은 대부분의 사람들이 모르고 있다.

성베드로 성당을 지키는 스위스 위병

그러나 이 조그만 나라는 용병(傭兵)으로 구성된 미니 군대를 보유하고 있다. 이 용병은 바티칸 시국과 교황을 지키고 있는데 모두 스위스 사람들이다. 바티칸 시국이 주위에서 쉽게 구할 수 있는 이탈리아인을 용병으로 고용하지 않고 멀리 있는 스위스인을 용병으로 고용하는 데는 긴 역사가 있다.

오늘날 스위스는 고가의 시계 등 정밀공업과 은행, 그리고 관광수입으로 세계에서 국민 소득이 가장 높은 나라 가운데 하나이나 중세(中世) 시대에는 산에 둘러싸인 국토에서 농작물의 수확이 적고 산업이 발전되지 못해 먹고 살기가 어려워 적지 않은 스위스인들이 유럽 여러 나라에 용병으로 가서 받는 급여를 스위스에 보내 나라의 재정이 간신히 유지될 수 있었다. 즉 스위스는 중세에는 용병대국이었다. 오스트리아의 합스부르그가(家)에서 독립한 스위스의 용병은 보병의 밀집대형으로 부르고뉴 공국(Duche de Bougogne)[37]과의 전쟁에서 승리하는 등 강력한 보병을 유지하였다. 스위스 용병은 충성심과 엄격한 규율이 인정받아 프랑스 혁명 때 군중의 습격으로부터 왕궁을 지키다가 전멸한 사례도 있다. 그러므로 바티칸 시국에서는

---

37) 9세기부터 15세기말까지 프랑스 동부 부르고뉴 지역에 존재하였던 공국(公國)

1527년부터 스위스 용병을 수세기에 걸쳐서 고용하고 있는 것이다. 신성로마 황제 카알 5세가 이탈리아를 침공하자 교황청이 있는 로마는 살육과 파괴가 극에 달한 상황에 처했다. 이때 몸을 던져서 교황을 지킨 사람들이 스위스 용병들이었다. 강력한 신성로마 군대를 상대로 싸우면서 바티칸도 150여명의 병사가 전사하였다. 바티칸은 그들의 충성과 용기에 감사하여 그 후 바티칸의 경비는 스위스인 용병에게 맡기기로 결정하였다. 이러한 이유로 오늘날도 바티칸 시국의 위병(衛兵)은 스위스 국적을 가진 자만 할 수 있다.

참고로 스위스의 루체른 시내에 가면 '빈사(瀕死)의 사자상'을 볼 수 있다. 바위 절벽에 가로 10m, 세로 6m 크기의 죽어가는 사자의 모습을 파서 조각을 만들어 놓은 것이다. 등에 창을 맞아 죽어가는 사자는 앞발로 방패를 껴안고 있는데 이 방패에는 프랑스 부르봉 왕조의 백합화 문장이 그려져 있고 사자의 심장을 뚫고 머리 앞으로 나온 창끝에는 스위스 용병을 상징하는 방패가 있다. 프랑스 부르봉 왕조의 루이 16세는 스위스 용병 약 1,100명을 고용하였는데 프랑스 혁명이 일어나자 왕궁에 몰려온 군중을 막느라 장교 26명을 포함한 스위스 용병 약 760명이 전사하였다. 용병대장 폰 바우만 소령은 루이 16세를 위하여 끝까지 싸우다 잡혀 스위스 용병의 붉은색 유니폼을 입은 채로 단두대(斷頭臺)의 이슬로 사라졌다. 오늘날 스위스 국기는 붉은 색 바탕에 흰색 십자가를 넣은 모양이다. 바위 절벽을 파내어 만든 이 조각상은 19세기 초 덴마크 조각가가 만들었는바 이 조각을 본 미국의 작가 마크 트웨인은 세상에서 가장 감동을 주는 돌이라고 소감을 말하였다. 빈사의 사자상은 스위스 용병의 용맹과 충성심을 보여주고 있는바 왜 오늘날도 바티칸 경비를 스위스 위병이 맡고 있는 가를 간접적으로 말해주고 있는 것이다.

2) 중세전쟁과 용병

루체른의 사자상. 바위 밑에는 연못이 있다

빈사의 사자상

    용병은 근대국가가 성립하고 각 나라를 지키는 국민군(國民軍)이 창설되기 이전에는 유럽 여러 나라에서 활약하였다. 예를 들면, 이탈리아에서는 중세말기부터 근대 초에 걸쳐서 높은 독립성을 갖고 다투었는데 그러한 싸움은 대부분 용병들을 사용한 싸움이었다. 즉, 용병대(傭兵隊)가 돈을 받고 하는 청부(請負) 싸움이었다. 특히, 피렌체와 베네치아 등의 상업 국가는 용병을 효과적으로 활용하였다. 상업이 번성하여 문화수준이 높은 국가(도시국가 포함)에서는 군인이 되기를 원하는 사람이 적었다. 상인들은 돈으로써 병역을 면제 받기도 하였다. 그러므로 잘 사는 나라는 풍부한 재력(財力)을 사용하여 용병을 사용함으로써 전쟁을 치루었다. 즉, 돈으로 승리와 평화를 구입한 것이다. 당시 작은 규모의 군대를 보유하고 있는 봉건국가에서는 용병이 보물로 중요하게 취급되기도 하였다. 봉건제에서는 신하는 봉건계약으로 결정된 기간 이외에는 싸우지 않아도 좋다고 되어있다. 예를 들면, 전쟁도중에도 계약기간이 종료되면 전쟁터에서 이탈하였다. 또한 용병은 농번기에 전장에 나가는 것을 기피하는 등 봉건영주로서는 마음에 들지 않는 것이 많았으나 영주의 입장에서는 이들을 고용하지 않을 수 없었다. 이렇게 영주들에게 용병이라는 것은 좋은 점도 있었으나 전적으로 신임할 수 없는 불리한 점도 있었다. 즉, 고용한 주인에게 대한 충성심을 기대하기 어려웠다. 물론, 직업전사로서 평가가 좋고 나쁨에 따라서 다음 계약에 영향을 받으므로 용병도 조심해야 하는 면도 있었다. 용병은 받는 급여에 따라 받은 만큼만 일하려는 경향도 있었으므로 전투가 불리하게 전개되어 질 것 같으면 가장 먼저 도주를 하곤 하였다. 전투가 끝나 수입원이 없어지면 도적단에 들어가 약탈과 강도짓을 하기도 하였다. 그러나 용병을 고용하는 자는 이를 다 고려하여 계약 금액을 정하므로 다른 대부분의 서민은 생활이 어려웠다.

(5) 주요 건물

1) 성베드로 성당(Basilica di San Pietro)

원래 성당 건물은 서기 324년에 콘스탄티누스 대제가 베드로를 기념하여 세웠으나 그 후 16세기, 교황 율리우스 2세 때 원래 성당 건물을 헐고 새로운 성당을 만들기 시작하여 120년의 긴 건축 작업을 통하여 1626년에 완성되었다. 바티칸이라면 많은 사람들이 이 성당을 우선 생각하게 된다. 첫 눈에 멀리서도 성당의 웅장함을 느끼게 하는 건물 한가운데를 덮고 있는 지붕 돔은 거장 미켈란젤로가 만든 것으로서 직경이 42m이고 높이는 132.5m이다. 돔의 내부 천정에 새겨진 수많은 그림들은 인간이 만든 예술의 극치를 보여 주는 것 같다. 거대한 돔을 받치고 있는 4개의 기둥에는 콘스탄티누스 황제의 모친으로서 예루살렘과 로마에 교회를 세운 성녀(聖女) 헬레나, 골고다 언덕길에서 십자가를 지고 가던 예수님의 얼굴을 베일로 닦아준 성녀 베로니카,

1	2
3	4

1. 성베드로 성당 내부
2. 베드로 성당 안에 있는 베드로 무덤. 무덤은 이 아래 지하에 있다
3. 베드로 성당 출입문 바닥에 그려진 열쇠. 베드로가 받은 천국 열쇠를 상징하고 있다
4. 베드로 성당 지하에 있는 베드로 무덤

1. 베드로 성당 지하에는 역대 교황 등 가톨릭에서 성자로 여기는 많은 인물들의 묘지가 있다
2. 성베드로 성당앞에 세워진 베드로 동상 베드로를 상징하는 열쇠를 손에 들고 있다

사도 베드로의 동생인 성(聖) 안드레, 그리고 로마 군대의 백부장으로서 기독교인이 된 성(聖)롱기누스(Longinus)의 조각상이 있다. 이 성당은 내부 길이가 186m, 높이 46m 로서 세계에서 가장 큰 규모이다.

성당의 정문 입구 앞에는 이집트에서 가져 온 거대한 오벨리스크가 세워져 있다. 베드로 성당 안에는 피에타 예배당, 성(聖)세바스챤 예배당, 그레고리안 예배당, 성미켈레 예배당, 클레멘테 예배당 등 여러 개의 작은 예배당이 있어 세계 각국에서 온 신자들이 경건한 자세로 미사에 참여하고 있는 모습을 쉽게 볼 수 있다. 특히 입구 오른쪽에 있는 피에타 예배당 안에는 십자가에 달려서 숨을 거둔 예수님을 육신의 어머니인 마리아가 안고 있는 유명한 조각상이 있다. 이 조각상은 미켈란젤로가 24세에 만든 작품이다. 천재 예술가 미켈란젤로는 이 조각상을 비롯한 불멸의 작품들을 만들기 위해 원석인 대리석을 구하려고 직접 토스카나 지역의 대리석 산지인 카라라를 12번이나 방문하였다. 성 베드로 성당의 지하에는 동굴이 있고 이곳에는 초기 기독교 시대의 석관(石棺)들과 역대 교황들의 석관이 보관되어 있다. 초대 교황인 베드로를 포함하여 역대 교황 148명도 이 성당 안에 묻혀있다. 물론 바티칸에서는 베드로의 무덤이라고 말하고 있으나 사실 베드로의 순교에 대해서도 확실한 근거는 없다. 1950년대 바티칸의 지하에서 베드로 무덤이 발견되었다고 하였으나 고고학자들은 베드로의 뼈가 없는 것을 알고 놀랐다. 그 후 뼈가 발견되었다고 하였으나 그 뼈가 베드로의 뼈인지는 아무도 모른다. 로마에는 베드로의 무덤이 있다고 하는 곳이 또 있다. 그 곳은 산세바스티아노 카타콤인데 베드로의 묘가 있다고 하나 그곳에서도 베드로의 뼈는 발견되지 않았다. 즉, 베드로의 무덤이 있다는 바티칸 성당의 지하와 산세바스티아노 카타콤 모두 베드로의 확실한 뼈는 발견되지 않았다.

2) 바티칸 궁

르네상스 3대 거장인 미켈란젤로, 라파엘로를 포함한 여러 대예술가와 대건축가들에 의해 오늘날의 모습을 갖추고 있는 바티칸 궁(Palazzi Vaticani) 또한 예술적, 역사적인 면에서 세계에서 가장 귀중한 건물 가운데 하나이다. 선출된 교황은 바티칸 안에 있는 바티칸 궁에 거주하면서 전 세계 카톨릭 신자 약 12억 명의 정신적 지주 역할을 하고 있다. 2013년에 새로이 선출된 아르헨티나 출신의 프란치스코 교황은 제266대 교황이다. 프란치스코 교황은 2021년 4월말에 바티칸의 규율이나 행정 문제를 다루는 자의교서(自意敎書, Mout Proprio)를 발표하여 여태까지 바티칸의 주교, 추기경 등 고위 성직자들이 누려왔던 사법특권을 없애고 주교, 추기경 그리고 직원들이 신자들로부터 받아오던 현금, 선물 등의 관례를 뿌리 뽑기 위해 40유로가 넘는 선물 받는 것을 금지하는 조치를 취하였다. 또한 투명한 재무 부서를 만들기 위해 마피아의 자금에 관련된 의혹을 받아오던 바티칸 은행에 대해서도 감사 제도를 설치하였다. 일반적으로 주교, 추기경 등 성직자와 바티칸에서 근무하는 직원들은 상당히 청렴하다고 생각하고 있으나 일부 인원은 그렇지 않은 모양이다.

3) 바티칸 박물관

바티칸에는 박물관(Musei Vaticani)을 비롯하여 바티칸 미술관(Pinacoteca Vaticana), 고대 박물관(Musei di Antichita)이 있는데 이들 박물관이 소장하고 있는 고대 로마, 이집트 유물을 비롯하여 르네상스 시대의 예술품들은 세계적 수준이다. 그리고 기독교와 관련 있는 작품들도 많아 세계 어느 박물관이나 미술관의 작품들보다 못하지 않다. 이곳은 항상 세계 각국의 방문객들로 항상 만원이고 이곳에 입장하기 위해 항상 수백m에 달하는 긴 줄이 늘어서 있다. 바티칸 박물관 입장료 수익은 연간 약 1억 달러로서 교황청의 재정을 뒷받침하고 있다.

1. 시스티나 성당 천정과 벽에는 많은 그림이 있다
2. 시스티나 성당. 성베드로 성당(사진왼쪽건물) 바로 옆에 삼각형 지붕이 보이는 건물이다. 사진에서는 삼각형 지붕만 보인다

바티칸 박물관 입구

박물관을 관람하고 같은 건물 안의 끝에 있는 시스티나 성당 내부를 지나서 건물 외부에 나오면 베드로 대성당의 측면이 나온다. 시스티나 성당의 높이 20m가 넘는 천장에는 1508년에 교황 율리우스 2세의 부탁을 받은 미켈란젤로가 4년에 걸쳐서 1512년에 완성한 천장화(天障畵, La Volta)가 있고 양쪽 벽과 전면 벽에도 많은 그림이 그려져 있다. 길이 약 40m, 폭 약 13m인 천장화 안에는 아담, 노아, 다니엘 등 구약시대의 인물을 주제로 하여 그린 그림들이 많은데 이 가운데에는 유명한 천지창조(天地創造)도 있다. 시스티나 성당 정면 벽에는 제단(祭壇) 위에 '최후의 심판' 그림이 그려져 있다. 미켈란젤로가 7년의 작업 끝에 1536년에 완성된 이 그림에는 당시 실존하던 유명인들의 얼굴도 여러 곳에 그려져 있다.

(6) 교황과 십자군 전쟁

1) 원정 배경

예수 그리스도가 예루살렘의 골고다 언덕에서 십자가에 못 박혀 돌아가

신 후, 팔레스타인은 성지(聖地)로서 알려지게 되었고 서유럽의 많은 기독교인들이 예수님이 태어나고 자라고 복음을 전하다가 세상을 떠난 팔레스타인을 방문하기를 원하였다. 그러므로 성지를 방문하기 위해 유럽에서 성지로 순례길을 떠나는 기독교인들이 나타나기 시작하였고 이들을 순례자(巡禮者: Pilgrim)라고 불렀다. 오늘날 성지 이스라엘을 방문하는 것은 현대문명의 이기인 항공기와 에어컨이 장착된 차량 교통편과 안락한 숙소 때문에 전혀 어렵지 않다. 그러나 지금으로부터 1,700여 년 전에 유럽에서 팔레스타인까지 가는 수천 km의 길은 모든 종류의 위험으로 가득 차 있었다. 수많은 강을 건너야 하고 곳곳에 도사리고 있는 강도떼, 그리고 약 1년에 걸쳐서 도보로 이동하는 동안 제대로 먹을 수도 없어 몸이 쇠약해지기도 하고 온갖 풍토병에 노출되어 질병에 걸려 사망하는 일이 빈번하였다. 바닷길이라고 더 안전하지 않았다. 돛에 의지해서 가는 범선을 타고 가다가 풍랑과 강풍에 배가 침몰하여 사망하는 일도 빈번하였고 지중해 곳곳에서 약탈하는 해적선을 만나 노예로 인신매매 당하는 일도 다반사였다.

그러므로 서기 600년에 그레고리 1세 교황은 성지 순례중 병에 걸리는 순례자를 위해 예루살렘에 병원을 건립하도록 명령하였다. 이 병원은 세례요한(St. John the Baptist)을 기념하는 베네딕트 수도원의 수도사들이 관리하였다. 그러나 1037년에 건국된 이슬람권인 셀주크튀르크가 1070년대에 아나톨리아 고원을 거의 점령하고 1078년에는 예루살렘을 점령하자 상황이 반전되었다. 이슬람교도들은 예루살렘에 거주하던 모든 기독교인 거주민들에게 거액의 세금을 부과하고 여러 제한을 가함으로써 기독교인들의 생활은 비참한 상태가 되었다.

산타마리아 마지오레 성당

2) 원정시작

    콘스탄티노플의 지도자들과 유럽의 기독교인들은 이를 크게 우려하였으므로 비잔티움(동로마 제국) 황제 알렉시오스(Alexios) 1세[38]는 교황 우르바노(Urban) 2세[39]에게 원조를 요구하였다. 우르바노로서는 동로마의 그리스 정교와 서로마의 가톨릭을 통일하여 그 정점에 설 수 있는 기회였으므로 그는 사람들을 모아서 예루살렘을 포함한 성지를 무슬림 수중에서 다시 찾자고

---

38) 1048~1118년, 십자군 전쟁을 일으키는 대의명분을 만든 황제이다.
39) 1035년경~1099년, 프랑스 기사 집안 출신으로서 제159대 교황. 제1차 십자군 원정을 계획하였음.

1. Deus Lo Vult 구호가 새겨진 Holy Door
2. 필자 오른쪽에 구호가 새겨져 있다

열을 올려 설득하였다. 그리고 거리마다 선동원을 보내어 이슬람에 빼앗긴 성지 탈환 분위기를 만들었다. 이들은 우르바노 교황이 외치는 구호를 따라서 "하나님이 십자군 원정을 원하신다"며 "데우스 로 불트(Deus Lo Vult)"를 외쳤다. 라틴어로 Deus는 '하나님', Vult는 '원한다'는 뜻이다. 로마 시내에 있는 산타마리아 마지오레(Santa Maria Maggiore) 성당의 Holy Door[40]에는 작은 크기로 "Deus Lo Vult"라고 새겨져 있다. Maggiore는 영어로는 Main(중요한, 중심)이라는 뜻이다.

당시 유럽의 국왕, 제후, 기사들은 십자군 원정을 통한 영토 확대, 전리품의 획득, 전투에서의 명예에 관심이 있었고 상인들은 십자군 점령지에 교역과 상

---

40) 입구에서 보면 문이나 성당 내부에서 보면 벽으로 되어있다.

업의 거점을 확보함으로써 생길 이익을 기대하였다. 농민과 서민은 농노의 신분과 변화 없는 생활에서 해방하기를 기대하여 십자군(Crusades) 원정을 지지하였다. 이러한 유럽의 분위기에서 1095년 11월 27일, 프랑스의 클레르몽(Clermont) 공의회에서 십자군 원정이 결정되었고 1096년에 제1차 십자군 원정이 시작되었다. 그리고 이 전쟁을 성전(聖戰)이라고 불렀다. 십자군에 종군한 군인들은 가슴에 붉은 십자가가 그려진 군복을 입었다. 이들은 겉으로는 군인 복장을 하였지만 거의 군사훈련을 받은 적이 없는 농부들이었고 이들은 예루살렘으로 가본 여행은 고사하고 그때까지 그들의 농토를 떠나 본 적이 없는 전형적인 농부들이었다.

3) 원정실패

제1차 십자군을 이끌고 예루살렘으로 간 인물은 은자(隱者) 베드로(Peter)라는 이름을 가진 수도사였고 '가난뱅이 십자군(Paupers' Crusade)'이라는 별명을 갖고 있었다. 그러므로 기사들과 그 종자들이 가슴에 십자가 표시를 하고 육로를 이용하여 유럽을 떠난 십자군은 1096년 7월에 콘스탄티노플(후일 '이스탄불'로 개명)에 도착하였고 1097년 10월부터 1098년 6월말까지 안디옥에서 이슬람군과 장기전투를 한 끝에 안디옥을 점령하였다. 그리고 남쪽으로 내려가 1099년 중반에야 예루살렘에 도착하였다. 이렇게 장거리를 이동하는 동안 많은 군인이 병에 걸리거나 무슬림의 공격을 받아서 죽었다. 그러나 이들은 Deus Lo Vult를 외치면서 결국 예루살렘의 무슬림을 포위하고 1099년 7월에 예루살렘에 입성할 수 있었다. 그러나 이슬람교도 가만 있지 않았다. 강력한 이슬람 지도자 술탄 살라딘이 출현하여 88년 만에 예루살렘을 다시 점령하였다. 그 후 십자군은 7차에 걸쳐 원정을 다시 떠났으나 결국 예루살렘을 이슬람교도로부터 탈환하지 못하였다. 1824년부터 예루살렘에 있는 성묘교회(聖墓敎會, Holy Sepulchre Church)는 Deus Lo Vult를 문장(紋章)으로 사용하고 있다. 약 200년 동안 8차에 걸친 십자군 원정의 결과가 실패로 끝나자 십자군 전쟁을 주도한 교황의 권위는 약해지고 유럽 국왕들의 권한은 반대로 강화되었다.

• 제6장
베드로전서

1. 베드로의 실력과 인간풍조

　　베드로는 로마에서 서기 66년에 소아시아(당시 로마 제국 영토)의 본도, 갈라디아, 갑바도기아, 아시아, 비투니아의 유대인 기독교인들에게 편지를 썼고(베드로전서). 서기 67년경에 베드로는 다시 로마 감옥에서 편지(베드로후서)를 쓰고 순교하였다고 한다. 모든 성경은 하나님의 감동으로 쓴 것인데 최근에는 성경을 인간적으로 해석하여 교육수준이 낮은 어부출신인 베드로가 어떻게 수준 높은 글을 쓸 수 있겠는가 의심하면서 베드로전서와 후서는 모두 다른 사람이 썼다고 주장하는 신학자들이 있다. '과소평가된 성(聖) 베드로(Saint Peter, The Underestimated Apostle)'라는 책을 저술한 독일 튜빙겐(Tübingen) 대학의 신학자 헹겔(Martin Hengel) 교수는 그의 저서 속에서 바울과 비교하여 베드로는 관련 자료나 간증이 부족하므로 이를 보완해 주기 위하여 베드로가 아닌 다른 사람이 서기 95~100년경에 베드로전서를 썼고 베드로후서는 그 후 약 30년이 지나 마찬가지로 다른 사람이 써주었다고 주장하고 있다. 즉, 베드로전후서는 위경(僞經, Pseudepigraphic, 거짓성경)이며 나온 시점은 도미티아누스 황제 통치 후반부 트라자누스 황제 통치 초기에 기독교에 대한 박해가 심해지자 기독교인의 믿음을 강하게 하려고 사도 바울의 편지 11개가 신약성경의 일부로서 발행되었을 때와 같은 시점이라고 주장하고 있는 것이다. 베드로가 교육수준이 낮은 어부 출신이므로 수준 높은 베드로전후서를 쓸 수 없다고 단언하는 신학자나 목회자들은 사도행전 4장을 제대로 읽어보지 않은 것 같다. 사도행전 3장부터 4장에 걸쳐서 베드로와 요한은 예루살렘에서 많은 대제사장, 관원, 일반인을 상대로 하나님의 말씀을 체계적으로 담대히 전하자 이 말을 듣고 믿는 자는 남자만 5천 명이나 되는 큰 역사가 일어나는 것이 기록되어있다. 4장 8절에는 베드로가 성령에 충만 되어 백성의 관원들과 장로들에게 말하는 내용도 나온다. 그러므로 이들은 어부 출신의 베드로와 요한을 평범한 범인(凡人)으로 알았다가 이렇게 수준 높은 내용을 말하는 것을 보고 놀라게 되는 바 성경에는 다음과 같이 기록되어 있다.

저희가 베드로와 요한이 기탄없이 말함을 보고 그 본래 학문 없는 범인으로 알았다가 이상히 여기며 또 그 전에 예수와 함께 있던 줄도 알고 또 병 나은 사람이 그들과 함께 섰는 것을 보고 힐난할 말이 없는지라 (사도행전 4장 13~14절)

이것은 베드로와 요한이 어부 출신의 평범한 사람이지만 성령에 감동하여 수많은 사람들 앞에서 조리 있게 놀라운 설교와 감동적인 연설을 한 것을 보여주는바 베드로에게 이런 능력을 주신 하나님께서 왜 베드로에게 베드로전서와 후서를 쓰는 능력은 주실 수 없겠는가? 성경에는 모든 성경이 하나님의 감동으로 되었다고 다음과 같이 기록되어 있다.

모든 성경은 하나님의 감동으로 된 것으로 교훈과 책망과 바르게 함과 의로 교육하기에 유익하니 이는 하나님의 사람으로 온전케 하며 모든 선한 일을 행하기에 온전케하려 함이니라 (디모데후서 3장 16~17절)

즉, 하나님께서는 베드로의 손을 빌려 성경(베드로전·후서)을 기록하신 것이다. 이것을 교육수준이 낮은 어부 출신 베드로가 베드로전·후서를 쓸 수 없고 다른 사람이 쓴 것이라고 주장하는 것은 사실상 하나님의 능력을 믿지 않는 것이다. 말세가 될수록 인간의 상식이나 얕은 지식을 하나님 보다 높이 두는 저주받을 행위가 빈번하게 일어나고 있다. 그러므로 기독자는 말세가 될수록 하나님 말씀으로 깨어 있어야 한다. 말세에는 이렇게 하나님의 말씀을 혼탁하게 하는 무리가 나름대로 인정을 받으며 인기도 얻고 있다. 그러므로 성경에는 다음과 같은 말씀이 있다.

천지는 없어지겠으나 내 말은 없어지지 아니하리라. 너희는 스스로 조심하라. 그렇지 않으면 방탕함과 술취함과 생활의 염려로 마음이 둔하여지고 뜻밖에 그 날이 덫과 같이 너희에게 임하리라. 이 날은 온 지구상에 거하는 모든 사람에게 임하리라. 이러므로 너희는 장차 올 이 모든 일을 능히 피하고 인자 앞에 서도록 항상 기도하며 깨어 있으라 하시니라 (누가복음 21장 33~36절)

인자가 올 때에 세상에서 믿음을 보겠느냐 하시니라 (누가복음 18장 8절 하반절)

예수 그리스도의 사도 베드로는 본도, 갈라디아, 갑바도기아, 아시아와 비두니아에 흩어진 나그네, 곧 하나님 아버지의 미리 아심을 따라 성령의 거룩하게 하심으로 순종함과 예수 그리스도의 피 뿌림을 얻기 위하여 택하심을 입은 자들에게 편지하노니 은혜와 평강이 너희에게 더욱 많을찌어다 (베드로전서 1장 1~2절)

2. 영원히 영광된 구원

(1) 기본구원과 건설구원

독자들 가운데는 '기본구원'과 '건설구원'이라는 단어를 보고 처음 접하게 되어 "아니, 구원에 무슨 기본구원이 있고 건설구원이 있어? 뭐가 그렇게 복잡한가?"라고 의아스럽게 생각하는 사람도 있을 것이다. 기독교의 구원은 간단하므로 전체로는 하나밖에 없다. 단, 구원에 대해 더 깊고 정확하게 이해하기 쉽게 2단계(2종류)로 구분하는 것뿐이다. 기본구원은 예수를 모르는 사람들에게 첫 단계로 필요한 구원이고 일단 예수 믿게 된 사람들에게 필요한 구원은 기본구원 위에 세워지는 건설구원이다.

이를 간단히 설명하면 다음과 같다.

1) 기본구원

이 구원은 우리 자신이 원하거나 힘써 노력하거나 또는 다른 피조물들의 도움으로써 받을 수 있는 구원이 아니고 순전히 하나님이 홀로 다 이루어 놓으신 것을 오직 우리가 믿음으로써만 받게 되는 구원이다. 우리의 소원이나 의로운 행위로 받을 수 있는 것은 결코 아니다 (에베소서 2장 8~9절, 디모데후서 1장 9절). 우리가 받는 구원 전체는 하나님이 영원 전에 목적하시고 예정하사 창조하시고 후에 친히 사람 되어 오셔서 다 이루어 놓으신 것이다. 우리는 그 가운데 이 기본구원에 속한 것을 오직 믿음으로 영접하여 받으며, 다음 우리가 노력할 것은 이 기본구원을 계속 연구하여 깊이 알아서 이 세상 떠나

죽는 때까지만 아니라 하늘나라에 가서도 억억만년 무궁토록 하나님께 감사 찬송할 뿐이다. 기본구원은 누구에게나 동일한 것이며 차이가 조금도 없다 (누가복음 19장 11~27절). 기본구원을 받은 우리는 이 구원을 항상 터로 삼고 견고하며 흔들리지 말고 다음의 구원(건설구원)을 얻기 위하여 계속 믿는 생활에 전심전력해야한다.

2) 건설구원(성화구원, 행위구원)

이 건설구원도 영원자존하신 하나님이 홀로 다 이루어 놓으신 것인데 다만 이것을 우리가 받는 데 있어서 기본구원의 경우와는 달리 우리가 믿음 안에서 힘써 행함으로 하나님의 역사하심과 유기적 관계에서 우리가 받게 되는 구원이다. 건설구원이란 것은? 집을 짓는 것처럼 하나씩 하나씩 되어져 가는 상태를 뜻한다 (마태복음 7장 24~27절, 고린도전서 3장 10~15절). 성화구원이란 것은? 우리의 인격과 행위가 점점 거룩하게 변화되어 깨끗하게 되어 가는 상태를 뜻한다 (에베소서 4장 22~24절, 베드로전서 1장 15~16절). 행위구원이란 것은? 인간의 행위와 노력하는 상태를 뜻한다 (야고보서 1장 22~25절, 2장 14~26절). 이 세 가지 명칭 내용은 동일한 것이며 다 같이 기본구원을 얻은 자가 힘써 이루어 받는 구원이다. 위에 말한 기본구원과 건설구원은 두 가지가 다 하나님의 전적 은혜로 되는 것이다 (고린도전서 15장 10절, 시편 100편 3절)

그러면 어떻게 건설구원을 이루어 가야 하는가? 주님께서 우리를 위하여 법적으로는 이미 다 이루어 놓으신 건설구원을 우리가 실상으로 이루어 받으려면 하나님이 우리에게 주시는 여러 가지 모든 선물 가운데 오직 최고의 선물인 진리(하나님의 말씀)와 영감(성령의 감동)인 이 두 가지로만 우리로 하여금 건설구원에 이르도록 항상 인도하신다 (출애굽기 13장 21~22절, 학개 2장 5절). 진리는 하나님의 말씀인 신·구약 66권 성경 말씀을 가리키며 영감은 하나님의 역사 즉, 성령의 감화, 감동의 역사(役事)를 뜻하는 것이다. 하나님이 우리에게 조성해 주시는 모든 현실에서 진리와 영감의 인도만 따라가 살기만 하면 반드시 우리의 건설구원이 잘 이루어진다. 만일 우리가 맞이한 그 현실생활에서 이 진리와 영감을 떠나거나 버리면 아무리 세상의 성공이나 큰 복이 되었을지라도 영원한 건설구원은 다 실패되는 것이다. 우리가 주일성수(主日聖守)를 철저히 하려는 것도 기본구원을 얻으려고 하는 것이 아니요(기본구원은 예수 믿을 때 이미 받았으므로) 건설구원을 온전히 이루기 위함이다. 그러므로 우리의 건설구원의 유일한 방편인 이 진리지식을 바로 세밀히 깊이 많이 알지 않으면 안 되며 이를 위하여 신·구약 66권 성경말씀을 부지런히 배우고 연구하며 또 영감을 충만히 받기 위하여 언제나 기도를 쉬지 않고 힘써야 된다 (사도행전 17장 11절, 로마서 12장 12절).

3. 우리가 구원받는 방편

범죄로 인하여 영원한 사망에 처했던 우리들이 영원한 생명으로 다시 살아나는 이 구원을 받는 방편은 오직 우리의 구주되신 예수님을 통해서만 이루어지지 다른 길은 전혀 없다. "내가 곧 길요 진리요 생명이니 나로 말미암지 않고는 아버지께로 올 자가 없느니라"(요한복음 14장 6절) 라고 예수께서 말씀하셨다. 또 "다른 이로서는 구원을 얻을 수 없나니 천하 인간에 구원을 얻을 만한 다른 이름을 우리에게 주신 일이 없음이니라"(사도행전 4장 12절)라고 하셨다. 즉, 신인양성일위(神人兩性一位) 결합으로 오신 예수님이 (디모데전서 2장 5절) 우리 위해서 대신 이루어 놓으신 대속(代贖)의 공로인 대형(代刑), 대행(代行), 대화친(代和親)으로 인한 영원한 사죄(赦罪), 칭의(稱義), 화목(和睦)으로서만 받을 수 있는 영생의 구원이다. 이외에 다른 여러 가지 수많은 종교들의 구원에 대한 주장은 다 사람을 미혹케 하는 잘못된 것들이다.

4. 베드로가 강조하는 건설구원

　베드로전 · 후서에는 기본구원에 대해서도 간단히 언급하였지만 건설구원에 대해 중점적으로 이야기하였다. 하나님이 계시고 예수 그리스도가 죄인 된 자기를 위해 십자가에 돌아가셨다가 부활하심을 믿으면서 자기는 힘이 없지만 예수 그리스도의 피 공로를 의지하여 천국 가는 것을 믿을 때 누구나 순간적으로 받는 것이 기본구원이다. 십자가 위의 강도도 이렇게 천국 가는 구원(기본구원)받았다. 그러나 건설구원은 예수 믿는 자가 평생 동안 하나님 말씀 순종하면서 이루어가는 구원이다. 즉 기본구원은 예수 믿는 사람이라면 누구나 같은 크기이지만 건설구원은 예수 믿는 사람들 각자가 같은 크기의 기본구원 위에 각각 크기와 영광이 다른 건설구원을 이루게 된다. 건설구원에 대해 기본구원은 비교적 간단하게 순간적으로 예수 공로 의지하여 얻는 것이므로 성경에는 요한복음 3장 16절과 사도행전 16장 31절처럼 대표적으로 기본구원을 설명하였다. 그러나 건설구원은 평생 사는 동안 순간순간 이루어 가는 것이므로 어떻게 하면 건설구원을 잘 이루는 방법에 대해 많은 비유와 실제 예를 들거나 깊이 설명하고 있으므로 성경전체로 볼 때 건설구원을 설명하는 분량이 기본구원 설명하는 분량보다 비교 할 수 없을 만큼 많다. 성경정체가 건설구원을 이야기하고 있다고 하여도 과언이 아니다. 기본구원 받지 않고 건설구원은 시작할 수 없다. 건축공사를 할 때 기초공사 없이 어떻게 건물을 세울 수 있겠는가? 같은 이치이다.

그러므로 베드로는 베드로전서 1장17절과 2장 2절에서 특히 건설구원에 대해 강조하였다. 베드로는 베드로전서를 통해 예수를 구주로 믿어 천국가게 되는 기본구원에 대한 설명보다 이미 예수 믿어 천국 가는 기본구원 받은 사람들에게 보내는 편지이므로 기본구원 받은 사람들이 이제는 기본구원에는 더 이상 신경 쓰지 말고 잠깐 인생 나그네길 사는 동안 어떻게 건설구원 잘 이뤄야하는 가에 대해 구체적으로 명확하게 설명하였다. 특히 베드로전서 2장 17~18절에는 예수 믿는 사람으로서 직장 일을 하는 사람들에 대해서 명확하게 무엇을 해야 할지 이야기하였다.

건설구원은 우리가 살고 있는 현실에서 이룬다. 바울 역시 기본구원 받은 후에는 건설구원에 힘써야 할 것을 성경 곳곳에 말하였다. 여기에 대표적인 것을 다음과 같이 선정해 보았다,

내게 주신 하나님의 은혜를 따라 내가 지혜로운 건축자와 같이 터를 닦아 두매 다른 이가 그 위에 세우나 그러나 각각 어떻게 그 위에 세우기를 조심할찌니라. 이 닦아 둔 것 외에 능히 다른 터를 닦아 둘 자가 없으니 이 터는 곧 예수 그리스도라. 만일 누구든지 금이나 은이나 보석이나 나무나 풀이나 집으로 이 터 위에 세우면 각각 공력이 나타날 터인데 그 날이 공력을 밝히리니 이는 불로 나타내고 그 불이 각 사람의 공력이 어떠한 것을 시험할 것임이니라. 만일 누구든지 그 위에 세운 공력이 그대로 있으면 상을 받고 누구든지

공력이 불타면 해를 받으리니 그러나 자기는 구원을 얻되 불 가운데서 얻은 것 같으리라.

즉, 바울은 기독교인이 예수 믿어 구원받음으로써(오로지 하나님의 은혜로) 천국가게된 것으로만 만족하고 일생 사는 동안 건설구원(성화구원) 이루는데 힘쓰지 않으면 불타는 집에서 간신히 생명은 구했지만 급하게 옷을 제대로 입지 못하고 벌고 벗고 도망 나온 사람처럼 하늘나라 가서 하나님 앞에 창피스런 모습으로 나타나게 되니 이렇게 되지 않도록 고린도 교인들을 격려하였다. 건설구원에 대해 고린도 교인들에게 바울은 다시 한 번 고린도전서 15장 35절부터 41절까지 말씀으로 강조하였다.

누가 묻기를 죽은 자들이 어떻게 다시 살며 어떠한 몸으로 오느냐 하리니 어리석은 자여 너의 뿌리는 씨가 죽지 않으면 살아나지 못하겠고 또 너의 뿌리는 것은 장래 형체를 뿌리는 것이 아니요 다만 밀이나 다른 것의 알갱이 뿐이로되 하나님이 그 뜻대로 저에게 형체를 주시되 각 종자에게 그 형체를 주시느니라. 육체는 다 같은 육체가 아니니 하나는 사람의 육체요 하나는 짐승의 육체요 하나는 새의 육체요 하나는 물고기의 육체라. 하늘에 속한 형체도 있고 땅에 속한 형체도 있으나 하늘에 속한 자의 영광이 따로 있고 땅에 속한 자의 영광이 따로 있으니 해의 영광도 다르며 달의 영광도 다르며 별의 영광도 다른데 별과 별의 영광이 다르도다 (고린도전서 5장 35~41절)

즉, 예수 믿고 천국가게 되는 기본구원 받는 것은 누구나 동일하지만(십자가 위에서 회개하고 예수 믿어 구원받은 강도나 예수 믿고 복음전파 위해 생명에 위협을 받으면서도 평생을 보낸 사도 베드로, 바울이나 기본구원 크기는 똑같다) 해의 영광, 달의 영광, 별의 영광이 각각 다르고 별과 별의 영광도 다르므로 천국 가서 누리게 될 기독자의 영광은 사람마다 다르므로(십자가 위의 강도나 바울이나 예수님 피의 공로로 받은 기본구원은 같지만 각자의 건설구원 크기는 다르다), 이 구원(건설구원)을 귀중히 여겨 항상 주의 말씀을 사모하고 행하는 일에 견고하고 흔들리지 말 것을 설교한 것이다.

5. 지극히 큰 영광된 구원

하나님께 범죄하여 하나님의 영원한 심판과 정죄로 영원한 사망과 멸망에 이르렀던 우리를 하나님이 사랑하사 영원한 생명으로 다시 구원하여 주신 이 무한하신 은혜를 항상 감사하며 사는 것이 우리 성도들의 생활이다. 하나님이 우리에게 주신 이 구원은 영원자존하신 하나님이 영원 전부터 홀로 예정하신 것이며(디모데후서 1장 9절), 친히 오셔서 다 이루어 놓으시고(요한복음 19장 30절), 우리가 이 큰 구원을 온전히 다 받아 영원토록 누리기를 (다니엘 7장 18절) 소원하고 계신다(빌립보서 2장 12~13절).

하나님이 우리를 구원하시는 목적은 오직 우리를 다만 영원한 멸망에서 영원한 생명으로 살리시는 것뿐만 아니라 더욱 나아가 우리를 하나님처럼 거룩하고(베드로전서 1장 15~16절), 깨끗하고(요한 1서 3장 3절), 온전한 자로 만드셔서 (마태복음 5장 48절), 원형적인 하나님께서 우리를 하나님의 모형적인 것 되게까지 하시사 그 존재 안에 영원토록 계셔서 영원히 동거(同居), 동행(同行), 동사(同死), 동락(同樂)하시며 하나님의 사랑을 영원토록 주시려는 그 무한하고 광대하신 목적이시다. 그러므로 우리 성도들은 다른 무엇보다도 먼저 이같이 큰 구원에 대하여 바로 알고, 깊이 알고, 은밀히 알기 위하여 항상 공부하며 부지런히 살피며 연구해야 된다(베드로전서 1장 10절). 하나님이 주셔서 우리가 받는 이 큰 구원에 대하여 등한히 여기지 말라고 하셨다 (히브리서 2장 3절). 이 큰 구원에 대한 우리의 지식이 빈약하면 필연적으로 우리는 구원 받는 데에 실패할 것이며 반면, 이 구원에 대한 지식이 깊을수록 우리의 구원은 영원히 성공된다. 과거나 지금이나 성도들 중 많은 사람들이 구원에 대한 지식이 심히 약하거나 잘못되어서 하나님이 주시는 영원한 영광된 구원을 이루지 못하고 이 썩을 세상과 세상에 있는 것들을 사랑하여 (요한1서 2장 15~17절) 그것들을 복의 대상으로 삼아 영원한 영광된 구원의 기회를 다 잃어버리는 일들이 너무나 많음을 탄식하며 분하게 여기지 않을 수 없다. 우리가 받는 이 구원이 얼마나 크고 보배로운 것이기에 "항상 복종하여 두렵고 떨림으로 너희 (건설) 구원을 이루라" (빌립보서 2장 12절 하반절) 라고 명하셨을까! 참으로 우리는 이 구원을 사랑하고 사모하면서 (시편 40편 16절, 70편 4절) 부지런히 공부하고 깨달아 실행하여서 해 받고 불 가운데서 나오는 영원히 부끄러운 구원(고린도 전서 3장 15절)을 다 벗어버리고 영원히 영광스러운 구원을 이루자 (디모데후서 2장 10절).

6. 사람의 구성요소와 구원

하나님이 사람을 창조하실 때에 하나님의 형상으로 된 영혼과 물질로 된 육을 가진 영육합일체(靈肉合一體)로 만드셨다 (창세기 1장 26~27절, 2장 7절). 그러므로 사람의 구성요소는 영혼과 육의 두 가지로 되어 있다. 인간의 시조 아담이 하나님께 범죄했을 때에 영혼은 즉시 죽었고 육은 단번에 죽지 않고 점진적으로 죽어 가고 있었다. 우리가 예수를 믿을 때에 영혼은 즉시 단번에 중생하여 영원히 살아나게 되었고 그러나 마음과 몸(고깃덩어리)으로 이루어진 육은 단번에, 즉시가 아니라 중복적으로 점점 살아나게 되어 있다 (로마서 8장 10~13절). 그리하여 우리의 영혼구원은 기본구원에 속한 것이며 육을 이루고 있는 마음과 몸의 구원은 건설구원에 속한 것이다. 예수를 구주로 믿을 때에 우리의 영혼은 영원한 생명으로 중생(重生)했으며 다시는 죽는 일이 절대로 없게 되었다. 반면에 우리의 육인 마음과 몸은 예수를 믿은 후에 일생동안 믿음생활에 전심함으로 영생으로 살아나도록 되어 있다. 그러므로 믿음의 선한 싸움을 싸우라. 영생을 취하라 (디모데전서 6장 12절)고 하였다. 반드시 알아야 할 중요하고 귀한 지식이다.

우리는 기본구원과 건설구원에 대한 지식을 각각 바로 깊이 가져야 되며 또 이 두 가지 구원 사이의 여러 가지 서로 차이점도 잘 알아 구별해야 한다. 하나님께서 오직 단독으로 이루어 놓으신 기본구원을 우리(예수 믿는 자)는 이미 받았으니 추호의 의심도 없이 흔들리지 말고 내게 확정된 기본구원 입은 자임을 확신하고 이같이 이미 받은 기본구원에 항상 감사하며 건설 구원을 이루는 데 세상 떠날 때까지 일심전력하여 믿음 생활에 힘쓸 것뿐이다. 우리가 이룬 건설구원의 효력이 이 세상사는 중에도 벌써 어느 정도 나타나지만 더욱이 영원한 천국에 가서는 완전히 다 나타난다 (고린도전서 13장 12절). 이 세상에서 우리가 이룬 건설구원의 다소 여하에 따라서 장차 천국에서 모든 면(능력, 지위, 권세, 기능, 존귀, 영광, 기쁨, 섬김, 봉사 등)에 영원한 차이로 살게 된다. 천국은 모든 성도의 똑 같은 동일 상태의 생활이 결코 아니고 크고 작은 차이가 더욱 분명한 영원한 처소이다 (마태복음 5장 19절). 그러므로 그 때에 각 사람의 행한 대로 갚으리라 (마태복음 16장 27절, 요한계시록 22장 12절)고 하셨다. 내가 예수를 믿었으니 지옥에는 안가고 천국에 가게 되었다는 것만 알고 이 구원으로만 만족하게 생각하면서 세상사는 동안에 건설구원에 힘쓰지 않은 성도는 영원한 그 나라에서는 영원히 무능하고 부끄러운 자의 입장을 당하게 된다고 주님께서 친히 경고하셨다 (누가복음 9시 26분). 우리들의 많은 신앙생활 형편이 이러한 중에 있으니 얼마나 탄식하고 슬퍼할 일인가! 이것은 다 두말없이 구원에 대한 바르고 깊은 지식이 없어서이다. 이런 것을 알아 깨닫고 받은 기본구원을 굳게 잡으며 항상 감사 가운데 온전한 건설구원을 이루기 위하여 일생을 산 자들에게는 영원한 영광된 구원을 받은 자로 천국에서 영원한 영광 가운데 무궁한 누림과 복된 생활이 영원토록 계속되리라 (고린도후서 4장 16~18절, 골로새서 3장 4절, 베드로전서 5장 10절). 믿음의 사람들은 모두 이 건설구원을 위해 전심전력한 이들이다. 모세는 천국에 가서 장차 받을 상을 바라보면서 세상에서 가장 영광된 왕의 지위도 버리고 (히브리서 11장 24~26절), 다니엘은 감사하면서 사자 굴에 들어갔고 (다니엘 6장 10절, 7장 18절), 바울은 영원한 의의 면류관을 바라보고 세상을 분토같이 여기면서 믿음의 선한 싸움에 승리했으며 (디모데후서 4장 7~8절), 베드로는 영원한 영광의 면류관을 쓰고자 세상에서의 모든 고난을 달게 받았다 (베드로전서 5장 1~4절).[41]

이것이 복음이다. 이를 행하는 자는 영원히 목마르지 아니하고 생명수 강가에서 영원한 평강과 행복을 누리게 된다. 그리스도인이 이것을 깨닫고 이것을 위하여 욕망하고 노력함이 없으면 전 생활은 다 헛된 생활이다. 여기서 헛되다는 말은 예수를 구주로 믿었으니(기본구원을 받았기에) 천국은 가게 되나 천국에서 큰 영광을 얻는 것(건설구원 또는 성화구원)은 얻지 못하게 된다는 말이다.

---

41) 권오준 『영원한 영광된 구원』, p.41, 에스라목회연경회, 서울, 1996

7. 세상에서도 성공하는 기독교인

　많은 기독교인들이 하나님의 말씀을 인정하면서도 하나님 말씀을 그대로 순종하면 세상에서 사는 동안 사회활동을 하는데 제약을 받게 되고 주위 불신자들로부터 융통성 없고 사회성도 없는 사람이라고 따돌림을 받게 될 까 염려하여 있는 힘을 다해 하나님 말씀 순종하는데 주저하거나 꺼리고 있다. 그러나 성경은 하나님 말씀 순종하면 그 행위로 인하여 영원한 하늘나라와 눈에 보이는 짧은 세상에서도 모두 다 성공을 하게 된다는 것을 누차 말하고 있다. 세상사람들은 나름대로 인간 사이의 처세술을 갖고 있다. 직장 생활하는데 도움이 될 수 있는 내용에 관하여 많은 서적이 나와 있다. 그러나 크리스천은 하나님 말씀대로만 하면 간단하게 누구나 세상에서도 성공할 수 있다. 필자는 39년 동안 민간 기업에서 일을 하면서 별별 사람을 경험해 보았다. 신문, 잡지에서는 요즘 MZ 세대의 특징으로 공정을 바라나 상사를 비롯한 다른 사람의 간섭을 받기를 싫어한다는 등 여러 예를 들어서 이야기하고 있다. 한마디로 불신자들은 안개같이 잠시 보이다 없어지는 세상에서 성공위해 나름대로 애쓰고 있으나 그 가운데는 성공해서 원하는 지위나 연봉을 받을 수 있으나 모두 잠시 갖고 있다가 두고 떠나야 하는 것들이다. 여기에 비하여 우리 기독자는 하나님께서 잠시 사는 세상에서 각자에게 주신 일을 통하여 영육 양면 모두 복된 인생을 만들어 가는 복을 받은 사람들이다. 요즘 직장인들은 워라벨이라며 일과 복지의 균형을 이루는 생활을 한다며 어떻게 하면 편하게 일하고 남보다 조금 일하며 높은 연봉에 긴 휴가를 얻는 가에 대한 큰 관심을 갖고 있다. 그러므로 퇴근 시간에 거래처에서 전화가 오면 전화를 받지 않고 칼같이 퇴근을 하고 있다. 필자가 회사에 근무할 때 어떤 여직원은 거래처 손님이 오자 임원 한 명이 그 여직원에게 (일회용 컵에 내려 받는) 커피 한 잔을 대접하라고 하자 면전에서 거부하는 것을 보았다. 그 일을 위해 자기가 회사에 들어 온 게 아니라는 것이다. 필자는 민망해진 임원 스스로가 직접 일회용 컵에 커피를 받아 거래처 손님에게 주는 장면을 보게 되었다. 이 정도이니 급한 일이 생겨 아래 직원에게 추가 근무시키는 것이 아주 힘들게 되었다. 문제는 기독교인조차 이런 사회 풍조에 따라서 자기가 기독교인이라는 사실을 망각하고 세상 사람들처럼 행동하고 있는 것이다. 요즘 기독교 신문들에 나오는 기사들을 보면 여론조사를 통해 일반 국민의 기독교인에 대한 신뢰도가 타종교인보다 낮고 일반인과 비슷하다는 것을 쉽게 알 수 있다. 이것은 기독교인이 이름만 기독교인이지 실제 생활에서는 성경말씀을 적용하지 않고 살고 있으므로 불신자들의 행동과 차이가 없다는 사실을 보여주고 있다. 불신자는 직장에서 일하거나 개인 사업을 통해서 얻는 수익이 땅에서 얻는 전부이다. 그러나 기독자는 직장이나 사업을 통해서 받는 진짜 수익은 인생 끝나고 하늘나라에서 받는 것이요. 이 땅에 사는 동안 받는 것은 기독자도 육신의 몸을 가졌으므로 모이 필요한 식량, 의복, 주거 등에 필요한 용도에 쓰이는 것을 받는 것이다. 그러므로 불신자, 기독자 모두 같은 일을 하여도 불신자는 직장에서 받는 연봉이 일에 대한 댓가의 전부지만 기독자는 직장에서 받는 연봉은 육체의 몸이 살아가는 데 필요한 것을 받는 것이요 진짜 댓가는 하늘나라에서 주님 앞에서 받는 것이다. 이 내용을 골로새서 3장에 명확하게 말씀하고 있다. 그러므로 기독자는 주님께서 땅에 잠시 사는 동안 건설구원 힘써 이루라고 주신 직장 또는 개인 사업체(농사 포함)에서 있는 힘을 다해 맡은 일을 힘써 하는 것이 막바로 하나님 잘 섬기는 것이다. 그러므로 직장에서 필요하면 야간 일도 기꺼이 기쁨으로 하고 퇴근 시에 걸려오는 전화도 하나님께서 주시는 것임을 깨닫고 감사하게 잘 받아서 필요한 조치를 성심껏 잘 하여야 한다. 그리고 직장에서 다른 직원이 귀찮아 피하려는 것도 앞장서서 있는 힘 다해서 하는 것이 하나님 말씀 힘써 지키는 것이다. 다른 사람 보기에 인정받으려고 하지 않고 하나님 보시기에 인정받으려고 힘쓰는 생활이 현실에서 건설구원 이루는 생활이다. 이렇게 직장에서 6개월만 하면 그 직장에서 인정받지 못할 기독교인은 아무도 없다. 이것이 빛과 소금의 역할을 하는 것이다. 기독교인이 이런 생활은 하지 않고 평소에 그저 불신자들과 차이 없는 생활하다가 주일날 직장에서 특별한 행사나 일이 있을 때 "나는 기독교인이므로 주일날은 못 참석합니다" 하니 주위의 다른 사람들이 싫어하는 것이다. 평소 있는 힘 다해 그 직장에서 가장 열심히 일하는 데 특별한 행사일에 "저는 주일날은 안됩니다"라고 말하는 사람을 싫어할 주위 사람은 아무도 없다. 예수 믿는다 하면서도 평소 직장일에 손에 흙 안 묻히고 쉬운 일만 골라하면서 뺀질뺀질하게 하니 주위 사람들이 예수 믿는 사람을 싫어하게 된다.

뭇사람을 공경하며 형제를 사랑하며 하나님을 두려워하며 왕을 공경하라. 사환들아, 범사에 두려움으로 주인들에게 순복하되 선하고 관용하는 자들에게만 아니라 또한 까다로운 자들에게도 그리하라 (베드로전서 2장 17~18절)

이 말씀은 골로새서, 에베소서, 디도서에 나오는 말씀과 일맥상통하는바 관련된 골로새서와 에베소서 그리고 디도서의 말씀은 다음과 같다.

종들아 모든 일에 육신의 상전들에게 순종하되 사람을 기쁘게 하는 자와 같이 눈가림만 하지 말고 오직 주를 두려워하여 성실한 마음으로 하라. 무슨 일을 하든지 마음을 다하여 주께 하듯하고 사람에게 하듯하지 말라. 이는 유업의 상을 주께 받을 줄 앎이니 너희는 주 그리스도를 섬기느니라 (골로새서 3장 22~24절)

상전들아 의와 공평을 종들에게 베풀찌니 너희에게도 하늘에 상전이 계심을 알찌어다 (골로새서 4장 1절)

종들아 두려워하고 떨며 성실한 마음으로 육체의 상전에게 순종하기를 그리스도께 하듯하여 눈가림만 하여 사람을 기쁘시게 하는 자처럼 하지 말고 그리스도의 종들처럼 마음으로 하나님의 뜻을 행하여 단 마음으로 섬기기를 주께 하듯 하고 사람들에게 하듯하지 말라. 이는 각 사람이 무슨 선을 행하든지 종이나 자유하는 자나 주에게 그대로 받을 줄을 앎이니라. 상전들아 너희도 저희에게 이와 같이 하고 공갈을 그치라. 이는 저희와 너희의 상전이 하늘에 계시고 그에게는 외모로 사람을 취하는 일이 없는줄 너희가 앎이니라 (에베소서 6장 5~9절)

종들로는 자기 상전들에게 범사에 순종하여 기쁘게 하고 거스려 말하지 말며 떼어 먹지 말고 오직 선한 충성을 다하게 하라. 이는 범사에 우리 구주 하나님의 교훈을 빛나게 하려 함이라 (디도서 2장 9~10절)

하나님께서는 직장에서 남의 밑에서 일하는 기독자나 또는 사장 일을 하는 기독자나 모두 잠시 땅에 사는 동안 어떻게 하면 구원(건설구원) 잘 이루는가 그 방편을 성경에 아주 구체적으로 잘 가르쳐주시고 있다. 이대로 하면 영육 모두 잘 되는 것이 기독자만이 받는 복이다. 불신자는 이런 귀한 복과 상관이 없이 그저 땅에서만 숨 쉬다 뭐 큰 것을 이룬 것으로 자랑하기도 하지만 결국 돈, 지위, 명예, 건강, 기술, 지식 등 아무 것도 가져가지 못하고 빈손에 빈털터리로 세상을 떠나게 된다. 여기에 비하면 기독자는 얼마나 복이 많은 사람인가. 그러므로 성경에는 항상기뻐하라, 쉬지말고 기도하라, 범사에 감사하라. 이는 그리스도 예수 안에서 너희를 향하신 하나님의 뜻이니라 (데살로니가전서 5장 16~18절)라고 말씀하셨다.

정리하자면, 기독자는 하나님 말씀 힘써 순종하면 세상에서도 성공하고 하늘나라에서도 성공한다. 기독자에게는 "세상에서 성공 = 하늘나라에서 실패" 또는 "세상에서 실패 = 하늘나라에서 성공"이라고 하는 말을 하는 사람들이 있는바 이것은 성경적이 아니고 잘못된 것이다. 기독자는 하나님 말씀대로 하면 필히 세상에서도 성공하고 하늘나라에서도 성공하므로 "세상에서 성공 = 하늘나라에서 성공"의 등식이 기독자에게 적용되는 것이다. 기독자는 땅에 사는 동안 하나님 말씀대로만 살면 영육의 복 모두 받게되므로 땅에서 매면 하늘에서도 매이고 땅에서 풀면 하늘에서도 풀린다고 하늘과 땅이 하나로 연결되어 있다는 것이 성경(마태복음 16장 19절)에 기록되어 있다.[42] 이와 직접관련되어 하늘에 있는 것이나 땅에 있는 것이 다 그리스도 안에서 통일되게 하려 하심이라(에베소서 1장 10절)라는 말씀도 있다. 기독자는 영육이 모두 잘 되는 복있는 사람이다.

---

[42] 『목회설교록(1986년 8월, 거창집회)』 p. 324, 백영희 목회연구소, 부산, 2007.

• 제7장
베드로후서

　3장으로 구성된 베드로후서는 앞서 언급한 바와 같이 우리의 의로운 행위가 아니라 예수님의 피공로를 믿음으로 천국가게 된 기본구원(중생, 重生 받아) 위에 잠시 땅에 사는 동안 건설구원(성화구원, 행위구원)을 어떻게 하면 온전히 잘 이루는 가에 대해 강조하고 있는바 대표적인 구절은 다음과 같다.

　예수 그리스도의 종과 사도인 시몬 베드로는 우리 하나님과 구주 예수 그리스도의 의를 힘입어 동일하게 보배로운 믿음을 우리와 같이 받은 자들에게 편지하노니, 하나님과 우리 주 예수를 앎으로 은혜와 평강이 너희에게 더욱 많을찌어다 (베드로후서 1장 1~2절)

　이러므로 너희가 더욱 힘써 너희 믿음에 덕을, 덕에 지식을, 지식에 절제를, 절제에 인내를, 인내에 경건을, 경건에 형제우애를, 형제 우애에 사랑을 공급하라 (베드로후서 1장 5~7절)

　그러므로 사랑하는 자들아 너희가 이것을 바라보나니 주 앞에서 점도 없고 흠도 없이 평강 가운데서 나타나기를 힘쓰라 (베드로후서 3장 14절)

특히 3장 14절 말씀에는 베드로후서 전체의 요점을 한 구절로 표현하고 있다. 이것이 예수 믿는 사람들이 땅에서 사는 목적이다. 이 목적과 관계없이 예수 믿는 자들이 세상에서 돈 많이 벌고, 건강하고, 자식들 잘되고, 남이 갖고 있지 못한 특별한 기술과 재능을 갖고 있고 나름대로 처세술이 좋아 지위도 얻는다 하더라도 세상 떠날 때 다 두고 간다. 베드로후서 3장 14절 말씀대로 사는 것이 세상 떠날 때 갖고 갈 수 있는 것들이다. 그러므로 잠깐 사는 세상에서 이 말씀대로 있는 힘 다해서 살아가는 사람이 제일 지혜로운 자요, 가장 큰 대인(大人)이요, 선(線)이 굵은 사람이요 제일 잘난 사람이다.

    벳새다 어부가 꾸던 만선의 꿈
    예수님을 만나고
    천국을 사람으로 채우는 꿈으로 변했다

    물 위를 걸어 본 유일한 인간 베드로
    주님의 제자되어 앉은뱅이를 고치더니
    다비다도 살리고 고넬료도 구했다

    예수 이름 위해 평생 받았던 고난이
    천국에서 누리는 영원한 영광으로 변한 것을

    천국가면 반석 옆에 앉아 자세히 들어 보련다

• 제8장

순교

1. 아피아 가도

아피아 가도(Via Appia 또는 Via Appia Antica라고 부른다)는 로마 제국에 군사적, 상업적으로 동맥 역할을 한 도로이다. 도로 연변에는 자기들의 이름을 영구히 남기고 싶어 하는 로마의 귀족과 부자들이 무수한 돌무덤을 만들어 놓았다. 도로를 지나가는 사람들이 자기들의 이름을 보고 기억해 주기를 바란 것이었다. 당시에 많은 기독교인도 자기들의 무덤을 아피아 가도 옆에 만들고 싶었으나 가난하여 돈이 없었으므로 대신 지하에 긴 굴을 파고 굴속의 벽면을 관(棺) 모양으로 파내고 그곳에 시신을 넣었다. 이것이 카타콤으로서 오늘날 로마 시내를 벗어나는 곳에는 산세바스티아노(San Sebastiano)와 산칼리스토(San Callisto) 카타콤 등 여러 카타콤이 남아있다.

아피아 가도(街道)는 로마에서 아드리아 해에 면한 브린디시(Brindisi)까지 길이가 580km로서 현대적인 시각으로 보면 좁고 울퉁불퉁한 도로이지만 마차가 다니던 로마 시대에는 넓고 편안한 도로였다. 도로가 완공되자 도로 주변에는 마을과 시장, 여관, 식당 등도 들어서고 군대의 신속한 이동이 가능하게 된 이외에 산업과 물류에도 큰 기여를 하게 되었다.

아피아 가도가 본격적으로 시작하는 산세바스찬 문

아피아 가도는 기원전 312년에 로마의 정치인이며 감찰관인 아피우스 클라디우스(Appius Claudius)가 구상하여 건설을 시작하였다. 그러므로 도로에 그의 이름이 붙은 것이다. 가도의 시작점은 콜로세움 인근으로서 로마 제국의 첫 황제인 아우구스투스가 기원전 20년에 만들어 놓은 이정표는 오늘날에도 볼 수 있다. 이탈리아 반도를 달리는 아펜니노 산맥을 뚫어서 가능한 평평하고 곧은 도로를 만들기 위해 로마 정부는 노예, 죄수 그리고 군인들을 동원하여 불철주야 이 도로를 만들었다. 당시에 이 도로는 오늘날의 고속도로였다. 산을 허물고 늪지를 메운 뒤 도로를 평평하게 하고 그 위에 큰 화산암을 떼어내 길 바닥에 놓고 다져서 이 도로를 완성한 것이다. 2천여 년 전에 만든 이 도로 위로 오늘날도 자동차들이 질주하는 것을 보면 당시 로마인들이 얼마나 도로를 잘 만들었는지 경탄이 나온다.

　로마 시내의 외곽에 있는 아피아 도로를 보려면 도시의 동남부에 있는 산세바스찬 문(Porta San Sebatian)에 가보면 된다. 카라칼라 목욕탕(Caracalla Terme)에서 산세바스찬 문으로 가는 도중(1km)에도 물론 아피아 가도를 볼 수 있으며 산세바스찬 문을 지나 동남쪽으로 아피아 가도가 펼쳐져 있다. 쿼바디스 성당은 산세바스찬 문에서 800m 정도에 있고 부근에는 산칼리스토 카타콤도 있다.

　로마 시대에 만든 수도로(水道路)가 아직도 이스라엘의 가이사랴, 스페인의 세고비아와 세비야, 남부 프랑스 등 지중해 지역 곳곳에 남아 있듯이 로마 시대에 만든 도로의 흔적은 오늘날에도 지중해 곳곳에서 볼 수 있다. 필자는 여행 중에 그리스의 테살로니키 시내, 튀르키예 동남부의 다소 시내, 알바니아의 두 번째 도시인 두레스 등 여러 곳에서도 로마 시대에 만들어 놓은 도로를 볼 수 있었다. 로마인들은 이렇게 로마 제국이 통치하던 지역에 8만km

아피아 가도(산세바스찬 문 앞)

의 포장도로와 40만 km의 비포장도로를 건설해 놓았다. 서울-부산 간 고속도로 거리가 약 430km인 것을 생각하면 당시에 대단한 토목공사를 한 것이다.

2. 쿼바디스 도미네

시몬 베드로가 가로되 주여 어디로 가시나이까. 예수께서 대답하시되 나의 가는 곳에 네가 지금은 따라 올 수 없으나 후에는 따라 오리라 (요한복음 13장 36절)

"주여 어디로 가시나이까?"는 라틴어로 쿼바디스 도미네(Quo Vadis Domine)이다. 신약성경의 요한복음에 나오는 이 구절을 사용하여 폴란드 작가 센케비치(Henryk Sienkiewicz)는 1895년에 소설 쿼바디스를 썼고 이 소설을 바탕으로 후일 영화가 만들어졌다. 필자가 초등학생이던 1960년대 초에 학원사(學園社)에서 나온 세계명작문고 60권과 세계 위인문고 60권이 있었는데 명작문고 60권 가운데 쿼바디스가 있었으므로 필자는 초등학교 5학년 때 이 책을 친척 누나로부터 선물 받아 읽어보았다. 그 내용은 지금도 기억이 난다. 센케비치는 이 소설로 노벨 문학상을 받았다. 그러나 어디까지나 그가 쓴 쿼바디스는 성경에 근거한 것이 아니고 그가 상상 속에서 흥미위주로 쓴 소설일 뿐이다. 소설 속에서도 남녀 주인공의 애처로운 연애 장면이 나오고 영화 속에서는 세기의 미남, 미녀 배우가 주인공으로 등장하여 인간 감정에 호소하는 멋있고 감동을 주는 연기를 하는 바람에 이 소설이나 영화를 본 사람들은 베드로가 실제로 그런 행동을 하였다고 생각할 수 있으나 한마디로 이 내용은 모두 허구이다.

1. 아피아 가도에 있는 쿼바디스 도미네 성당
2. '쿼바디스 도미네' 글씨가 성당 정문 위에 보인다

    예수님께서는 생전에 베드로가 어떻게 죽을 것을 다음과 같이 예언하셨다. 그러나 어느 곳에서 죽을 것인가에 대해서는 언급하지 않았다.

    내가 진실로 진실로 네게 이르노니 젊어서는 네가 스스로 띠 띠고 원하는 곳으로 다녔거니와 늙어서는 네 팔을 벌리리니 남이 네게 띠 띠우고 원치 아니하는

쿼바디스 도미네 성당 내부

십자가에 거꾸로 못박혀 순교하는 베드로 (상상화)

곳으로 데려가리라. 이 말씀을 하심은 베드로가 어떠한 죽음으로 하나님께 영광을 돌릴 것을 가리키심이러라. 이 말씀을 하시고 베드로에게 이르시되 나를 따르라 하시니 (요한복음 21장 18~19절).

로마 시내 중심에서 오늘날 남아 있는 아피아 가도(街道)로 갈 때 아피아 가도의 입구 인근에 있는 '쿼바디스 도미네' 성당은 중세시대에 세워졌으며 1600년에 다시 건축되어 오늘에 이르고 있다 (주소, Via Appia Antica 51, Rome). 성당 안에 들어가면 오른편 벽에는 십자가에 달리신 예수님의 그림이 있고 그 맞은 편 왼쪽 벽에는 베드로가 십자가에 거꾸로 매달려 죽는 대형 그림이 있다. 네로 황제는 서기 68년에 사망하기 전에 기독교인에 대해 극렬한 박해를 하였다. 이때 많은 기독교인을 뒤에 남겨두고 로마의 마메르틴 감옥을 탈출하여 로마를 빠져 나가는 베드로에게 (오늘날 쿼바디스 교회가 세워

소설 쿼바디스의 저자 센케비치의 흉상

진 장소에서) 예수님이 나타나자 베드로는 "주여 어디로 가시나이까?"라고 묻는다. 이에 예수님은 "(네가 로마에서 피신하기에) 내가 다시 십자가의 형벌을 받으려고 로마로 간다"라고 대답하자 이에 베드로는 자기의 행동을 부끄럽게 생각하여 다시 로마로 돌아가 거꾸로 십자가에 달려서 순교를 하였다고 한다. 물론 이 내용과 베드로를 비롯한 많은 초기 기독교인들이 오늘날의 바티칸 지역에서 순교하였다는 이야기는 전설로 내려오고 있다. 베드로가 언제 어디서 순교하였는지는 정확하지 않으나 바티칸의 베드로 대성당 안에는 그의 순교 연도가 서기 64~67년이라고 기록되어 있다. 참고로, 쿼바디스 성당 안에는 쿼바디스 소설의 작가인 센케비치의 흉상도 있다.

로마 시대에 십자가에 매달아 죽이는 전통적인 십자가 형벌은 가장 가혹하고 잔인한 형벌로서 국가에 반역하거나 살인강도 같은 죄를 지은 사람에게 처하는 형벌이었다. 십자가에 매달리면 즉시 숨이 끊어지지 않고 오랜 시간 동안 고통을 겪으며 죽기 때문이다. 예수님도 오전 8시경에 십자가를 지고 등에 지고 빌라도의 관정을 출발하여 골고다 형장까지 운반한 뒤에 오전 9시경에 십자가에 손과 발이 못 박혀 매달렸으나 오후 3시경에 숨을 거두었다. 기원전 73년에 남부 이탈리아의 나폴리 바로 북쪽에 있는 카푸아(Capua)에서 스팔타카스(Spartacus)라는 노예검투사가 반란을 일으켜 7만 명을 이끌고 로마군에 대항하여 싸워 여러 번 승리하였으나 기원전 71년 전투에서 크게 패배하여 반란은 실패로 끝났다. 그러자 로마는 반란에 참가한 6천명을 아피아 가도를 따라서 세운 십자가에 매어 달아 죽였다. 군중들에게 이 모습을 보여줌으로써 반란을 일으키겠다는 마음을 없애버리려는 의도였던 것이다. 예수님의 십자가 위에는 '유대인의 왕'이라고 쓴 조롱 섞인 글이 붙어 있었다.

쿼바디스 도미네 성당 앞에 있는 산칼리스토 카타콤

요한복음에 나오는 "쿼바디스 도미네(주여 어디로 가시나이까?)"는 소설과 영화 때문에 베드로가 로마에서 예수님께 말한 것으로 여기는 사람들이 많으나 사실은 베드로가 예루살렘에서 예수님께 말한 것이다. 이점에서도 소설과 영화가 쿼바디스의 본질을 흐려놓고 있다.

나폴리의 산가우디오소(San Gaudioso) 카타콤 내부

• 제9장
베드로 이름 가진 명소

1. 괴테와 베드로의 야자수

파도바(Padova 또는 Padua)는 베네치아(베니스)에서 30km 서쪽에 있는 아름다운 도시이다. 이탈리아를 여행하는 우리나라 사람들이 인근에 있는 베네치아에는 많이들 가지만 이 근처에 파도바라는 도시가 있는 것조차 아는 사람이 거의 없다. 이곳에는 1222년에 설립된 파도바 대학이 있다. 이 대학은 세계에서 5번째로 오래된 대학이고 이탈리아에서는 1088년에 세워진 볼로냐(Bologna) 대학에 이어 두 번째로 오래된 대학이다. 이 대학은 2019년에 미국의 뉴스월드가 조사하여 선정한 세계에서 가장 좋은 대학 순위에 세계에서 122위, 유럽에서는 48위, 이탈리아에서는 2위를 차지한 명문대학이다. 그러나 무엇보다도 이 대학이 유명한 것은 1545년에 세계 최초로 이 대학 안에 세워진 식물원 때문이다. 이보다 일 년 전인 1544년에 피사(Pisa) 대학에 식물원이 세워졌으나 피사 대학 식물원은 그 후 다른 곳(현재 위치)으로 이전한 것에 비해 파도바 대학 식물원은 원래 세워진 곳이 이전되지 않은 채 오늘에 이르고 있으므로 파도바 대학 식물원이 세계 최초의 식물원으로 인정되고 있는 것이다. 파도바 시내에도 베네치아처럼 운하가 있으나 그 규모가 베네치아와는 비교할 수 없을 정도로 작다. 필자가 파도바를 방문한 것은 이 운하를 보기 위해서가 아니고 세계 최초의 식물원을 보고 싶어서였다.

마치 애인이라도 만나려는 듯이 두근거리는 가슴을 안고 식물원 정문을 들어가니 그

파도바 대학 식물원 정문

동안 필자가 서적과 기타 관련 자료를 통하여 미리 조사한 것 보다 훨씬 더 큰 감정이 머리와 가슴을 흔든다. 입장권 매표소는 내부가 엄청나게 크고 멋있는 현대적인 인테리어로 되어있어, 역사적이고 고풍스런 내부 모습을 하고 있을 것이라고 생각하였던 필자로서는 크게 놀랐다. 이 안에서 일하는 4명의 직원도 부지런히 움직이고 있었다. 파도바 시내 한가운데에 있는 식물원 면적은 약 7천 평(현대식 온실, 연구동 등 제외)으로서 큰 편은 아니나 약 5백 년 전의 모습을 그대로 갖고 있는 부분도 있고 현대적인 대규모 온실, 지구 환경을 보존하기 위한 연구실, 식물 표본 보관실, 식물학 장서 5만권을 보유하고 있는 도서관 등이 있다. 며칠을 부지런히 살펴보아야 제대로 볼 수 있는 곳이라는 것을 알 게 된 것은 입장하고 나서 오래 걸리지 않았다. 서양에서는 식물원을 기초 자연과학을 공부하는 연구소로 여기기 때문에 거의 모든 식물원은 대학교에 부설되어 있다. 이런 영향을 받은 일본도 마찬가지이다. 그러나 우리나라에서는 식물원을 시민 휴식 장소 내지는 공원의 의미로 인식하고 있으므로 최근에 만든 서울 식물원을 서울시(市)가 관리하는 것처럼 대학이 식물원을 제대로 기초 과학 연구소로서 인식하여 관리하는 식물원이 없다. 필자는

성베드로 야자수가 보존된 온실과 필자

1979년부터 45년 이상에 걸쳐서 세계 145개 국가의 식물원을 방문하였는 바 필자가 보기에는 우리나라에서는 인천 대공원 안에 있는 식물원이 서양식 식물원 개념에서 볼 때 제대로 만든 식물원이라고 생각한다.

사도 베드로의 발자취를 찾아서

5세기 전에 세워진 파도바 대학의 식물원은 오랜 기간의 식물 연구를 통해서 의학과 약학 분야에 크나큰 공헌을 하여왔고 오늘도 약 6천종의 수목, 꽃, 약용식물 등 각종 식물을 가지고 그 연구는 계속되고 있다. 이 식물들은 세계 각지에서 가져와서 식재하였는바 중국 원산의 은행나무(1750년 식재), 미국 원산의 남부 마그놀리아(1786년 식재), 히말라야 삼나무, 영국 참나무 등 수령이 오래된 나무들이 많다.

독일의 문호 괴테는 1786년부터 1788년에 걸쳐서 이탈리아 여행을 하였다. 그때 그는 1786년 9월 27일에 파도바 대학의 식물원을 방문하였다. 우리는 괴테를 문학가로 알고 있지만 사실 그는 문학에 앞서 자연과학의 가장 기초인 식물학을 공부한 사람으로서 아마추어 식물학자의 지식을 갖고 있었다. 그러한 그가 파도바 대학 식물원을 둘러보면서 이 식물원이 세워지고 40년 후인 1585년에 식재된 야자나무 한 그루를 보고 너무 큰 감동을 받았다. 그때 받은 감동이 그가 문학가의 일생을 사는 동안 그의 작품세계에 영감을 주었을 뿐만 아니라 그는 이 나무를 그의 식물학 연구의 표본으로 삼아서 공부하였다. 당시에 그가 보았던 지중해 야자수(Mediterranean Palm, 학명: Arecaceae *Hamaerops humilis*)는 서부 지중해에서 생육하는 나무로서 '난쟁이 야자수(Dwarf Palm)'로 부른다. 이외에도 '괴테의 야자수(Goethe's Palm)', 또는 '성(聖) 베드로의 야자수(St. Peter's Palm)'라고 부른다. 왜 이 나무에 베드로의 이름을 붙였는지 필자로서는 알 수가 없다. 하여간 이 나무는 지금도 식물원 안에 남아 있다. 괴테에게 큰 영감을 준 나무이므로 파도바 식물원에서는 이 나무를 오래 보존하기 위해 1935년에 이 야자수만을 위한 8각형 유리 온실을 만들었고 몇 년 전에 새로운 건축 재료로 다시 만들었다. 독일에 귀국한 괴테는 그의 여행 일기를 기초로 하여 저술한 '이탈리아 여행기'를 1816년에 발행하기에 앞서 1790년에 '초목(草木)의 진화(Versuch die metamorphose der pflanzen zu erklären)'라는 식물학 연구서적을 먼저 발행하였다.

이 책 속에서 그는 이 야자수를 예로 들어 그의 식물학 이론을 설명하였다. 이 온실 속에 있는 야자수 옆에는 괴테의 식물학 이론을 이탈리아어, 독일어, 프랑스어로 요약하여 적어 놓았는데 영어 설명은 없어 무슨 뜻인지 제대로 이해 할 수 없었다. 그러므로 필자는 식물원을 나올 때 입구에 있는 직원들에게 영어 설명도 적어 놓아 달라고 부탁하였다. 재미있는 것은 이 난쟁이 야자수는 이름과는 달리 실제 높이는 11m나 된다. 괴테 같은 대(大)문호를 보고 인문학의 대가로 여기지만 사실 그는 자연과학자로서의 실력도 갖고 있었다. 그러나 우리나라 사람들은 괴테의 자연과학자로서의 면은 외면하고 문학가로서만 평가하고 있다. 자연과학자의 깊고 예리한 눈을 가지고 있었으므로 그것이 그의 문학 작품성을 더욱 위대하게 만든 것으로 필자는 믿는다. 여하 간에 세계 최초의 식물원 안에 사도 베드로의 이름을 붙인 식물이 있다는 사실은 놀랍다.

2. 상트페테르부르크

필자는 1990년대에 회사업무로 남아메리카 칠레에 주재하고 있을 때 회사업무로 브라질의 상파울로(Sao Paulo)에 여러 번 출장을 간 적이 있다. 오늘날도 마찬가지이지만 인구 1,200만 명이 서울보다 2배 이상 큰 면적에 살고 있는 상파울로는 브라질 최대의 도시이며 세계에서 가장 인구가 많은 도시

1. 상트페테르부르크의 네바강
2. 상트페테르부르크 시내

가운데 하나이다. 상파울로는 포르투갈어로 사도 바울의 이름을 붙인 도시이다. 바울은 '작다'는 뜻이지만 하나님께서는 세계에서 가장 큰 도시 가운데 하나인 도시에 그의 이름을 붙여주셨다.

한편, 남반구의 브라질에 사도 바울의 이름을 붙인 대도시가 있다면 북반구의 러시아에는 사도 베드로의 이름을 붙인 도시가 있다. 상트페트르부르크(Saint Petersburg)가 바로 그 도시이다. 발트 해에 면한 이 도시 이름은 '성(聖) 베드로의 도시'라는 뜻이다.

이 도시가 들어선 지역은 원래 스웨덴 땅이었으나 러시아의 피터 대제는 스웨덴과의 전쟁에서 이 땅을 점령하고 정식으로 1703년 5월 27일에 도시를 만들고 자기가 수호성인(守護聖人)으로 여기는 예수님의 수제자인 베드로를 기념하려고 '성(聖)베드로의 도시'라는 뜻을 가진 상트페테르부르크라는 이름을 붙였다. 그 후 제1차 세계대전 중에 러시아는 독일을 적으로 싸웠으므로 독일식 Burg(도시)를 지우고 러시아식으로 Grad(도시)라고 변경하여 도시 이름을 Petrograd 라고 변경하였다. 그 후 소련 공산당 시절에는 1917년에 러시아에서 볼셰비키 공산혁명이 일어났을 때 큰 역할을 한 공산당 지도자 레닌(Vladimir Lenin)의 이름을 넣은 레닌그라드(Leningrad)로 바꿨으나 1991년 소련이 붕괴하면서 1991년 9월 6일에 원래의 도시 이름을 회복하여 오늘에 이르고 있다. 네바(Neva) 강이 도시의 복판을 흐르는 아름다운 북구의 도시 상트페테르부르크는 서울보다 2배 이상 되는 면적에 인구는 550만 명이다. 원래 상트페테르부르크는 러시아의 수도였으나(그전에는 모스크바가 수도) 1917년에 러시아에서 공산혁명이 성공하자 1918년 3월에 수도를 모스크바로 다시 이전하였다.

필자는 핀란드의 수도 헬싱키에서 야간 버스를 타고 밤새 달려 상트페테르부르크를 향해 갈 때 러시아 국경을 지나자 거대한 자작나무 숲이 나타났다. 자작나무 순림(純林) 속을 가로지르는 버스의 전조등 불빛에 도로 양편에 나타나는 자작나무의 흰색 껍질이 반사하던 광채는 아직도 잊을 수 없다.

여하 간에 기독교 초대교회 시절, 생명의 위협에도 굴하지 않고 예수 그리스도의 천국 복음을 세상 곳곳에 전하다가 세상을 떠난 두 사도(바울과 베드로)의 이름이 남반구와 북반구의 큰 도시에 붙어 있다는 사실에 필자는 기독자의 한 사람으로서 뿌듯한 마음을 가지고 있다. 한편, 이렇게 존재하는 두 도시보다도 두 사도가 전한 복음의 진리가 말세를 맞아 세상 모든 사람들에게 전파되어 많은 사람들이 예수 그리스도를 믿고 구원받는 대열에 동참하게 되기를 하나님께 간구하는 바이다.

저자후기

　기독교 초대교회의 기틀을 만든 많은 사도들 가운데 성경에서 가장 많이 언급된 사도는 바울과 베드로이다. 초대교회 당시 기독교는 대제사장 등 예수 그리스도를 메시아로 인정하지 않는 유대인은 물론이고 당시 지중해 세계를 지배하고 있던 로마제국으로부터 많은 박해를 받으면서도 크게 성장하였다. 네로, 도미티아누스 등의 황제들이 기독교를 없애려고 온갖 수단을 썼으나 '반석'이라는 이름을 가진 베드로를 포함한 사도들의 반석 같은 신앙 위에 세워진 교회는 기독교를 말살하려는 사탄과 죽음의 권세를 넉넉하게 깨트리고 박해 때문에 오히려 주의 복음이 왕성하게 퍼지는 결과를 만들었다.

　필자는 목회자나 신학자가 아니고 평신도(예수교 장로회 한국 총공회 청량리 교회 장로)이다. 대학에서 임산가공학(林産加工學)을 전공하고 목재회사에 들어가 34년을 일하고 퇴직하였다. 중학교 1학년 때부터 직업군인이 되고 싶어 육군사관학교 입학준비를 하였으나 4일간 치러지는 입학시험(토요일은 국어·영어·수학 필기시험, 주일날은 선택과목 필기시험, 월·화요일은 신체검사와 체능시험)에 주일날 필기시험이 포함되어 있으므로 6년을 하루 같이 준비하며 기다렸던 시험을 포기하고 일반대학(서울대 임산가공학과)에 들어갔다. 대학에 있는 ROTC(학군단)을 통해서도 직업군인을 할 수 있다는 것을 알게 되어 학군단 13기에 입단하여 1년 동안 훈련을 받았으나 3학년 말에 교육사열 준비차 주일날에 훈련 나오라는 것을 거부하다가 결국 제적되어 육군

사병으로 군복무를 마쳤다. 군에서 주일날 교회에 잘 보내준 소대장(조원표 중위)과는 지금까지 약 50년 동안 연락을 하고 있다. 제대를 하고 취직을 하려고 하니 중앙정보부(국정원)를 포함한 공무원 시험도 주일날 치러지고 삼성, 현대 등 대기업들도 입사시험이 주일날 치러지므로 모두 포기하고(주일날 치러지는 회사입사 시험에 응시할 바에야 차라리 가고 싶었던 육사시험에 응시하는 것이 나았을 것이라는 생각에서) 주일날 입사시험이 없는 중견기업(목재 회사)에 1977년에 입사하였다. 필자에게는 봉급이 크고 작고는 관계없고 직장에서 주일성수 잘하게 해주는 곳이 제일 좋은 직장이었다. 직장에서도 주일성수 문제에 여러 번 직면하였지만 ROTC 제적당할 때 받았던 어려움은 없었고 대표이사를 포함한 여러 상사와 동료들의 배려로 아무 문제가 없었다. 회사 다니는 동안에도 승진이나 봉급은 전혀 신경을 쓰지 않았고 매달 25일 봉급날도 일부러 잊고, 오로지 주일성수 제대로 하려고(주일성수 제대로 하려면 6일 동안 힘껏 있는 힘 다해 일해야 한다. 이는 성경(출애굽기 20장 9절)에 쓰여 있다), 맡은 일에 힘껏 일하였더니 맡아서 하는 일 모두 잘되어(하나님께서 도와 주셔서) 나중에는 사장으로서 퇴직하였다. 필자는 회사 다닐 때 주일을 제외하고는 구정, 추석, 국경일 등 일반 공휴일에도 신입사원 때부터 사장 퇴직할 때까지 항상 회사에 출근하였다. 이렇게 목재회사에서 34년 일하고 퇴직한 뒤 어릴 때부터 좋아하던 군사 공부를 하려고 국방대학원에 가려고 하였으나 민간인은 갈 수 없어 국방대학원과 일부 학점을 공유하는 경기대학교의 정치전문대학원에서 6년간 공부하여 '국제 정치학 박사' 학위를 취득하였다. 석사논문과 박사논문 각각 '한국전쟁 기갑전'과 '현대 세계기갑전'에 대한 분석이다.

사람이 마음으로 자기의 길을 계획할지라도 그 걸음을 인도하는 자는 여호와시니라(잠언 16장 9절), 사람이 제비는 뽑으나 일을 작정하기는 여호와께 있느니라(잠언 16장 33절). 인생의 길은 하나님께서 인도하신다. 목재회사에서 퇴직하고 배낭을 메고 해외 전적지를 찾아다니는 여행을 하던 중 우리나라 굴지의 수산기업으로부터 상임고문으로 일해 달라는 요청을 받아 5년 가까이 그 회사에서 일을 하면서 회사 덕분에 파푸아뉴기니 국립수산전문대학에서 선장교육을 받고 선장 자격증까지 받게 되었다(비록 장롱 자격증이 되었지만....). 그리고 영국 정부와 남태평양의 솔로몬 군도 정부로부터 각각 대영제국(大英帝國)훈장과 솔로몬 군도에서 외국인에게 주는 최고 훈장인 십자훈장(Cross Medal)을 받았다. 이 가운데 대영제국 훈장은 영국 축구선수 데이비드 베컴이 받은 것과 같은 등급(OBE)의 것이므로 필자로서는 과분한 것을 받은 기분이다.

 필자는 주일날은 절대로 개인일이나 회사일로 여행을 하지 않는다 (이사야 58장 13절에는 안식일에는 여행을 금지하는 말씀이 있다). 이렇게 생활하는 필자를 보고 기독교인 가운데에는 자기는 그렇게 못하지만 있는 힘 다해 하나님 말씀 지키며 사는 것을 존경한다는 사람도 있고 반대로 융통성이 모자라고 너무 고지식하고 너무 율법적이어서 사회성이 부족하다고 비판하는 사람도 있다. 각자 갖고 있는 성경 지식과 사람 됨됨이에서 판단할 일이지만 그럼에도 필자는 주일날은 비행기나 차량 등을 타지 않고, 전혀 이동이나 관광을 하지 않고 현지 교회에서 예배를 드리면서도 여태까지 145개 국가를 여행하였다. 이것이 본서 '사도 베드로의 발자취를 찾아서'와 '사도 바울의 발자취를 찾아서'를 쓰는 작은 동기 가운데 하나가 되었다. 필자는 사도 바울 전도여행에 관심이 있어 서울 시내 기독교 서점 2곳에서 관련 책을 찾아보았으나 모두 바울이 2~3개 나라에서 전도한 내용만 기술되어 있었다. 필자는 오래 전부터 바울이 방문한 10개국에서 전도한 것을 기술한 책을 보고 싶었다. 바울은 오늘날 국경으로 10개국을 방문하였음에도 시중 서점에 있는 책은 그리스, 튀르키예(터키)에 대해서만 기술하였거나 아니면 여기에 이탈리아를 더해 3개국에서 행한 전도여행에 대해 기술한 책들뿐이다. 그러므로 어느 날 생각해 보니 바울이 방문한 10개국 가운데 9개국(시리아는 내전 때문에 못감)은 이미 필자가 여러 번 방문한 곳이므로 "내가 비록 목회자나 신학자는 아니지만 이럴 바에야 내가 직접 써보자"하는 생각이 들어 '사도 바울의 발자취를 찾아서'를 수년 전에 발간하였다(시리아는 아들애가 시리아 내전 이전에 방문한 자료를 얻어서). 본서의 경우도 비슷한 이유에서이다. 기독교 서점에 베드로 전·후서에 대한 주석 책은 있어도 베드로의 생애라던가 베드로의 전도여행에 관한 책은 없으므로(필자가 발견하지 못하였을 수도 있다) 이럴 바에야 그 동안 필자가 베드로 관련된 장소를 방문한 기록을 모아 책을 저술해야겠다는 생각을 굳혀서 본서를 발간하게 되었다.

어느 시각에서 보면 필자가 알고 싶은 것을 다른 사람이 이미 써 놓은 서적이 없기에 필자 스스로 조사하여 저술한 것이다. 필자는 앞서 말한 대로 목재 회사에서 34년 동안 일하였으므로 목재 관련 책을 2권 저술하였다. 그러나 어릴 때부터 군대와 전사(戰史)가 좋아 여태까지 군사, 전쟁책 11권을 저술하였고(전체 22권 저술한 가운데 절반) 금년(2024년) 안에 '이것이 이스라엘·하마스 전쟁이다'가 발간될 예정이다. 아마 누군가가 사도 바울이 10개국을 다니며 전도한 책을 이미 발간하였거나 베드로의 생애와 전도사역에 관한 책을 발간하였다면 필자는 바울, 베드로 책을 쓰지 않고, 그 시간에 좋아하는 군사관련 책만 계속 발간하였을 것이다. 그러나 모든 것이 하나님의 섭리와 은혜 속에서 이루어지는 것을 믿는 한편, 부족한 사람에게 초대교회 역사에 큰 획을 그은 두 사도(바울, 베드로)에 관련된 책을 쓸 수 있는 기회를 주신 하나님께 감사한 마음뿐이다.

참고자료

● 단행본

『성경전서』, 대한성서공회, 서울, 2006.
권오준, 『영원한 영광된 구원』, 에스라 목회연경회, 서울, 1996.
권주혁, 『사도 바울의 발자취를 찾아서』, 퓨어웨이픽쳐스, 서울, 2021.
권주혁, 『여기가 이스라엘이다』, 퓨어웨이픽쳐스, 서울, 2019.
김의환, 『기독교회사(基督敎會史)』, 성광문화사, 서울, 1982.
김흔중, 『성서의 역사와 지리』, 엘맨, 서울, 2014.
데이빗 제이 앤더슨, 김정웅 譯, 『왕을 위하여 울라』, 서울, (사)한국기독교 정치연구소, 2024.
요세푸스, 김지찬 譯, 『요세푸스2(유대고대사)』, 생명의 말씀사, 서울, 2023.
유성현, 『베드로와 초기 기독교(사도행전 1~3장)』, 대한기독교서회, 서울, 2016.
이원희, 『스펙트럼 성서지도』, 지계석, 서울, 2008.
헨리에타 미어즈, 『성경의 파노라마』, 생명의 말씀사, 서울, 1966.
『목회설교록(1986년 8월, 거창집회)』, 백영희목회연구소, 부산, 2007.

佐藤賢一, 『よくわかる一神教』, 集英社文庫, 東京, 日本, 2024.
ひろさちや, 『世界の宗教がわかる本』, Today Books, 東京, 日本, 1998.
歷史の謎硏究會, 『世界史の裏面』, 靑春出版社, 東京, 日本, 2023.

Adam Hamilton, 『Simon Peter-Flawed but Faithful Disciple』, Abingdon Press, Nashville, Tennessee, USA, 2018.
Andrew Roberts, 『Napoleon-Life』, Penguin Books, London, UK, 2014.
Cinzia Valigi, 『Rome & Vatican』, Plurigraf, Rome, Italy, 1996.
Joseph Rhymer, 『Atlas of the Bible』, A Quintet Book, London, UK, 1995.

Loretta Santini, 『New Guide of Rome and Vatican』, Plurigraf, Rome, Italy, 1994.
Martin Hengel, 『Saint Peter, The Underestimated Apostle』, W. B. Eerdmans Publishing Co., Grand Rapids, Michigan, USA, 2010.
Nelson Beecher Keyes, 『Bible World』, The Reader's Digest Association, New York, NY, USA, 1962.
Nicolo Suffi, 『St. Peter's-Guide to the square and the Basilica』. Libreria Editrice Vaticana, Vatican. 2001.
Tim Dowley, 『Bible Atlas』, Candle Books, Oxford, UK, 2002.
Werner Keller, 『The Bible as History』 Hodder and Stoughton, London, UK, 1974.
『Beacon Bible Commentary, Vol 10』, Beacon Hill Press, Kansas City, Missouri, USA 1967.
『Rome, Past and Present』, Vision, Rome, Italy, 1994.
『The History of Christianity』, Lion Publishing, Elgin, Illinois, USA, 1994.

● 잡지, 저널

『슈미트 총리』, 월간조선, 2020년 11월.
『쿠바디스 교회(Chiesa 'Domine Quo Vadis') 안내서』, Rome, Italy.
『기독교 순례자를 위한 성경속 장소들』, 관광부, Jerusalem, Israel.
『Jerusalem』, Ministry of Tourism, Jerusalem, Israel.
『King David's Tomb on Mount Zion』, Holy Site Authority, Jerusalem, Israel.
『Galilea Capernaum』, Convento Promessa Eucaristica, Tiberias, Israel.
『Caesarea』, Nature and Parks Authority, Jerusalem, Israel.

● 신문

『로마 제국 기독교 박해 이유』, 크리스천투데이, 2023년 10월 11일.

『네로 황제』, 감사나눔신문, 2024년 4월 1일.
『지중해서 3,300년 된 난파선 발견』, 매일경제신문, 2024년 6월 24일.

● 방문처

베드로 집. 가버나움, 이스라엘.
만국교회, 예루살렘, 이스라엘.
변화산, 나사렛, 이스라엘.
피장 시몬의 집, 욥바, 이스라엘.
바티칸 베드로 대성당, 바티칸.
마메르틴 감옥, 로마, 이태리.
베드로 쇠사슬 교회, 로마, 이태리.
쿼바디스 도미네 교회, 로마, 이태리.
산타마리아 마지오레 성당, 로마, 이태리.
카타콤(성 가우디오소), 나폴리, 이태리.
베드로 야자수, 파도바, 이태리.
바울기념교회, 고린도, 그리스.
성니콜라스 교회, 두로, 레바논.
베드로 동굴교회, 안디옥, 튀르키예.
카르타고 유적박물관, 튀니스, 튀니지.
국립박물관, 튀니스, 튀니지.

찾아보기

가

가버나움　　　12, 15, 17, 19, 20, 21, 22
　　　　25, 26, 27, 28, 30, 32, 60, 66, 68
가이사랴　　　13, 15, 58, 59, 106, 108, 110
　　　　112, 114, 115, 116, 118, 125, 156, 167
　　　　168, 178, 179, 181, 183, 184, 185, 186
　　　　187, 188, 189, 190, 191, 192, 193, 286
가이사랴 빌립보　　　15, 58, 59
가이우스　　　123
갈릴리　　　12, 15, 16, 17, 18, 19, 20
　　　21, 22, 25, 26, 27, 32, 33, 34, 35, 38, 39, 40
　41, 42, 44, 45, 46, 48, 49, 50, 52, 54, 55, 58, 69
　　70, 74, 75, 76, 77, 78, 79, 84, 85, 86, 87, 91, 92
　　　　103, 109, 125, 134, 156, 157, 158, 202, 243
감람산　　　63, 67, 73, 74, 76, 77, 129, 147
감옥　　　12, 50, 52, 59, 100, 101, 114
　　115, 121 234, 236, 238, 239, 240, 241, 264, 289
건설구원　　　13, 227, 267, 268, 269, 270
　　　　271, 272, 273, 275, 276, 278, 280, 282
게네사렛　　　32, 52
겟세마네　　　61, 62, 63, 64
고넬료　　　106, 107, 108, 109, 110
　　　　111, 112, 167, 168, 193, 283
고라신　　　17, 19, 21, 27

고린도　　　18, 59, 93, 94, 119, 120
　　　121, 123, 124, 201, 202, 211, 219, 220, 221
　　　222, 223, 224, 225, 226, 227, 228, 229, 230
　　　　231, 233, 268, 272, 274, 275, 276
공생애　　　11, 22, 25, 37, 60, 80, 104, 202, 209
교황　　　123, 186, 213, 215, 241, 243
　　　　244, 245, 246, 247, 248, 249, 250, 251
　　　253 255, 256, 257, 258, 259, 260, 261, 263
그리스도　　　17, 18, 54, 56, 59, 60, 77, 82, 84
　　　93, 94, 95, 96, 97, 102, 104, 109, 110, 112
　　113, 119, 120, 121, 130, 142, 144, 209, 230, 258
　　266, 270, 271, 276, 279, 280, 281, 282, 299, 300
그리심산　　　15, 160, 161
기노사르　　　21, 33
기본구원　　　13, 267, 268, 269, 270
　　　　271, 272, 273, 275, 276, 282

나

나사렛　　　15, 21, 24, 36, 72, 75
　　　　79, 82, 95, 96, 97, 109, 177, 186
나폴레옹　　　176, 177, 215
뉴욕　　　24, 131

다

다윗　　　　　　　　　94, 117, 127, 129
　　　　　　　130, 140, 147, 148, 151, 181
닭　　　　　　　　　　　　74, 75, 76, 77
대속　　　　　　　　　　　　81, 98, 270
대제사장　　　　　　60, 63, 64, 73, 74, 75, 76
　　　　　　77, 82, 97, 100, 101, 102, 265, 300
대행　　　　　　　　　　　　　　　　270
대형　　　　　　34, 35, 49, 87, 120, 181, 216, 229
　　　　　　　　　　　230, 250, 270, 289
대화친　　　　　　　　　　　　　　270
동굴교회　　　　　　　　213, 214, 215, 216
두로　　　　　　13, 19, 42, 118, 125, 165, 191
　　　　　　193, 203, 204, 205, 206, 207, 208
드로아　　　　　　　　　　　　　　　20
디두모　　　　　　　　　　　　　83, 85
디베랴　　　　　　　　　　　　32, 85, 30

라

라틴어　　　　　　　122, 142, 191, 202, 243
　　　　　　　　　　　245, 249, 261, 287
레바논　　　　　9, 12, 19, 42, 165, 180, 193, 195
　　　　　　197, 200, 201, 202, 206, 207, 208
로마　　　　　9, 11, 12, 22, 26, 38, 39, 41, 58, 59
　　　66, 68, 77, 91, 92, 101, 103, 107, 110, 111, 112
　　　115, 120, 121, 122, 123, 124, 128, 129, 136, 141
　　　144, 167, 168, 181, 183, 185, 186, 188, 189, 190
　　　191, 192, 193, 198, 199, 200, 202, 205, 210, 211
　　　212, 222, 224, 226, 227, 233, 234, 235, 236, 237
　　　238, 239, 241, 243, 244, 245, 246, 247, 249, 251
　　　253, 255, 256, 257, 260, 261, 264, 269, 275, 284
　　　　　　　285, 286, 289, 290, 291, 300, 305

마

마메르틴　　　　59, 234, 236, 238, 239, 241, 289
맛디아　　　　　　　　　　　　　90, 91, 92
메시야　　　　　　　　　　　17, 18, 54, 209
모나미　　　　　　　　　　　　　　88, 89
무궁화　　　　　　　　　　178, 179, 180, 181
문둥병자　　　　　　　　　　　　　26, 158
미국　　　　　　24, 32, 42, 49, 92, 131, 132, 155
　　　　　　　　　177, 233, 248, 251, 292, 295
민스크　　　　　　　　　　　　　　　24

바

바울　　　　　　　　　8, 9, 10, 11, 12, 13, 20
　　　　59, 101, 116, 117, 118, 119, 120, 121, 122, 123
　　　195, 201, 202, 209, 211, 213, 216, 219, 220, 221
　　　222, 224, 225, 227, 229, 230, 231, 234, 236, 239
　　　240, 244, 264, 265, 271, 272, 273, 276, 297, 298
　　　　　　　　　　　299, 300, 302, 303, 304
바티칸　　　　9, 14, 59, 122, 202, 230, 243, 244, 245
　　　246, 248, 249, 250, 251, 253, 256, 257, 258, 290
방언　　　　　　　　　　91, 92, 93, 94, 95, 110
베드로 고기　　　　　　　　　　41, 44, 45, 46
베드로 수위권 교회　　　　　　　　　18, 51, 55
베들레헴　　　　　　　　　　15, 21, 155, 160
베스알론　　　　　　　　　　　　　　　33

베이루트	195, 197, 200, 206, 208	시돈	13, 19, 42, 118, 125, 183, 193, 194, 195, 196, 197, 198, 199, 200, 201, 203, 205, 206, 208
벳새다	16, 17, 18, 19, 20, 21, 27, 69, 202, 283	시리아	9, 10, 103, 144, 153, 154, 157, 180, 200, 202, 204, 210, 215, 216, 218, 233, 303
부활	9, 12, 46, 77, 78, 80, 81, 83, 88, 90, 95, 97, 102, 104, 110, 122, 144, 193, 210, 270	시스티나	246, 257, 258
브라티슬라바	24	시온	130, 134, 146, 147, 148, 149, 150, 162
비잔티움	125, 136, 141, 181, 185, 188, 190, 191, 192, 199, 200, 205, 225, 260	시온산	146, 147, 148, 149, 150
		실라	11, 101
		십자군	129, 143, 144, 181, 186, 187, 188, 190, 192, 199, 200, 201, 205, 212, 213, 258, 260, 261, 262, 263

사

사론	104, 178, 179, 180, 181, 182
사마리아	102, 103, 104, 118, 125, 156, 157, 158, 159, 160, 161, 167, 183
사죄	270
삽비라	99, 100
선망선	48, 49, 87
선장	34, 35, 56, 57, 87, 302
성령	11, 12, 83, 84, 91, 92, 93, 94, 95, 97, 99, 102, 103, 108, 109, 110, 112, 116, 265, 266, 268, 269
성전산	136, 137, 138, 140, 141, 142, 151, 154
세겜	15, 104, 160
세베대	50, 51, 52, 55, 61, 85
세리	39, 40
소돔	19, 30, 201
소망	53, 59, 133, 134, 136, 162, 164, 180
쇠사슬	12, 101, 113, 114, 241, 242, 306
스위스	249, 250, 251

아

아나니아	99, 100
아람어	17
아랍	58, 105, 129, 131, 133, 152, 153, 154, 156, 159, 173, 197
아르메니아	116, 128, 144, 147, 172, 173
아피아 가도안드레	16, 20, 26, 50, 53, 54, 55, 90, 255
안디옥	12, 13, 96, 117, 118, 121, 125, 193, 201, 209, 210, 212, 213, 214, 215, 216, 217, 218, 219, 262, 306
앉은뱅이	96, 98, 283
알아크사	141, 142, 146
앗시리아	103, 157, 233
야고보	26, 37, 50, 51, 52, 53, 54, 55, 63, 72, 73, 78, 81, 90, 96, 113, 114, 115, 116, 117, 157, 268
어종	34, 41, 42, 46, 49

에발산	15, 160, 161
에베소	18, 20, 96, 125, 202, 219, 227, 267, 268, 279, 280, 281
엘리	59, 65, 72, 73, 188, 197, 198
여부스	126, 127, 129, 130
예루살렘	10, 15, 21, 22, 24, 42, 45, 60, 61, 63, 76, 81, 82, 84, 85, 90, 91, 92, 95, 96, 97, 98, 100, 101, 102, 103, 104, 109, 112, 114, 115, 116, 117, 118, 122, 125, 126, 127, 128, 129, 130, 131, 132, 133, 134, 135, 136, 138, 140, 141, 142, 144, 146, 147, 149, 150, 151, 152, 153, 154, 155, 156, 157, 158, 160, 165, 167, 183, 193, 199, 201, 205, 206, 209, 211, 241, 253, 258, 259, 260, 262, 263, 265, 291
오대호	32
오병이어	16, 21, 23, 24, 42, 46, 70, 71
오순절	91, 92, 95, 96
요나	59, 165, 166
요단강	16, 20, 21, 32, 35, 52, 53, 103, 154, 157, 159, 209
요르단	9, 130, 151, 152, 153, 154, 155, 159, 202, 227
요한	10, 12, 16, 18, 22, 26, 39, 45, 50, 51, 52, 53, 54, 55, 59, 60, 63, 65, 72, 73, 74, 77, 78, 80, 83, 85, 86, 88, 90, 96, 97, 98, 102, 103, 104, 109, 112, 113, 114, 115, 116, 117, 122, 126, 143, 156, 157, 162, 167, 174, 176, 177, 200, 209, 210, 211, 259, 261, 265, 267, 269, 270, 273, 274, 275, 278, 287, 289, 291
욥바	12, 15, 106, 107, 108, 109, 110, 118, 125, 128, 152, 156, 162, 163, 165, 166, 167, 168, 171, 172, 173, 174, 175, 176, 177, 188, 205, 206
윌슨	138, 139, 140
이슬람교	128, 129, 133, 136, 137, 141, 142, 144, 146, 172, 186, 188, 200, 231, 259, 262, 263

자

장모	26, 56, 57, 68, 69
중동전쟁	105, 129, 130, 142, 151, 152, 154, 159, 208
중부태평양	48, 87
중생	275, 282
중풍병자	26, 104
진리	54, 98, 118, 230, 268, 269, 299

차

칭의	270, 309

카

카노사	245
카타콤	234, 256, 284, 286, 291
쿼바디스	12, 234, 286, 287, 288, 289, 290, 291, 305
크리스천	96, 110, 209, 277, 305

타

타브가	21, 23, 25
테베레	240
텔아비브	15, 104, 115, 130, 131, 132, 133, 134

	135, 162, 163, 164, 173, 174, 178, 179, 181, 182
통곡의 벽	135, 136, 137, 138
	140, 141, 146, 151, 154
트로이	20
티베랴	15, 21, 32, 42, 45, 47, 126
티빌리시	24

파

파도바	292, 293, 295
파푸아뉴기니	35, 302
팔복교회	17, 21
프라하	24
피에르	58
피장	12, 106, 107, 109, 167
	168, 169, 170, 171, 172, 176, 177
피터	58, 235, 298
피핀	244

하

하레디	139, 140
행위구원	13, 268, 282
헤롯	38, 39, 50, 58, 103, 113
	114, 115, 116, 183, 192, 209, 210, 241

사도 베드로의 발자취를 찾아서
(In Search of St. Peter's Footsteps)

초판 1쇄 인쇄 / 2024년 9월 5일
초판 1쇄 발행 / 2024년 9월 10일

지은이 | 권 주 혁
펴낸이 | 권 순 도
펴낸곳 | 퓨어웨이 픽쳐스 출판부

주소 | 서울시 서대문구 서소문로 45 에스케이리첼블 빌딩 1002호
전화 | 070-8880-5167
E-mail | hc07@hanmail.net

출 판 신 고 | 제312-2010-000021호
출판등록일 | 2010년 4월 28일

값 22,000원

ISBN 979-11-983862-3-6 08230

Printed in Korea

ⓒ 2024. 권주혁 All rights reserved
이 출판물은 저작권법으로 보호 받는 저작물이므로 무단 전제나
무단 복제를 할 수 없습니다. 파본은 교환해 드립니다.